Pêrels vir die Ewige Lewe

Studiegids wat jou lei op die Ewige Weg

Sharon Elizabeth De Jager

WORKBOOK PRESS LLC
187 E Warm Springs Rd,
Suite B285, Las Vegas, NV 89119, USA

Website: https://workbookpress.com/
Hotline: 1-888-818-4856
Email: admin@workbookpress.com

Ordering Information:
Quantity sales. Special discounts are available on quantity purchases by corporations, associations, and others.
For details, contact the publisher at the address above.

Library of Congress Control Number:
ISBN-13:   978-1-956876-69-7 (Paperback Version)
                978-1-956876-70-3 (Digital Version)

REV. DATE: 06/12/2021

Pêrels vir die Ewige Lewe

Studiegids wat jou lei op die Ewige Weg

*"Moenie vir julle skatte bymekaar maak op die aarde,
waar mot en roes verniel en waar diewe inbreek en steel nie;
maar maak vir julle skatte bymekaar in die hemel,
waar geen mot of roes verniel nie en waar diewe nie inbreek en steel nie;
want waar julle skat is, daar sal julle hart ook wees."*
Mattheus 6:19-21

Sharon E. De Jager

INHOUDOPGAWE

Voorwoord

Geagte Leser

Pêrels word gevorm onder pynlike omstandighede tussen die skulp en vlees van die mossel. Die pêrel vorm vanuit die afskeiding wat as 'n reaksie op die pynlike situasie en irritasie deur die mossel afgeskei word. Iets kosbaars word gevorm en die mossel offer sy lewe daarvoor op.

Die skrywes in hierdie boek is gebore vanuit verskeie pynlike en intense lewenservaringe waarin ons Hemelse Vader toegelaat het dat verskeie geestelike pêrels gevorm kon word. Hierdie kosbare pêrels het my geestelike lewe verryk en meegebring dat ek dit, wat oneer aan God gebring het, afgesterf het.

'n Paar jaar later het die Here my laat verstaan dat hierdie baie pêrels in stringe om my middel hang, gereed om, met elkeen wat behoefte daaraan het en soos die Heilige Gees aan my sal uitwys, gedeel te word. Tog moet dit oordeelkundig en met uiterse sensitiwiteit aan die Heilige Gees se leiding gedoen word, sodat hierdie geestelike pêrels nie voor die varke gegooi sou word, soos wat Jesus in Mattheus 7:6 gesê het, nie.

Met verloop van tyd is die skrywe van hierdie boek, met die uitsluitlike doel om God te verheerlik, in my hart gebore. Stelselmatig het die Here 'n dringendheid in my hart laat ontwikkel om hierdie boek die lig te laat sien.

Nogtans het die Woord van Hom af gekom: **"My Woord is die Waarheid. Daar is geen groter waarheid as dit nie! Ek is die Alfa en Omega van alle waarheid. My Waarheid lei na die ewige lewe. Volg My en jy sal waarlik lewe. Lewe in die Waarheid wat Ek gee. Ek is die Weg, die Waarheid en die Lewe.... Ek het gekom, dat julle lewe en oorvloed kan hê."**
Daarom is die pêrels vas aan 'n Gordel om jou middel – die Gordel van Waarheid.

Maak nie saak wat ek sou skrywe nie, al sou dit ook volgens my oortuiging Heilige Gees geïnspireer wees, kan dit nooit hoër geag word as die Woord van God, naamlik die Bybel nie! Mag elke persoon wat hierdie skrywes lees, gedring word om self die Woord van God op te neem en die skrywes daaraan meet. Die Bybel is die mees verhewe Waarheid van alle tye en my geskrifte staan ondergeskik en in die skaduwee van God se allesoorheersende Woord en Waarheid. Dit mag nooit anders beskou word nie, want God alleen het die finale sê oor alles in, bo, onder en rondom hierdie wêreld.

Dit is my diepste verlange en begeerte dat Hy alleen in en deur hierdie skrywes verheerlik sal word en dat Sy koninkryk daardeur uitgebrei sal word; dat elkeen wat dit lees, tot 'n dieper verhouding en ervaring met die Koning van alle konings sal kom.

Mag u die lewensverrykende ontdekkingstog aanpak en verskeie pêrels vind, wat sal bydra tot die skatte wat u in die hemele bymekaar maak, (Mattheus 6:19-21) en terselfdertyd 'n lewensverrykende ervaring in God se teenwoordigheid beleef.

- *Sharon E De Jager* -

4

Bedankings

Eerstens, Bo alles en almal, wil ek my Hemelse Abba Vader bedank wat my deur Sy Gees geïnspireer en gedring het om alles neer te pen wat Hy op soveel kosbare maniere aan my openbaar het. Hy het my standhoudende geestelike honger en dors met hemelse oorvloed bevredig en doen dit nog steeds. Hy is en bly die Alfa en Omega van my bestaan, die allesomvattende Liefde wat die hartklop van my lewe geword het. Sonder Hom is ek niks nie, in Hom het ek vervulling gevind!

Ek wil my man, Rudi, bedank vir sy konstante liefdevolle aansporing, gebede en ondersteuning om my te motiveer om hierdie boek die lig te laat sien. Ek dank ons Hemelse Vader wat in Sy alwysheid beskik het dat ons twee mekaar in ware liefde kon vind. Dis te midde van hierdie liefde dat 'n eens verlore en diep begrawe Godgegewe talent weer na die oppervlak gekom het, om op hierdie wyse na vore te tree. Rudi, dankie dat jy toegelaat het dat Abba Vader jou kon gebruik om my lewe weer in nuwe, kleurvolle perspektief te sien. 'n Perspektief wat tot 'n ryker verhouding in Hom, gelei het.

Ek wil ook Pastoor Bert Murray bedank wat toegelaat het dat God Sy verborgenhede aan hom oordra en dat hy dit weer aan ons bekend maak sodat ons ook dieper insigte kan ontvang. Dankie vir die aanmoediging om juis ook hierdie waarhede aan 'n geestelik behoeftige mensdom oor te dra.

Die Godgegewe invloed van my ouers, wat in gehoorsaamheid aan ons Hemelse Vader, my groot gemaak het in die weë van die Here en die erns van 'n aktiewe, groeiende verhouding met die Here, by my ingeskerp het, kan ook nie gering geag word nie. Ek dank die Here vir die geestelike fondasie en liefde wat hulle in my lewe ingebou het.

Ek wil ook elkeen bedank wat 'n ingrypende impak op my lewe gehad het en toegelaat het dat hul instrumenteel in die hande van ons Hemelse Vader kon wees om my lewe te vorm na Sy wil.

- *Sharon De Jager* -

Teksverse en Skrifgedeeltes is aangehaal vanuit
Die Bybel in Afrikaans
1933,1957 & 1983 uitgawes
Van die Bybelgenootskap van Suid-Afrika.

*Hierdie skrywe is
Gerig aan
Almal wat begeer
om God in diepte te leer ken,
wat tot 'n dieper verhouding en ervaring
met Hom, gelei wil word,
wat eendag wil hoor:
"Kom, julle geseëndes van My Vader,
beërf die koninkryk wat vir julle berei is
van die grondlegging van die wêreld af." Mattheus 25:34*

I. DIE BELANGRIKSTE UITNODIGING VAN ALLE TYE

Openbaring 3:18,20
"Ek raai jou aan om van My te koop
goud wat deur vuur gelouter is, sodat jy kan ryk word;
en wit klere, dat jy jou kan aantrek en die skande van jou naaktheid
nie openbaar word nie; en salf om jou oë te salf,
sodat jy kan sien.
Kyk, Ek staan by die deur en ek klop.
As iemand My stem hoor en die deur oopmaak,
sal Ek ingaan na Hom toe en
saam met Hom maaltyd hou en hy met My."

HET JY AL IETS BY JESUS GEKOOP?

Openbaring 3:14-18
"En skryf aan die engel van die gemeente van die Laodicense:
Dit sê die Amen, die getroue en waaragtige Getuie, die begin van die skepping van God:
Ek ken jou werke, dat jy nie koud is en ook nie warm nie. Was jy tog maar koud of warm!
Maar nou, omdat jy lou is en nie koud of warm nie, sal Ek jou uit my mond spuug.
Want jy sê: Ek is ryk en het verryk geword en het aan niks gebrek nie;
en jy weet nie dat dit jy is wat ellendig en beklaenswaardig en arm en blind en naak is nie.
Ek raai jou aan om van My te koop goud wat deur vuur gelouter is, sodat jy kan ryk word; en
wit klere, dat jy jou kan aantrek en die skande van jou naaktheid nie openbaar word nie; en
salf om jou oë te salf, sodat jy kan sien."

Ons lees reeds vanaf Openbaring 1 hoedat Johannes, 'n apostel van Jesus, die openbaring van Jesus Christus, soos wat God aan Hom gegee het om aan Sy diensknegte te toon wat binnekort sou gebeur. Hierdie openbaring sluit onder andere ook boodskappe aan sewe gemeentes in wat destyds in Asië bestaan het.

Elke gemeente het hul eie "geestelike karakter" gehad wat goeie en slegte punte ingesluit het. Johannes moes hierdie boodskappe in briewe aan elke gemeente skryf soos wat Jesus Christus die boodskappe aan hom gee. Hier sien ons hoedat Jesus die leier/pastoor van elke gemeente as die "engel van die gemeente" aanspreek. In Hebreërs 1:7 en 14 sien ons dat engele, nie net dienende geeste is nie, maar ook onder andere as boodskappers van God omskryf word. Die voorbeeld van elke gemeente en die boodskappe wat aan elkeen van hierdie sewe gemeentes deur Jesus gegee is, was nie net vir daardie tyd van krag nie. Dit het vandag nog diep waarde vir elkeen wat sy of haar hart oopmaak om die inspraak van Jesus in hul lewens toe te laat.

Ek wil u aandag in besonder op die gemeente van Laodicea vestig.

Laodicea was 'n ryk stad in Asië waar Paulus ook die Evangelie verkondig het en 'n gemeente tot stand gekom het. Laodicea was bekend vir hul pragtige swart wol klere wat hulle geweef en verkoop het. Hulle was ook bekend vir die spesiale oogsalf wat hulle gemaak het en wat hul geglo het blindheid kan voorkom. Die stad Laodicea het egter een probleem gehad wat ook in later jare tot die ondergang van die stad gelei het. Hulle het nie vars water gehad nie. Die water was van vulkaniese oorsprong, met baie onsuiwerhede daarin en was altyd lou warm, het sleg gesmaak en het mense naar en siek gemaak met 'n maag aandoening. Hulle moes vars water met 'n pyp aanleg vanaf 'n naby geleë dorp kry.

Hier in Openbaring sien ons dat Jesus, via Johannes 'n boodskap aan hierdie gemeente gee. Die boodskap was as volg:-
Hierdie gemeente was onder die verkeerde indruk, nl. dat hulle ryk is, goed geklee is, dat hulle goed kan sien en insig in alles het. Hulle het God met 'n valse hart, uit verpligting aanbid. Hul motiewe teenoor God was nie suiwer nie en 'n liefdesverhouding met Hom, het ontbreek. Rykdom het hul behoefte na God afgestomp en hulle het vir hulself gelewe en geen hand uitgereik na die behoeftiges nie. Hulle het weer terug geval in hul ou patroon van sonde, sommige in die geheim,

ander openlik. Tog het hulle geglo dat die ritueel van kerk toe gaan, genoeg is. M.a.w. hulle is "dood dollies" en daar's niks met hulle verkeerd nie! Hierdie gemeente het gedink hulle is op die hoofpad hemel toe!!

MAAR Jesus sê dat hulle arm, blind en naak is! Verder nog, hulle is soos die louwarm water van hulle stad! Openbaring 3:15-17

Hierdie verklaring of boodskap is ook vandag vir ons bedoel. Ons leef in 'n tyd waar Jesus nie meer prioriteit in meeste mense se lewens is nie en simbolies gesproke is baie van ons in dieselfde omstandighede as hierdie gemeente. Een van die grootste struikelblokke waarmee baie kinders van die Here saamleef is dat hulle nie die nodigheid sien om tyd met God se Woord te spandeer waardeur hulle verhouding met God kan bou nie.

Die gemeente van daardie tyd bestaan nie meer nie, maar sy boodskap in die lig van wat Jesus gesê het, leef vandag steeds voort en konfronteer elkeen van ons met die volgende vrae...

Hoe lyk ons geestelike lewe en verhouding met die Here?
Is dit vuurwarm, louwarm of yskoud??
Is ons in die regte verhouding met die Here, geklee in Sy wit klere, met goud in ons harte en salf vir ons oë??

Jesus waarsku die mense, maar gee ook die wenresep vir die probleem.
Kyk weer na **Openbaring 3:18**:-
"Ek raai jou aan om van My te koop <u>goud</u> wat deur vuur gelouter is, sodat jy kan ryk word; en <u>wit klere</u>, dat jy jou kan aantrek en die skande van jou naaktheid nie openbaar word nie; en <u>salf</u> om jou oë te salf, sodat jy kan sien.

Wat bedoel Jesus wanneer Hy vir ons sê om hierdie goedere by Hom te koop?
Waarmee kan ek en jy by Jesus koop?
Kom ons ontdek die antwoorde verder in Sy Woord...

WAT IS "GOUD GELOUTER DEUR VUUR"?

Jesus sê: "Ek raai jou aan om van My te koop goud wat deur vuur gelouter is, sodat jy kan ryk word; en wit klere, dat jy jou kan aantrek en die skande van jou naaktheid nie openbaar word nie; en salf om jou oë te salf, sodat jy kan sien."
Openbaring 3:18

Maleagi 3:2b-3 gee ons die antwoord op die sinsnede "goud gelouter deur vuur". Ons harte is baie kosbaar vir die Here, so kosbaar dat Hy dit met die eienskappe van goud en silwer vergelyk. Hier sê die Here dat Hy die goudsmid is wat gereed sit om ons harte te toets en te suiwer.

Wanneer goud uit die rots gehaal word, is dit onsuiwer en onbruikbaar, maar wanneer dit deur die vuur heen gaan, word dit gesuiwer. Onsuiwer goud is hard en neem deels die eienskappe van dit waarmee dit vermeng is, aan. Dit word 'n allooi genoem. Suiwer goud is sag, buigsaam, roes nie, verloor nie maklik sy glans nie. Hoe suiwerder die goud, hoe mooier word dit, amper soos glas.

Wanneer ons onsuiwerhede bv. sonde en slegte praktyke, dikwels geheime gewoontes in ons harte rond dra en beoefen, is ons harte en lewens soos die onsuiwer goud, in 'n allooi met die satan en sy praktyke.
Vandag moet ons onsself afvra:- Is ons harte hard en onbruikbaar in die hande van die Here of sag soos suiwer goud?

In Esegiël 36:26,27 sê die Here dat ons harte soos klip word wanneer dit vol sonde is, maar dat Hy vir ons 'n nuwe hart wil gee. Hierdie hart van klip is dikwels deur wettiese dwaal praktyke verhard. Die gesuiwerde hart wat God ons wil gee, sal vol van Sy Gees wees en Hy sal Sy wil en Woord op ons harte skrywe sodat ons daarvolgens kan lewe, **maar ons moet die keuse maak of ons bereid is om ons harte vir die suiweringsproses te wil gee of nie**. In Esegiël 18:30-32 praat die Here dringend met ons, net soos met Israel van daardie tyd, om ons harte te suiwer. Die Here wil ons help, maar ons sondes staan dikwels soos 'n muur tussen ons en Hom. Hy wag dat ons na Hom toe kom sodat ons harte gesuiwer kan word soos omskryf in Jesaja 59:1,2 en 1 Johannes 1:7 en 9.

Wanneer die goud oor die vuur gehou word, word dit vloeibaar. 'n Sekere stof, genaamd Flux, word bygevoeg om die onsuiwerhede na die oppervlak te bring.

Die goudsmid laat die goud nie alleen nie, maar hou dit fyn dop en sorg dat die vuur se temperatuur net reg is. Sodra die onsuiwerhede na die oppervlak kom, skep hy dit versigtig af.

Dit werk dieselfde met ons.

Wanneer ons die Heilige Gees toelaat om in ons harte te werk, sal Hy ons oortuig van dinge in ons lewens wat nie tot eer van God is nie, van gewoontes en sondes waarvan ons partykeer nie eers self van bewus is nie, maar wat God kan sien. Die vuur waarmee ons harte gelouter word, is dikwels die beproewings en toetse wat ons deur maak, soos omskryf in Jakobus 1:2-4 & 2 Korinthiërs 7:1. Onder spanning en moeilike omstandighede word ons swakhede makliker ontbloot en het ons die geleentheid om iets daarmee te doen. Jesus stel intens in ons belang en daarom sal Hy nie toelaat dat ons bo ons kragte getoets word nie, soos belowe in 1 Korinthiërs 10:13.

Wanneer die Heilige Gees ons van hierdie ongewenste gewoontes en sonde, wat God nie vereer nie, bewus maak, het ons 'n keuse om in gehoorsaamheid toe te laat dat Jesus die onsuiwerheid deur Sy bloed uit ons lewens weg was of om in ongehoorsaamheid te bly lewe.... Jesus sal slegs ons lewens suiwer, wanneer ons Hom vra om dit te doen. Dan skep Hy die onsuiwerhede uit ons harte uit. 1 Johannes 1:7,9 herinner ons aan die reinigingsproses dmv Jesus se bloed. Dit is die pad van heiligmaking waartoe Jesus ons roep soos ons sien in 1 Thessalonicense 4:3,7,8. Dis hierdie suiweringsproses wat ons voorberei vir die ewigheid.

Hoe weet die goudsmid wanneer die goud heeltemal gesuiwer is?
Wanneer hy sy eie beeld in die goud kan sien! Die suiweringsproses van ons harte sal aanhou totdat Jesus Sy eie beeld in ons lewens kan sien en ander Jesus ook in ons lewens kan sien. Johannes het in Johannes 3:30 gesê: **"Hy moet meer word, maar ek minder."** Dit is raakvat woorde wat ook die begeerte van ons hart behoort te wees.

In 2 Timotheüs 2:20-21 word ons vermaan om toe te laat dat God ons harte en lewens suiwer sodat ons 'n voorwerp tot Sy eer kan wees. Wanneer ons harte gesuiwer is, is Jesus in ons lewens sigbaar.

Paulus raai ons ook aan om onsself met die Here Jesus te beklee in Romeine 13:14. Om die kleed van Jesus Christus te dra, beteken dat **ons hele lewe** Jesus vir hierdie verloregaande wêreld moet reflekteer en dit alles begin by die keuse om Jesus toe te laat om ons lewens so te suiwer totdat Hy Sy Beeld in ons kan sien!

Laat ons werk maak van onsself sodat ons harte soos **suiwer goud in God se hande** kan wees, plooibaar, roeswerend, blink genoeg om Jesus in al Sy glorie te reflekteer, sodat ons 'n **voorwerp tot Sy eer kan word** tot op die dag dat Jesus ons kom haal.

Here Jesus, vandag kies ek om deur U sorgsame hande gesuiwer te word.
Ek weet dat U midde in elke beproewingsvuur met my sal wees en nie toelaat dat dit my vernietig nie.
Liefdevolle Abba Vader, ek weet dat daar nog baie onsuiwerheid in my lewe is en daarom bid ek
dat U my sal suiwer totdat U, Uself in my kan sien.
Alles tot U eer.
In Jesus Naam alleen
Amen.

WAT IS DIE WIT KLERE WAT ONS BY JESUS KAN KOOP?

Jesus sê: "Ek raai jou aan om van My te koop goud wat deur vuur gelouter is, sodat jy kan ryk word; en wit klere, dat jy jou kan aantrek en die skande van jou naaktheid nie openbaar word nie; en salf om jou oë te salf, sodat jy kan sien."
Openbaring 3:18

Nie almal van ons is lief om wit klere te dra nie. Dit is in baie opsigte so onprakties, omdat dit maklik vuil kan raak. Tog spesifiseer Jesus dat ons nie enige klere by Hom moet koop nie – dit moet **wit** klere wees! Wat bedoel Jesus regtig hier?

In Lukas 15:11-23 vertel Jesus van 'n seun wat sy erfdeel by sy vader opgeëis het. Hierdie seun verkwis alles wat sy pa hom gegee het dmv 'n roekelose, losbandige lewe. Einde ten laaste verloor hy alles en sit letterlik tussen 'n spul vuil, stinkende varke met niks om te eet nie, vuil en verslete klere aan sy lyf, in 'n absolute haglike toestand.

Dis presies wat met ons gebeur wanneer ons, ons rug op die Here draai. Ons geniet die leë plesier van sonde en in die proses, vernietig ons onsself. Einde ten laaste sit ons in die gemors van die gevolge van sonde – stukkend in gees, siel en liggaam, verwerp deur die gemeenskap. Satan is tevrede dat jy nou 'n produk van sy verwoestende invloed is.

Hierdie seun besluit om terug te gaan na sy vader en te bely dat hy verkeerd was. Hy besef sy toestand en sy onwaardigheid om deel van die gesin te wees. Sy pa doen hier die wonderlikste ding:-
- Sy pa het op sy terugkoms gewag. Hy het hom reeds van ver af sien aankom en na hom gehardloop om hom te verwelkom, ongeag sy verwerplike, vuil toestand – God doen dieselfde met ons. Hy wag dat ons tot Hom nader. Lees ook Jakobus 4:8 en Johannes 6:44.
- Hy gee bevel dat die seun beklee word in die beste kleed wat hy het (ek glo hy het geleentheid gekry om homself skoon te was) – Jesus doen dieselfde met ons, wanneer ons tot Hom nader.
  Hy delg ons oortredinge uit soos Jesaja 43:25 sê en reinig ons deur Sy bloed, 1 Johannes 1:7,9.
- Hy gee ook bevel dat daar 'n ring aan sy vinger gesit word wat herstel van sy identiteit en bevestiging van sy gesinsverband was. – God doen dieselfde met ons. Ons word deel van Sy familie en deur Sy Gees word ons bevestig, want dis die Heilige Gees wat ons onderpand is soos omskryf in Efesiërs 1:13.
- Hierdie Pa gee bevel dat 'n feesmaal berei word wat weereens sy onvoorwaardelike aanvaarding & liefde bevestig. In Openbaring 3:20 sê Jesus dat as ons gehoor gee aan Sy klop aan ons harte , Hy sal inkom en saam met ons maaltyd hou.

Wanneer ons terug kom na die Here toe, ons sondes bely, word ons gewas in die bloed van Jesus Christus, en geklee in 'n koninklike wit kleed van geregtigheid. Ons ontvang 'n nuwe identiteit – Goddelike identiteit en 'n hemelse feesmaal word gereël! Wanneer ons in ons stiltetyd saam met

13

die Woord sit, is die Heilige Gees gereed om ons ook aan 'n geestelike feesmaal uit die Woord te laat deel en versadig te word. Die Here het, net soos die vader in die storie, ook op jou gewag om na Sy hemelse huis te kom.

In Sagaria 3:3-5 het Josua 'n visie van die hemelse gebeure en hy besef dat hy vuil klere aan het. Hy besef hy is onwaardig om in die Here se teenwoordigheid te wees. God gee bevel dat daar vir hom skoon klere aangetrek word. Die Engel (hoofletter "E") van die Here, m.a.w. Jesus self, trek vir hom skoon feesklere aan. Jesus sê ook vir hom, dat sy sondeskuld weggeneem is.

Wat verteenwoordig hierdie wit klere dan?

Openbaring 19:8 gee 'n duidelike antwoord!
"**En aan haar** (dis elkeen van ons- kinders van die Here, wat die kerk is – die bruid van Jesus) **is gegee om bekleed te wees met <u>rein en blink fyn linne</u>, want die <u>fyn linne is die regverdige dade</u> van die <u>heiliges</u>**. (D.w.s. elkeen wat 'n kind van God is.)

NB: *Wie is "haar" in die vers? Dit dui op die kinders van die Here wat die kerk van God is;*
"Rein" verwys hier na om skoon gewas te wees van sonde;
"Blink, fyn linne" is simbolies van regverdige dade.
Ons sien ook dat die mense wat in die hemele toegelaat is, almal geklee is in WIT KLERE.
Openbaring 7:9 sê: "... 'n **groot menigte, wat niemand kon tel nie, uit alle nasies en stamme en volke en tale; hulle het gestaan voor die troon en voor die Lam, <u>bekleed in wit klere</u> en met palmtakke in hul hande;**...

<u>Sonder hierdie wit klere, is ons geestelik naak voor die Here.</u> Openbaring 16:15 sê: "**Kyk, Ek kom soos 'n dief in die nag. Salig is hy wat waak en <u>sy klere bewaar, sodat hy nie miskien naak rondloop</u> en hulle sy skaamte sien nie**". Jesus sê self in Openbaring 3:18 dat ons wit klere nodig het om ons (geestelike) naaktheid te bedek. Wanneer ons geestelik naak is, is ons sondige toestand voor die Here sigbaar.

Hoe kry ek my lewe/my klere skoon?

Net een manier werk en dis om na Jesus toe te gaan! Hy het die antwoord!
Openbaring 7:14b sê: "... en hulle het hul <u>klere gewas en hul klere wit gemaak in die bloed van die Lam.</u>" M.a.w., ek het nodig om Jesus te vra om my lewe en my hart skoon te was met Sy bloed sodat ek in geregtigheid voor God, ons Vader kan staan! 1 Johannes 1:7,9 & Jesaja 1:18. (Interessant genoeg, bloed vlek ons klere ROOI en daardie kol kry ons nie maklik uit gewas nie, MAAR as ek gewas word in die bloed van Jesus, is ek spierwit en skoon in die gees!)

Wat is die regverdige dade waaraan die geestelike wit klere verbind is??

In Jesaja 61:10 lees ons dat die Here vir ons 'n kleed van geregtigheid aantrek. Ons kan die kleed dus net by Jesus kry. (Onthou ook wat met die verlore seun gebeur het en met Josua in Sagaria.)

14

Ons kan nie regverdige dade uit eie krag doen nie. God weet dit en daarom rus Hy ons toe met Sy Gees. Wanneer ek my hart vir Jesus gee, kom woon Sy Gees in my. Die Heilige Gees is die krag in my wat my help om God se wil te doen. Ons sien in Johannes 14:26 hoedat die Heilige Gees ons sal leer en in 2 Korinthiërs 6:16-18 word dit duidelik vir ons gesê dat ons die tempel van God word waarbinne Hy deur Sy Gees kom woon. Hy wys ook uit dat ons Sy kinders word en Hy ons Vader word.

Soos reeds genoem, word ons in Romeine 13:14 aangeraai om onsself te beklee met Jesus Christus. Hoe doen ek dit? Dit beteken dat ek die karakter van Jesus in my lewe moet ontwikkel. Met die Heilige Gees in my, wat die karakter van Jesus Christus het, kos dit 'n keuse van my kant af om die Heilige Gees toe te laat om Jesus se karakter eienskappe deur my te laat manifesteer.

Regverdige dade is dus om die dinge te doen, wat in ooreenstemming met Jesus se karakter en Goddelike wil is. Hierdie dade word op verskillende plekke beskryf:-
- **Geloof** – lees Efesiërs 2:8; Romeine 12:3b; Romeine 1:17; Hebreërs 11:6
- **Ware Aanbidding en 'n lewende, groeiende liefdesverhouding met God** soos omskryf in Johannes 4:23,24; Mattheus 7:19-23
- **Liefde in praktyk** - lees Kolossense 3:12,14; Romeine 12:9-21; Romeine 5:5; Johannes 13:34,35; 1 Johannes3:18
- **Lewe in Vergifnis** – lees Kolossense 3:13; Mattheus 6:14,15
- **Dra die Vrug van die Heilige Gees** - lees Galasiërs 5:22; Jakobus 3:17
- **Doen goed aan ander** 1 Johannes 3:14; Jakobus 2:15,16; Galasiërs 6:9
- **Vertel ander van Jesus** Openbaring 12:11; Mattheus 12:35-37

MAAR.........

Word ons nie net geregverdig deur ons geloof alleen nie soos omskryf in Efesiërs 2:8-10 & Romeine 1:17.
Ons verdien mos nie die ewige lewe deur goeie werke nie? Hoe werk dit dan?
Efesiërs 2:8,9 sê dat Geloof + Genade + Jesus = Redding + Ewige Lewe.
Ja, dit is sekerlik so. Hierdie geloof is werksaam ten opsigte van jou redding in Christus Jesus, maar moet opgevolg word deur "heiligmakende geloof" wat die gevolg van jou redding in Christus Jesus is.

Hoe weet ek wat jy glo??!!
Jakobus 2:14-26 verduidelik die begrip van geloof en werke of dan genoem regverdige dade....
V 19 sê duidelik dat die duiwels glo en hulle sidder, maar doen niks om hul geloof te wys nie!!
Geloof moet opgevolg word deur werke sodat almal kan sien wat jy glo!
V 17 sê duidelik dat geloof sonder werke dood is.

Geloof en Werke (regverdige dade) vat hande en die een kan nie sonder die ander funksioneer nie. Daarom kan mens die "geestelike formule" gebruik om dit te onthou.....

**GELOOF + REGVERDIGE DADE/WERKE =
JOU BELYDENIS/GETUIENIS VAN WAT EN IN WIE JY GLO**

Daarom kan Jesus gesê het dat Hy die werke van die 7 gemeentes van Openbaring ken en sien en Hy hul daarvolgens kon oordeel, aanspreek en tereg wys.

Het ek en jy 'n geestelike wit kleed nodig?
Ja, verseker!
Ons het nodig om die geestelike wit kleed by Jesus te koop!

HET JY AL OOGSALF BY JESUS GEKOOP?

Jesus sê: "Ek raai jou aan om van My te koop goud wat deur vuur gelouter is, sodat jy kan ryk word; en wit klere, dat jy jou kan aantrek en die skande van jou naaktheid nie openbaar word nie; en salf om jou oë te salf, sodat jy kan sien."
Openbaring 3:18

Laodicea was bekend vir die uitstekende oogsalf wat hulle vir verskeie oogsiektes gemaak het. Hierdie oogsalf, het hulle geglo, het blindheid voorkom. Hierdie gemeente se blindheid was nie fisies nie, maar wel geestelik van aard. Hulle kon nie sien hoe hul geestelike toestand gelyk het nie. Hulle was blind vir hul eie geestelike gebreke en foute.

Jesus verduidelik in Mattheus 6:22-24 dat die lamp van die liggaam die oog is. As ons verkeerde dinge sou kyk of sien, sal ons liggame geen lig hê nie. Ons liggaam gaan dan vol donkerheid wees, maar as ons visie reg ingestel is, sal ons liggaam verlig wees.

Wat het Jesus werklik hiermee bedoel?
Hoe kan ek verkeerd kyk?
Die antwoord is tweeledig.
Eerstens moet ons onsself afvra - Waarna kyk jy op die TV of sosiale media? Watter boeke lees jy? Waarna kyk jy op die rekenaar?
Tweedens, watter kennis, veral geestelike kennis wat met diep geestelike insig gepaard gaan, hou ons ons gedagtes besig?

Wat **jy sien**, gaan **binne-in jou liggaam**, deur middel van jou verstand wat dit verwerk om in jou DNA vertakkings en senuweestelsel in te bou, wat op hulle beurt binne-in jou brein "gegraveer" word. Dit word in jou onderbewuste gestoor en ook in **jou hart**. Dit sal jou handel en wandel in jou lewe beïnvloed. As jy jouself vol maak met die verkeerde dinge soos bv pornografie, immoraliteit en moord en dood, gaan dit na 'n lang tyd jou doen en late so beïnvloed dat jy self daarvolgens lewe. Dit word al hoe makliker om die verkeerde dinge te doen en toe te laat in ons lewens. Ons gedagtes word so vol van die verkeerde dat daar geen plek meer oor is vir die Heilige Gees om inspraak in ons lewens te hê nie. Dit maak ons lewens vol sondige gedagtes en praktyke en gevolglik is ons liggaam donker.

In Mattheus 6 praat Jesus in vers 19-21 ook van die tipe skatte wat bymekaar gemaak kan word. Met ons oë begeer ons dikwels die fisiese tydelike skatte van hierdie wêreld en rig ons fokus daarop om dit bymekaar te maak sodat ons die lewe kan geniet, maar die uiteinde daarvan het geen waarde in die koninkryk van God nie. Die skatte wat ons in hemelse plekke opgaar, is juis dié wat ons d.m.v. ons regverdige liefdesdade versamel.

In Mattheus 13:13-15 sê Jesus ook dat die mense nie verstaan wat Hy sê nie, omdat hulle nie toelaat dat die Heilige Gees dit vir hulle verstaanbaar maak nie. **Hulle kies om hul ore, oë en hart toe te sluit vir die waarhede van die evangelie van Jesus Christus en die beginsels van**

God se Koninkryk. Daarom sal hulle geestelik blind, geestelik siek en arm bly. Hulle kies om nie Jesus se genesende hand in hul geestelike lewens te ervaar nie.

Ons weet almal dat as ons sonder 'n goeie bril direk in die son in kyk, kan ons blind raak. Interessant genoeg dat as ons in die Lig van God kyk en lewe, verbeter dit ons visie. Moses was gedurig in God se teenwoordigheid en die volk kon 'n afskynsel van God se Lig en heerlikheid op sy gesig sien, sodat hulle hom eintlik gevra het om sy gesig te bedek. Tog lees ons dat Moses nooit blind geword het nie. Op 120 jaar, was sy oë nog net so sterk soos toe hy 'n jong man was. Deuteronomium 34:7.

Ons sien in Hebreërs 11:8-12 dat Abraham se geloof so sterk was, dat hy 'n geestelike visie gehad het. 'n Visie waarmee hy die stad verwag het wat fondamente het, waarvan God die Boumeester en Oprigter is.

Hoe kan geestelike blindheid herstel word?
Jou visie word bepaal deur jou diep insig in God se Woord wat uiteindelik ook jou geestelike blindheid sal herstel.

Ons sien dat Jesus die Fariseërs gereeld as blinde leiers geïdentifiseer het. Sien Mattheus 15:14 en Mattheus 23:16,24. Wat het hierdie geestelike leiers so blind gemaak? Hulle was vasgevang in die wettiese leefstyl van die Ou Testament en glad nie ontvanklik vir die nuwe leer en evangelie van Jesus Christus en die Koninkryk van God nie. Hulle het die mense wat hulle gevolg het ook blind gemaak deur hulle aanhangers van dieselfde tradisies en wette te maak.

2 Korinthiërs 3:12-18 verduidelik en bevestig hierdie feit nog verder: "Terwyl ons dan sodanige hoop het, gebruik ons baie vrymoedigheid; nie soos Moses nie, wat 'n bedekking oor sy aangesig gesit het, sodat die kinders van Israel nie die oë kon vestig op die einde van wat moes vergaan nie. Maar hulle sinne is verhard. *(M.a.w. Hulle geestelike visie en insig was verduister. Die Engelse vertaling van die vers sê: "but their minds were blinded...")* Want tot vandag toe bly by die lesing van die Ou Testament dieselfde bedekking sonder dat dit opgelig word, **die bedekking wat in Christus vernietig word.** Ja, tot vandag toe wanneer Moses (die wet) gelees word, lê daar 'n bedekking oor hulle hart; *(d.w.s. dat daar geen nuwe geestelike insig/visie in Jesus Christus kan ontwikkel nie a.g.v. die geestelike blindheid);* **maar wanneer hulle tot die Here bekeer is, word die bedekking weggeneem.** *(nuwe geestelike insig/visie word deur die Heilige Gees gegee.)* **Die Here is die Gees en waar die Gees van die Here is, daar is vryheid, en terwyl ons almal met onbedekte gesig soos in 'n spieël die heerlikheid van die Here aanskou,** word **ons van gedaante verander na dieselfde beeld,** van heerlikheid tot heerlikheid as deur die Here wat die Gees is." *(Jesus Christus vernietig die geestelike blindheid en gee ons hierdie nuwe visie!)*

Jesus nooi ons om by Hom "oogsalf" te koop.
Onthou, oogsalf bestaan uit verskillende bestanddele wat genesend op die oë inwerk. Die basis van oogsalf is 'n olie wat nie die oog sal beskadig nie. Net so is die "oogsalf" wat Jesus vir ons aanbied, ook opgemaak uit verskillende bestanddele.

JESUS SE "OOGSALF" VIR ONS

Het verskillende bestanddele:-

- **Heilige Gees** – Olie basis

  Olie is simbolies van Heilige Gees.

  Heilige Gees gee jou insig, wysheid, kennis, verstand en openbaar God se geheime aan jou. Jesaja 11:2. Efesiërs 1:18 sê dat dit die Heilige Gees is wat ons "verligte oë van die verstand" gee sodat ons Goddelike dinge beter kan verstaan. Psalm 146:8 vertel ons dat dit die Here is wat ons blindheid genees.

- **Kwaliteit tyd met God**

  Persoonlike kwaliteit tyd met Jesus bring diep geestelike visie en insig. Bid, Bybel lees, Lof en Aanbidding vanuit 'n opregte hart, gee die Heilige Gees kans om met jou te praat. Hoe meer tyd jy met Jesus spandeer, hoe meer sal jy die Heilige Gees hoor en hoe meer sal jy die dinge van God verstaan.

- **Geloof** bewerk ook vir ons geestelike en fisiese visie. Mattheus 9:28,29 & Hebreërs 11:1,13,20,27 werp lig hierop. Volgens Numeri 14:6-11 sien ons dat Josua & Kaleb sekerlik Geloofsvisie gehad het. **Ons fisiese visie op omstandighede, moet oorheers word deur ons geloofsvisie en geestelike visie op Jesus en op Sy vermoë. Geloofsvisie kom ook met die gehoor van die Woord van God wat bely word** soos Paulus vir ons in Romeine 10:17 leer.

'n Keuse vir Geestelike Visie

Die dag wanneer ons, ons harte aan die Here gee en Sy Gees in ons kom woon, is dié dag waarop God in Sy volheid in ons kom woon. God wag egter dat ons kies om gehoor te gee aan die stem van Sy Gees. Hy wil deur Sy Gees met ons praat, ons leer en ons lei.

Ons sien herhaaldelik hoe die Heilige Gees op verskeie maniere deur mense werk, nadat hulle met olie gesalf is:-

- Levitikus 14:14-18 Die priester salf die persoon se regter oorlel (hoor), op sy regter duim (dade), regter groot toon (loop in God se beginsels), en op sy voorhoof (bedink goddelike gedagtes en ontvang dit van die Here), na die reinigingsproses voltooi is. Sodoende word die sensitiwiteit vir die leiding van die Heilige Gees in die persoon se lewe bevestig.
- 1 Samuel 10:1,6,11 Samuel salf Saul tot koning van Israel. Vers 6 sê dat Saul se lewe aanvanklik verander het. Hy het anders opgetree as in die verlede. Hy het selfs geprofeteer, maar na 'n tyd het hy gekies om nie meer na die stem van God se Gees te luister nie en het die Heilige Gees hom verlaat.
- 2 Konings 6:15-17 Elisa bid vir sy dienaar sodat hy geestelike visie kan ontvang. Dis God se Gees wat hierdie visie bewerk het.
- Handelinge 2:3,4 en Handelinge 4:31 Die dissipels word bekragtig deur die Heilige Gees om ander van Jesus te vertel. Die Heilige Gees gee aan hul ook 'n onverskrokke, vreeslose gees.
- Handelinge 8:15-17 Nadat mense hul harte vir die Here gegee het, het die apostels vir hul hande opgelê en vir hul gebid sodat die Heilige Gees aktief in hulle kan begin werk.

19

- Jakobus 5:14-15 Wys daarop dat ons mense wat siek is kan salf en hande op hulle kan lê en bid sodat hul gesond mag word.
- 1 Johannes 2:27 wys ons dat ons d.m.v. die salwing van die Heilige Gees geleer sal word uit die woord van God en dinge sal verstaan, omdat die Heilige Gees dit vir ons verduidelik.

Dis belangrik om te verstaan dat, in die Ou Testament die Heilige Gees **op die mense gekom het** vir 'n kort tyd, maar in die Nuwe Testament sien ons dat God se Gees **in ons kom woon** en in ons, heiligmaking bewerk.

Het ons die Heilige Gees nodig?

Ja, beslis! Daarom sê Jesus vir ons om salf vir ons oë by Hom te koop. Die Heilige Gees gee ons die vermoë om die dieper dinge van God se Woord te verstaan, om die waarheid van onsself en ons omstandighede te sien en te besef, om geloofsvisie te hê, om dinge te doen wat nie in ons eie krag moontlik is nie en gee ons die krag om God te gehoorsaam ongeag ons omstandighede.

Antwoord hierdie vraag in die binnekamer van jou hart: Het jy die Heilige Gees al genooi om vryelik in jou lewe te werk? Hy sal, as jy Hom nooi of vra.

"Daarom dan, terwyl ons so 'n groot wolk van getuies rondom ons het, laat ons ook elke las aflê en die sonde wat ons so maklik omring en met volharding die wedloop loop wat voor ons lê, die oog gevestig op Jesus, die Leidsman en Voleinder van die geloof, wat vir die vreugde wat Hom voorgehou is, die kruis verdra het, die skande verag het en aan die regterkant van die troon van God gaan sit het."
Hebreërs 12:1-2

Laat ons daarna streef om nuwe geestelike visie in Jesus Christus te verkry deur die werking van Sy Gees.

Hemel Vader, dankie dat U Jesus gestuur het om ons van U te leer.
Jesus, dankie dat U gekom het en ons die Heilige Gees geskenk het
sodat U so intens naby aan ons kan wees.
Heilige Gees dankie dat U gekom het om ons al meer van Jesus as ons Abba Vader te leer.
Ek bid dat U opnuut in my lewe sal werk en my oë sal open om die Goddelike dinge te sien en te verstaan.
Deurdrenk my asseblief van kop tot tone sodat ek 'n voorwerp tot Abba Vader se eer sal wees.
Ek weet dat U aan my 'n onverskrokke, standvastige gees in Jesus sal bewerk en
dat U my oë altyd sal rig op Jesus Christus, die Begin en Voleinding van my geloof.
Lei my asseblief in die waarheid en wees U die vuur wat in my hart brand en my motiveer
tot 'n intieme liefdesverhouding met Jesus tot op die dag dat Hy ons kom haal.
In Jesus se Naam alleen,
Amen.

WAARMEE KAN EK BY JESUS KOOP?

"Aan My behoort die silwer en aan My die goud," spreek die Here van die leërskare.
Haggai 2:8
"Die wat vertrou op hulle vermoë en hulle beroem op die grootheid van hulle rykdom?
Niemand kan ooit sy broer loskoop nie; hy kan aan God sy losprys nie gee nie,
(want die losprys van hulle lewe is te kosbaar en vir ewig ontoereikend),
dat hy vir ewig voortlewe, die vernietiging nie sou sien nie."
Psalm 49:7-10

Wat is in die oë van die Here waardevol genoeg om as 'n "geldeenheid" te gebruik, om by Jesus te koop?

Die silwer, goud en geld behoort in elk geval aan die Here. Hy is immers die Skepper van die Heelal! So als ou ek dit hê, kan ek dit nie aanbied nie.

Waarmee het Jesus gekoop?
1 Timotheüs 2:5,6
"Want daar is een God en een Middelaar tussen God en die mense, die mens Christus Jesus, wat Homself gegee het as 'n losprys vir almal…"
Van wie af moes Jesus <u>ons</u> dan koop?
'n Losprys word betaal wanneer 'n slaaf vry gekoop word van sy eienaar af.
In Johannes 8:34 verduidelik Jesus dat ons diensknegte / slawe van sonde is. M.a.w. ons is slawe van satan! Romeine 3:23 sê dat ons almal gesondig het.

'n Slaaf kon homself nie vrykoop nie en moes alles doen wat sy eienaar hom beveel. Hy was lewenslank die eiendom van sy eienaar. Die enigste manier om vry te kom, is as iemand anders 'n losprys vir hom betaal met die doel om hom vry te laat gaan.

In Johannes 8:36 sê Jesus dat Hy ons wil vry maak sodat ons waarlik vry kan wees. Hierdie vryheid word onder andere bewerk deur die Waarheid wat Hy vir ons kom aanbied het.

Jesus koop ons, deur met Sy lewe aan die kruis vir my en jou te betaal. Hy sterf en staan weer op uit die dood en koop jou so vry van sonde en vry van die greep van satan! Jesus koop ons nie net om vry te kan wees nie, maar bied ook vir ons toegang tot die ewige lewe aan.

Wat is kosbaar genoeg vir die Here sodat ons by Hom iets sal kan koop?
1 Petrus 2:21 sê **"Want hiertoe is julle geroep,…. dat Christus vir julle 'n Voorbeeld nagelaat het, sodat julle in Sy voetstappe kan navolg."** Net soos Jesus gedoen het, so moet ons ook doen.
Daarom kan ons op die volgende wyse by Jesus koop:-
Ons koop by Jesus deur ons Hele Lewe (gees, siel en liggaam) as 'n "geldeenheid" aan te bied! M.a.w., <u>**ons gee onsself soos wat Jesus Homself as losprys vir ons gegee het**</u>. Jesus het Sy alles gegee. Ons kan nie net helfte van onsself gee en dink dis genoeg nie. Jakobus 4:4

waarsku ons dat ons nie 'n vriend van die wêreld en 'n vriend van God gelyktydig kan wees nie, want daar is vyandskap tussen die wêreld en God. Dis alles of niks!

In Markus 12:29-31 sê Jesus aan die mense die volgende:-
"Hoor Israel, **die Here onse God, is 'n enige Here; en jy moet die Here jou God liefhê uit jou hele hart (gees) en uit jou hele siel en uit jou hele verstand en uit jou hele krag. Dit is die eerste gebod.**
En die tweede, hieraan gelyk, is dit: **Jy moet jou naaste liefhê soos jouself.** Daar is geen ander gebod groter as dit nie."
Hierdie vers impliseer **'n totale oorgawe aan die Here,** gees, siel en liggaam.

Wanneer jy jouself op hierdie manier oorgee aan Jesus, doen Hy presies dit wat ons in Openbaring 3:18 uitgenooi word om by Hom te koop:-
- Hy suiwer ons hart totdat dit soos kosbare suiwer goud in Sy hande is;
- Hy gee jou die vermoë om regverdige dade te doen, m.a.w. die wit kleed te dra;
- Hy gee jou Sy Heilige Gees as salf vir jou oë sodat jy geestelike insig, wysheid, kennis en verstand kan bekom. (verligte oë van die verstand – Efesiërs 1:18)

Wanneer ons met oorgawe aan Jesus, lewe, geniet ons die voorregte van kindskap in 'n goddelike familie, want Jesus het ons gekoop uit die slawerny van sonde en die invloed van die wet, sodat ons in die vryheid van 'n goddelike identiteit ingelei kan word. Hierdie feit word in ons harte bevestig deur Sy Gees, wanneer ons **Romeine 8:15,16** lees wat sê:
" **want julle het nie ontvang 'n gees van slawerny om weer te vrees nie, maar julle het ontvang die Gees van aanneming tot kinders, deur wie ons roep ABBA VADER! Die Gees self getuig met ons gees dat ons kinders van God is."**

Ek wil jou vandag uitdaag om God met alles in jou te dien en niks terug te hou nie en kyk of jy nie dan die oorvloedige seëninge vanuit Sy hand sal geniet nie. Ek weet jy sal!

Johannes 1:12-13 verduidelik hierdie wonderlike kindskap in Jesus as volg:-
"Maar aan almal wat Hom aangeneem het, aan hulle het Hy mag gegee om kinders van God te word, aan hulle wat in Sy Naam glo; wat nie uit die bloed of uit die wil van die vlees of uit die wil van 'n man nie, maar uit God gebore is."

Neem die eerste stap na 'n ware lewe in Jesus Christus en word nuut gebore deur Sy Gees.
Lees gerus Johannes 3:5-6,16,18 om van hierdie geboorte te hoor.

DIE DEUR...

"Kyk, Ek staan by die deur en Ek klop. As iemand My stem hoor en die deur oopmaak, sal Ek ingaan na hom toe en saam met hom maaltyd hou en hy met My."
Openbaring 3:20.

Wanneer ons voor 'n oop of toe deur te staan kom, het ons verskeie keuses om te maak. Indien die deur toe is, kan ons klop en dalk ingenooi word, of omdraai en weg stap. Indien die deur oop staan, moet ons kies om deur die deur in te stap of weg te draai en nie ingaan nie.

Soms soek ons na 'n deur in 'n vreemde omgewing wat ons by ons beplande bestemming sal uit bring. Dis die deur wat lei na 'n beplande afspraak waar iemand vir ons wag om met ons te ontmoet.

Die teenoorgestelde kan ook natuurlik gebeur, naamlik, dat iemand aan ons huis, kantoor of kamer se deur kom klop en ons die keuse het om oop te maak en in te nooi, of om die klop te ignoreer asof ons dit nie gehoor het nie.

Watter kant van die deur ons staan, kan ook bepaal waar ons in die lewe staan en wat ons ervaar. Vir die ongehoorsame kind is die deur na die skoolhoof se kantoor, een wat lei na pyn, leiding en angs; Vir die krimineel is die tronk deur een wat lei na gevangenskap; Vir die jong man of vrou op universiteit, lei die deure na sukses en voorspoed vir die toekoms, die verwesenliking van hul drome; Vir die voëltjie wat in die voëlhok vasgevang is, is die oop deur die weg na vryheid.

Daar is egter ander deure ook. Deure wat slegs in die geestelike dimensie sigbaar is. Hierdie deure is dikwels baie belangriker as enige konkrete deur in hierdie wêreld.

Vir Adam en Eva het die **deur na die tuin van Eden**, ná die sondeval, toe gegaan, om nooit weer oop gemaak te word nie. Dit was 'n hartseer dag wat hul lewens, sowel as die lewens van die mensdom ná hulle, vir altyd verander het.
Ons lees hiervan in Genesis 3:17,23,24.

Ongehoorsaamheid en sonde het onder die mensdom geseëvier en elke keer wat sonde aan hul harte se deur geklop het, het hulle sonder weerstand oopgemaak en die sonde ingenooi en gedoen soos hul harte begeer het. Genesis 4:7b.

'n Unieke dag breek aan waarin God met Noag gesprek voer en sy plan om die aarde met water te vernietig aan hom bekend maak. Hy beveel hom om 'n ark te bou wat die middel sou word waardeur Hy Noag en die diere sou red en beskerm. Noag en sy gesin was die enigste van daardie tyd wat genade in God se oë gevind het, omdat hulle nie toegegee het aan die sonde wat aan hul harte se deur kom klop het nie. In Genesis 6:8 en 9 sien ons dat Noag as 'n regverdige, opregte man onder sy tydgenote gereken was. Ons word hier vertel dat Noag met God gewandel het. Hierdie getuigskrif het 'n Goddelike deur vir Noag en sy gesin laat oop gaan, terwyl dieselfde deur vir die ander mense toe gegaan het.

23

Tydens hierdie gebeurtenis ontdek ons 'n deur wat direk in verwantskap met God se genade staan. Nadat Noag, sy familie en die diere in die ark in gegaan het, sluit God self die deur agter hulle toe. Lees daarvan in Genesis 7:16. Dit het Noag 120 jaar geneem om die ark klaar te bou en in daardie tyd het die mense elke dag die waarskuwings van die watervloed gehoor. Dit was 'n tydperk van genade waarin die mense hul harte kon terug draai na God toe, maar hulle het met Noag die spot gedryf en die oproep van bekering verwerp. God het die **Genadedeur** gesluit en die mense het hul kans op redding finaal verbeur. Wat 'n skrikwekkende dag!

Baie jare later sien ons in Jona 1:2 & Jona 3:3-10 & Jona 4:2b dat 'n soortgelyke situasie in die stad Ninevé afspeel. Die inwoners van hierdie stad, tesame met sy koning, word in opdrag van God, deur Jona gewaarsku dat God die stad gaan vernietig as gevolg van hul boosheid. Hierdie mense bekeer hul van hul sondige praktyke en God betoon hul genade en barmhartigheid deurdat Hy Sy oordeel van verwoesting terug trek. Vir hierdie mense het die deur van genade oop gebly.

God begeer om die skeiding van sonde tussen Homself en die mens uit te wis en begin planmatig deur die jare heen die weg baan na die grootste Deur van alle deure. 'n Deur wat Hy self vir ons daar stel om vir ons die weg na die ewige lewe saam met Hom, te baan.

In Exodus 25 lees ons hoe die Here vir Moses opdrag gee om die Tabernakel op te rig. Ons sien hoe die Here op 'n wonderbare wyse honderde jare voor die koms van Sy Seun, Jesus, op 'n simboliese wyse die mensdom voorberei op die koms van Sy Seun. Jesus is die ware Deur na 'n herstelde verhouding met God. Die unieke eienskappe van elke **ingang of deur van die Tabernakel**, vanaf die Voorhof na die Heiligdom en Allerheiligste, sowel as die praktyke binne die Tabernakel, was vingerwysend na **Jesus Christus**, Wie uiteindelik, nie net die volmaakte offer vir ons sondes was nie, maar ook **dié Deur** is, waardeur ons sou moes stap om in harmonie met God te kom, ons redding te verkry en die ewige lewe te beërwe. Wanneer ons deur Jesus na God toe gaan, kan ons Sy teenwoordigheid in ons lewens ervaar.

Jesus verklaar onomwonde in Johannes 10:9: **"Ek is die Deur; as iemand deur My ingaan, sal hy gered word en hy sal ingaan en uitgaan en weiding vind."**

Ons sondige toestand vereis 'n sondelose volmaakte offer, die bloed van 'n sondelose "Wese", nl. Jesus Christus, om die deur van genade na God se teenwoordigheid toe, oop te maak. Lees Hebreërs 9:14,24,26; Hebreërs 7:25 & Hebreërs 4:14-16. Jesus word nie net die verpersoonliking van God se genade nie, maar ook die Manifestasie van Sy genade en liefde vir 'n mensdom wat dit op geen ander wyse kan verdien nie. Die verantwoordelikheid rus egter op elke mens om die finale keuse te maak om deur die Deur van God se genade, deur Jesus Christus, wie self die Deur is, in te stap na 'n herstelde verhouding met God ons Ewige Vader en Skepper, of nie. Die potensiaal aan die anderkant van hierdie Genadedeur is asemrowend groot!

Wanneer ons deur hierdie **Genadedeur** stap, ontmoet ons nie net ons Skepper en Ewige Vader nie, maar ontdek ander nuwe geestelike deure wat God vir ons daar gestel het om ons verhouding met Hom te laat groei. Elke deur neem ons na 'n dieper, tog hoër vlak van intensiteit in ons verhouding met God. Dit bly nogtans ons keuse om ywerig na hierdie deure te soek, hulle oop te maak en deur te stap of nie. Dit sal natuurlik die vlak van ons verhouding met God bepaal.

Daar is ook die **Deur van Geloof** wat lei tot redding, verlossing, bevryding en genesing sowel as verskeie ander wonderwerke vanuit God se liefdevolle Hand. Geloof kom deur die aanhoor van die Woord van God, soos omskryf in Romeine 10:17. Sonder geloof is dit onmoontlik om God te behaag en Sy guns in ons lewens te geniet. Lees ook Hebreërs 11:6.

Die **Deur van Geloof open die Deur van ons Lippe** sodat ons die oortuiging in Jesus, ons Redder en Verlosser met oorgawe en in opregtheid sal bely. Lees Psalm 14:3 & Romeine 10:9-11,13.

Die **Deur van ons Lippe** lei ons na die **Deure van Lofprysing en Deure van Geestelike Oorwinnings** sowel as **Deure van Vryheid in Christus.** Wanneer ons in Handelinge 16:25,26-36 na Paulus en Silas kyk, sien ons 2 sendelinge wat wreedaardig deur die mense verniel is, omdat hulle waag om die deur van hul lippe te open en redding in Christus Jesus te verkondig. Dis middernag en Paulus en Silas laat nie toe dat pyn, leiding en mismoedigheid hulle monde snoer en die tronkdeure gesluit word nie. Hulle begin lofprysing tot eer van God en Jesus Christus bring. Dit word nie net 'n getuienis vir mede-gevangenis nie, maar bring God se kragtige hand in beweging. Hulle middernagtelike lofoffer word die kragtige sleutel wat die tronkdeure na vryheid en geestelike oorwinning, oopsluit. **"En omtrent middernag het Paulus en Silas gebid en lofliedere tot eer van God gesing; en die gevangenis het geluister. En skielik kom daar 'n groot aardbewing, sodat die fondamente van die gevangenis geskud het. En onmiddellik het al die deure oopgegaan en die boeie van almal losgeraak."** Handelinge 16:25,26.
Die tronkbewaarder en sy familie kom tot bekering, die gevangenis word ook aan **Jesus, ons Ewige Deur**, bekend gestel en hul almal kry die geleentheid om hul verhouding met God reg te stel en die ewige lewe deelagtig te word.

Wanneer ons in die wil van God lewe, kan ons verwag dat God geestelike deure vir ons sal oop en toesluit. Paulus getuig in 1 Korinthiërs 16:9,: **"Want 'n kragtige deur het vir my oop gegaan en daar is baie teëstanders."** Hoewel ons, net soos Paulus hulle, in geestelike oorlogvoering gewikkel kan raak, is ons altyd verseker van God se ondersteunende regterhand. Hy belowe dat "die Engel van die Here 'n laer trek om dié wat Hom vrees en Hy red hulle uit." Psalm 34:8. Wanneer Jesus deure oop of toesluit, is dit 'n kragtige en gewisse saak. Geen mens of boosheid sal dit kan verander nie. Openbaring 3:7,8. Daarom hoef ons nie te vrees wanneer ons voor 'n geestelike deur te staan kom nie. Ons stap nie alleen daardeur nie. God is altyddeur met jou.

Jesus vertel in Mattheus 25:10-13 die gelykenis van die 10 maagde wat na die bruilofsfees genooi was.
Vyf van die maagde bring ekstra olie saam om te verseker dat hul genoeg om tot op die oomblik wat die Bruidegom van alle tye opdaag. Die ander vyf maagde het nie ekstra olie met hul saam geneem nie en beland in 'n krisis weens 'n tekort aan olie. Hulle moet dringend nog olie gaan koop en mis die oomblik toe die Bruidegom uiteindelik opdaag. Ons is self baie keer soos hierdie 10 maagde. Sommige van ons werk ywerig aan ons verhouding met God sodat die Heilige Gees altyddeur kragtig in en deur ons kan werk. Ander is weer laks en maak slegs per geleentheid tyd

om hul verhouding met God in stand te hou. Hoe tragies is dit, dat dit juis hierdie groep is, wat met die onverwagte koms van die Bruidegom, naamlik Jesus, uit mis op die asemrowende geleentheid. Die ergste van alles is dat ons so besig met die tydelike verpligtinge is, dat ons eintlik Sy koms nie eers opmerk nie! Wanneer ons wel besef dat Hy gekom het, kom ons te staan voor 'n TOE DEUR! Die **Genadedeur is reeds toegesluit** en dis te laat!! Ons het ons kanse verbeur! Wat 'n nare gewaarwording! Die laasgenoemde 5 maagde het voor hierdie nare werklikheid te staan gekom en moes dié woorde aanhoor: **"Voorwaar ek sê vir julle, Ek ken julle nié."** Mattheus 25:11,12.

In Openbaring 3:20 lees ons dat JESUS self by **JOU hart se deur** aanklop. Terwyl Hy aanklop, roep Hy jou by die naam om oop te maak. Wat gaan jy doen? Gaan jy die **Deur van jou Hart** toesluit en die geroep van Jesus ignoreer? Dalk sê jy vir jouself: " Ag, ek het nie nou tyd hiervoor nie! More is nog 'n dag... Nou is nie die regte tyd nie. Ek het nog soveel ander dinge om te doen en my hele lewe lê voor my om te geniet."

Vriend, vriendin, ek wil jou dringend aanraai om te besin oor hierdie uiters belangrike besluit wat jy moet maak. Waarom wil jy uitmis op die beste en mees vervullende lewe ooit? Die Bruidegom, Jesus is op pad en jy kan Sy koms dalk net mis loop en jouself voor 'n geslote Genadedeur bevind!

Is dit die moeite werd om die kans om in die ewige teenwoordigheid van God te lewe, mis te loop vir die tydelike plesier van hierdie wêreld?

Waar God is, is ware vrede, volmaakte liefde, geen hartseer, pyn of siekte nie, geen leiding en dood meer nie. Slegs LEWE, ware Lewe – die Ewige Lewe!!

Kies vandag nog om nie weg te draai van die Deur van Genade nie. Sluit jou hart se deur oop en nooi Jesus binne. Jesus belowe dat julle twee saam 'n geestelike feesmaal sal geniet. 'n Feesmaal met ewigheidswaarde!

Jesus klop vandag aan jou hart se deur.
Hoor jy Hom roep?
Moenie wag nie, antwoord Hom en maak jou deur oop.
Jy sal nie spyt wees nie!

"VANDAG, AS JULLE MY STEM HOOR..."

"Vandag as julle Sy stem hoor, verhard julle harte nie soos in die verbittering, in die dag van die versoeking in die woestyn nie."
Hebreërs 3:7,8

Ons lees die volle verhaal, wat aanleiding tot hierdie stelling gegee het, in
Exodus 17:1-7.
Die Israeliete is in opstand teen die Here en teen Moses, want hulle is moeg en dors in die woestyn en volgens hulle, is dit alles Moses en die Here se skuld! Hulle is so opstandig, rebels en arrogant dat hulle die teenwoordigheid van God in hul midde bevraagteken! Dis 'n groot fout!
Nogtans het die Here hul begenadig en Moses en die oudstes van Israel laat afsonder sodat Hy met hulle kon praat en Sy teenwoordigheid en wonderwerkende krag aan hulle kon bevestig.
Hy praat nie met die wederstrewige volk nie, maar wel met die wie se harte ontvanklik sou wees.
Hy wag hulle in by Horeb en voorsien water vanuit die rotse.

Die teenwoordigheid van sonde, wat in beginsel rebellie teen God is, lei tot 'n verharde hart en maak dat ons onder andere geestelik doof word vir die stem van die Here.

Vir kinders van die Here, behoort kommunikasie tussen ons en God van uiterste belang te wees, aangesien dit 'n integrale deel van 'n lewende, groeiende verhouding met God is.
MAAR
Mense soek na ander bronne van kommunikasie om hulle van die Here te vertel. Dit laat hulle op 'n dwaalspoor beland wat hulle net weereens laat weg beweeg van die Here af.

KOMMUNIKASIE IN DIE OU EN DIE NUWE TESTAMENT
In die **OU TESTAMENT** sien ons dat God op verskeie maniere met mense kontak gemaak het.

In so vroeg as die tuin van Eden, sien ons dat Hy vir Adam en Eva in die aandwindjie besoek het.
Ons lees hiervan in **Genesis 3:8**

Later sien ons dat Sy kommunikasie dmv drome, gesigte, visioene, engele, rigters, profete, 'n wolkkolom, vuur en wegvoerings was.
Voorbeelde hiervan vind ons in:-
Daniël 10:12-14; Rigters 6:12-27
- Die Here stuur 'n Engel om Sy boodskap te bring.

1 Konings 19:11-13
- Die Here se teenwoordigheid is kragtig in die natuur, maar wanneer Hy met ons praat, is dit gewoonlik sag en kalm – "in die gesuis van 'n sagte koelte" (stilte) is die stem van die Here hoorbaar.

Numeri 22:26-35
- God praat deur middel van 'n donkie en open later Bileam se oë sodat hy die Engel kan sien wat dan ook met hom praat.

Job 33:14-16

- God praat deur drome en gesigte....

Numeri 12:6,8

- God praat deur Drome, Visies en Woord.

Jesaja 6:1-11

- Gesigte en wegvoering in die Gees.

Baie van die <u>Ou Testamentiese generasie het 'n sterk visuele manifestasie van die Godheid, waarin God Sy boodskap bekend gemaak het, beleef.</u>

In die **NUWE TESTAMENT** sien ons minder van hierdie insidente en 'n meer **innerlike vorm** van kommunikasie, via die Heilige Gees. Veral na die uitstorting van die Heilige Gees in Handelinge 2, sien ons 'n sterk werking, kommunikasie en teenwoordigheid van die Heilige Gees in mense se lewens. Dis natuurlik die vervulling van Jesus se voorspelling van die uitstorting van Sy Gees voor Hy terug is hemel toe.

In Joël 2:28-32 word ons gewaarsku dat die Heilige Gees in groot maat uitgestort sal word en dit sal aanleiding gee tot gesigte, visioene, drome, profesieë in die eindtyd. Dit het in Handelinge 2 reeds begin. Petrus verwys hierna in sy prediking in Handelinge 2:17-21.

In 1 Korinthiërs 6:19 en 2 Korinthiërs 6:16-18 sien ons die rede vir die veranderde wyse van kommunikasie. Die inwoning van God se Gees binne die mens as Sy tempel, maak dat God deur Sy Gees 'n innerlike vorm van kommunikasie verkies.

GODDELIKE KOMMUNIKASIE IN DIE HUIDIGE ERA

Vandag sien ons egter 'n baie verwarde beeld van sogenaamde kommunikasie tussen God en die mense terwyl mense nie die moeite doen om werklik met God, ten eerste, 'n waaragtige lewende verhouding in gees en waarheid te bou nie. Hulle soeke na 'n Opperwese neem hulle op dwaalspore ver weg van die Here af.

Hierdie geestelike verwarring word versterk deur **onkunde** m.b.t. God se Woord wat vererger weens **mis-informasie, propaganda en misleiding**. Dit maak dit moeilik om dan tussen die waaragtige waarheid wat lei tot die ewige lewe en 'n verhouding met Jesus en die leuens van die wêreld en die Bose te onderskei.

God se waarheid is die enigste stabiele faktor waarvolgens ons die leuens van die wêreld en die bose sal kan onderskei.

Mense kies om godsdienste aan te hang wat hulle lewenstyl pas. Dit maak dat hulle hul ore uitleen vir 'n menigte leraars wat hul eie begeerlikhede sal vervul en goedkeur. Sodoende keer hulle hul ore af van die waarheid van God se Woord en hang fabels aan wat hulle gehoor sal streel. Lees gerus 2 Timotheüs 4:3-4 waar Paulus hierteen waarsku.

In 1 Korithiërs 12 en 1 Korinthiërs 14 sien ons die manifestasie van die Heilige Gees binne die gemeente waar dit tot opbou en stigting van die gemeente beoefen was. Paulus verduidelik hier hoe dit in praktyk behoort te funksioneer aangesien orde binne die gemeente nodig was. Hierdie

28

manifestasies was in die vorm van genadegawes soos byvoorbeeld in 1 Korinthiërs 14:3 waar ons 'n beskrywing van Profetiese Woord sien, wat opbouend, troostend en bemoedigend behoort te wees. Dit kan ook waarskuwend wees. 1 Korinthiërs 12:8,10 wys op ander genadegawes/manifestasies soos Woord van wysheid, Woord van kennis en Woord van uitleg van tale.

Ongelukkig word hierdie manifestasies in baie van die moderne kerke misbruik en deur die satan na ge-aap om sodoende die mense verder te mislei. Selfs binne hierdie sogenaamde Christelike kerke word praktyke beoefen wat die Here reeds in die Ou Testamentiese era verdoem en verafsku het.

Dit het uiters noodsaaklik geword om terug te keer na die belangrikste bron van kommunikasie tussen God en die mens...SY GESPROKE WOORD...DIE BYBEL

DIE BELANGRIKSTE BRON EN VORM VAN KOMMUNIKASIE TUSSEN GOD EN DIE MENS
2 Timotheüs 3:16 sê duidelik vir ons: " **Die hele Skrif is deur God ingegee en is nuttig tot lering, tot weerlegging, tot teregwysing, tot onderwysing in die geregtigheid, sodat die mens van God volkome kan wees, vir elke goeie werk volkome toegerus.** "

Dit is hier waar ons werklik die stem van die Here sal kan hoor indien ons hart, gees en siel oop en ontvanklik is vir Sy inspraak.

Dit is deur die **aanhoor van Sy woord dat geloof in ons harte opgewek** word.
Lees Romeine 10:17.

God se gesproke woord is kragdadig genoeg om ons siele te red, verduidelik Jakobus in Jakobus 1:21 wat sê: "Daarom, doen afstand van alle vuiligheid en oorvloed van boosheid, en **ontvang met sagmoedigheid die ingeplante woord, wat in staat is om julle siele te red.**"

Jakobus skryf en vermaan verder in vers 22-25 dat ons **nie net hoorders van die woord van die Here moet wees nie, maar daders van die woord moet wees.** Ons moet **onsself in woord en daad meet aan God se Woord en die nodige veranderinge, onder leiding van die Heilige maak** sodat ons tot God se eer sal lewe. Meer nog, **ons kan diep insig in die volmaakte wet van vryheid ontvang en sou ons daarvolgens lewe, sal ons gelukkig wees in wat ons doen.**

Jesus sê in Johannes 8:31-32 aan die gelowige Jode en ook aan ons dat '**As julle in My woord bly. Is julle waarlik my dissipels. En julle sal die waarheid ken en die waarheid sal julle vrymaak.**' Hier lê een van die sleutels om die waaragtige waarheid te ken en daarin te lewe. Jesus bevestig hier die feit dat ons nie net hoorders van Sy woord moet wees nie, maar gelowige daders moet word, sodat ons die kettings en slawerny van die wet en sonde kan afgooi en in die vryheid wat Hy bied, kan lewe.

God se kragdadige gesproke woord is onveranderlik en dus die enigste stabiele faktor in ons lewens te midde van 'n uiters veranderlike wêreld, daarom is dit belangrik om tyd met die Here en Sy Woord, die Bybel te spandeer.

HOE HOOR EK DIE STEM VAN DIE HERE?

In haar boek verduidelik Rebekka Brown hoe dit werk en hoe ons, ons self kan kondisioneer om die stem van die Here te hoor.

Die Heilige Gees sal die boodskap van die Here of die woord van die Here aan ons gees oordra of kommunikeer. Dit word vir ons in ons gedagtes in verstaanbare woorde omskep en daar gedeponeer.

Ons het die keuse om ag te slaan op die woord of boodskap van die Here of nie.

Metode om die stem van die Here te hoor en uit te ken:-

Ons kan 'n paar onbekende Bybelverse leer en die Heilige Gees vra om ons aan die verse te herinner op 'n tydstip wanneer ons glad nie met geestelike dinge besig is nie, soos by die werk of in 'n winkel. Dit gaan beteken dat die Heilige Gees ons gedagtegang op daardie oomblik moet onderbreek en die verse in ons gedagtes in bring sodat ons dit onthou. Wanneer dit gebeur, sal ons weet dis die Heilige Gees wat dit doen en ons sal Sy stem al duideliker kan onderskei, hoe meer ons hierdie "oefening" in ons lewens toepas.

HOE WEET EK DIS DIE HERE WAT MET MY PRAAT?

- Die boodskap sal altyd in lyn met God se karakter wees.
- Die boodskap sal bevestig kan word deur die Woord van die Here/die Bybel. M.a.w. dit sal in lyn met God se wil wees.
- Jy sal die vrede van die Here ervaar en soms 'n dringendheid om in gehoorsaamheid te doen wat Hy vra.
- Jy kan bevestiging vir die boodskap/woord wat jy ontvang het, vra. Gideon het dit gedoen. Lees die gebeurtenis in Rigters 6:12-27,34 & v36-40.

Wees gewaarsku! Let op die volgende in....

- **Galasiërs 1:7** Mense kan die Evangelie verdraai. Ondersoek die Skrif om die Waarheid van God te ken.
- **2 Korinthiërs 11:13,14** Oppas vir mense wat valse woorde uiter terwyl hulle hulself voordoen as kinders van die Here. Satan mislei ons deur te kom as 'n engel van die lig.
- **2 Timotheüs 3:5** Mense wat hulself as heilig voordoen, maar die Here verloën.
- **Mattheus 24:23-27** Jesus waarsku teen dwaal leringe en profete wat hulself as Christus voordoen.
- **2 Timotheüs 2:15** Mense wat in die Waarheid wandel en lewe en dit self doen, sal die Woord van God reg oordra.

PRAAT DIE HERE MET ONGEREDDE MENSE OOK?

Ja, verseker praat Hy met hulle sodat hulle tot inkeer kan kom en Sy kinders kan word. Die mens moet egter kies of hul gehoor gaan gee aan die stem van die Here of nie.

Eerstens trek God die mense na Hom toe deur bv. iemand wat 'n preek bring of deur iemand wat aan die persoon 'n Goddelike weldaad bewys of die Woord word op een of ander wyse in die persoon se hart in gesaai. Lees Johannes 6:44,65b. Daarna begin die Heilige Gees in hul harte werk om hul te oortuig van sonde, oordeel en geregtigheid soos omskryf in Johannes 16:8-11.

HOEKOM SAL DIE HERE NOU EINTLIK MET MY WIL PRAAT?

- Van die begin van die skepping af, sien ons dat die Here die mens besoek het om met hul 'n lewende verhouding met Hom te kweek. Genesis 3:8.

- 2 Korinthiërs 6:16 herhaal die Here Sy begeerte om met ons kontak te maak soos met 'n vriend. Hy wil altyddeur by ons en in ons wees. Hy wil vir ons 'n Vader wees, sorgsaam, liefdevol en nog baie meer.

- Ons is vir God baie kosbaar. So kosbaar dat Hy bereid was om Sy Seun te offer sodat die verhouding, wat deur sonde vernietig is, weer tussen ons en Hom herstel kan word. Ons is vir Hom soos Sy oogappel en Hy wil ons gedurigdeur onthou en aan ons dink. Daarom is ons name in Sy handpalm gegraveer. Deuteronomium 32:10b; Jesaja 49:16.

- God wil Sy planne aan ons bekend maak. Psalm 25:14; Jeremia 33:3. Let op na die profetiese boeke in die Bybel soos bv Jesaja, Daniël, Esegiël en Openbaring wat die toekomstige dinge aan ons bekend maak.

- God praat met ons om ons te motiveer tot pro-aktiewe optrede, wanneer Hy ons waarsku aangaande ons sondige praktyke en hoe Hy ons wil straf as ons nie tot inkeer kom nie. Kenmerkend van God se Woord t.o.v. hierdie aspek, is dat Sy waarskuwings nie net veroordelend en verdoemend is nie. God gee altyd 'n belofte van versoening en seën indien ons tot inkeer sou kom en ons van ons verkeerde dade bekeer. Jesaja 1:16-19; Jeremia 29:13,14

- God wil ons bemoedig, vertroos en Sy liefde vir ons, aan ons bekend maak.

- God sien in jou en my die potensiaal wat Hy self in ons lewens in gedeponeer het om tot verheerliking van Sy Naam te doen, raak en wil ons aanspoor om dit te ontwikkel en voluit te lewe, omdat Hy weet dat dit vir ons vervulling en geluk in die hand sal werk. Lees Jeremia 29:11.

WAT KAN VERHINDER DAT EK DIE STEM VAN DIE HERE HOOR?

- Sonde Jesaja 59:1,2
- Ongeloof Hebreërs 3:10
- Opstand, rebelsheid, verharding van hart. Hebreërs 3:13 & Exodus 17:1-7
- Bitterheid Hebreërs 12:14,15
- Ongehoorsaamheid 1 Samuel 15:22-23
- Ons onstuimige emosies aangaande 'n saak kan maak dat ons die stem van die Here nie hoor nie.

31

- Geestelike oorlog Daniël 10:2-6,12-14
- Onvergewensgesindheid.
- Inmenging van satan in ons gedagtewêreld deur by ons verkeerde en verdraaide indrukke en opinies te skep wat nie strook met God se wil en karakter nie. Daarom is dit nodig om hierdie vestings gereeld af te breek deur ons gedagtes gevange te neem tot gehoorsaamheid aan Christus en die helm van verlossing aan te trek. Efesiërs 6:17; 2 Korinthiërs 10:4,5.

Onthou, die Heilige Gees is deur God aan dié persoon wat 'n gehoorsame hart het gegee en getuig saam met hom en maak woning in hom.. Lees daarvan in Handelinge 5:29,32b

NOU WAT DAARVAN, AS EK DIE STEM VAN DIE HERE HOOR? MENSE PRAAT OOK MET MY! GESINDHEID!!
God is groot, soewerein, almagtig, ons Skepper en kan doen ver bo wat ons kan dink of begryp. Daar is geen een soos Hy nie. Ons behoort geëerd te voel dat Hy in ons belangstel.

Ons behoort 'n ontvanklike gesindheid te kweek. Met so 'n gesindheid, sal ons 'n sagte hart hê, wat nie verhard is deur die teenwoordigheid van sonde nie en wat gewillig is om aan God onderworpe te wees, soos 'n kindjie aan Sy ouers.

In Hebreërs 3:7,8,15 en Psalm 95:7 sien ons dat die teenwoordigheid van wederstrewigheid, opstand en rebellie die harte van die volk van Israel verhard het. Hul dade het hierdie verharding teenoor die Here gewys. God praat met Moses wie se hart ontvanklik was vir die Here en dis slegs God se genade en onvoorwaardelike liefde wat maak dat Hy hulle nogtans in die woestyn versorg het.

In Jona 1:1-3,5 sien ons hoe Jona aanvanklik weier om gehoor te gee aan die stem van die Here en hy vlug in die hoop dat hy vir God sal kan wegkruip. Hy wou nie doen wat God vir hom gesê het nie en dit het meegebring dat hy deur God gedissiplineer is tot die punt van gehoorsaamheid. Selfs God se tugtiging was nie 'n daad van liefdeloosheid nie, maar 'n geleentheid tot 'n 2de kans om gehoorsaam te wees. Te midde van Sy tugtiging sien ons God se genade, liefde en wonderwerkende hand in die lewe van Jona, maar ook teenoor die volk van Ninevé. God wou aan Ninevé genade betoon.

Moses se sagte hart teenoor die Here het gemaak dat sy verhouding met die Here een van intense vriendskap was, waarbinne Moses die vrymoedigheid kon hê om God te oorreed om Sy besluite te verander. Lees daarvan in Exodus 32:31-33; Exodus 33:7-23 & Exodus 34:5-10.

Wat is jou gesindheid wanneer die Here met jou praat?

WIL JY DIE STEM VAN DIE HERE HOOR?
Hoe lyk jou verhouding met die Here? Is dit slegs 'n eenrigting kommunikasie met Hom of is daar dialoog?? Is ons dalk te besig met die tydelike dinge van hierdie wêreld eerder as om tyd te maak waarin die Here met ons kan praat? Indien dit wel so is, het dit tyd geword om te besin

oor ons verhouding met die Here. Persoonlik sou ons nie tevrede wees as ons kinders of vriende ons net sou wou ken wanneer hulle iets van ons af wou hê nie, maar nou verwag ons dat God met so 'n verhouding tevrede moet wees.

Tweerigting kommunikasie is 'n integrale deel van 'n gesonde, gelukkige, vervullende verhouding tussen 2 partye. Dit geld veral in ons verhouding met die Here.

Wat moet ek doen om 'n gesonde verhouding met die Here te kweek?

- Handhaaf 'n aktiewe, groeiende verhouding met die Here.
- Deurdrenk jouself met die Woord.
- Bg. maak jou ontvanklik vir wanneer God met jou praat.
- Jy sal ook God se stem al makliker kan uitken.
- Sorg dat jou gebedslewe ook dialoog bevat m.a.w., word heeltemal stil sodat God met jou kan praat.
- Meet profesieë, woord, drome, visies teen die Bybelse kriteria en riglyne.
- Wees gehoorsaam aan God se opdragte.
- Moenie die stem van die Here ignoreer nie. Dit val op die ou end in dieselfde kategorie as ongehoorsaamheid.

Wanneer God jou opregte gehoorsaamheid sien, word die insidente waarin Hy met jou praat, al meer.

Jesus vertel 'n gelykenis in Mattheus 21:28-32 waarin 'n pa se 2 seuns verskillend reageer op sy versoek dat hulle in sy wingerd moet gaan werk. Die eerste seun weier uit die staanspoor uit om te doen wat sy pa vra, maar het later berou en gaan werk toe tog in die wingerd. Die tweede seun stem in om in die wingerd te werk, maar doen dit nie.

Ons tree dikwels soos die tweede seun op en dink nie altyd aan die feit dat dit die Here bedroef nie. Openbaring 3:14-18 waarsku ons om seker te maak dat ons verhouding met die Here nie een van skyn Christenskap is nie. 'n Hart van gelouterde, suiwer goud verseker dat ons hart sag en ontvanklik is vir die Here. Ons kan dan verwag om die stem van die Here te hoor. God wil met ons kommunikeer en Sy geheime aan ons bekend maak, maar is op soek na mense wat in gehoorsaamheid op Hom sal fokus. Lees gerus Handelinge 5:32b; Psalm 25:14; Jeremia 33:3 wat hieroor handel.

Ons het vrymoedigheid om ons geheime met 'n vriend of vriendin te deel, wanneer ons voel dat ons die persoon kan vertrou met hom of haar aanklank vind. So 'n vriendskap kan slegs ontwikkel wanneer die 2 persone baie tyd saam spandeer en daarop gerig is om aan die vriendskap te bou. Dit geld ook in ons verhouding met die Here. 1 Korinthiërs 6:17 sê dat die persoon wat die Here aanhang, een gees met Hom is, terwyl Psalm 25:14 verduidelik dat die Here Sy geheime bekend maak aan dié wat Hom vrees.

Billy Graham het die Here gevra hoekom Hy juis vir hom geroep het vir die groot taak wat die Here hom gegee het. Die Here se antwoord was dat Hy 2 ander persone geroep het, maar hulle het nie gehoor gegee aan Sy roepstem nie. God sal nie Sy plan vir hierdie wêreld se redding laat skipbreuk lei weens die onwilligheid van die mens nie. Hy kies iemand wat gewillig is om aan Sy roepstem gehoor te gee.

Die salwing van die Heilige Gees rus op dié wie bereid is om na God te luister en ag gee op Sy roepstem en Woord. 1 Johannes 2:20,27. Hulle sal deur Sy Gees gelei word en die Waarheid sal aan hul bekend gemaak word sodat hulle God in alles kan verheerlik en ander mense na Hom toe kan bring deur die getuienis wat die Heilige Gees in hul mond sal lê. Johannes 16:13 en Lukas 12:12.

Jesus het herhaaldelik in Sy tyd hier op aarde gesê: "Wie ore het om te hoor, laat hom hoor." Mattheus 13:9.
Jesus het verder in Mattheus 13:13-15 uitgewys dat die mense se harte nie ontvanklik vir Sy boodskap aan hulle was nie. Dis hartseer, want daardeur het hulle baie ander seëninge van die Here mis geloop.

Jakobus vermaan ons om gou te wees om te hoor en stadig te wees om te praat.
Sien dit in Jakobus 1:19.

Laat ons ag slaan op hierdie vermaning en
ons beywer om 'n ontvanklike hart
vir die stem van die Here te hê.

34

KWALITEIT KOMMUNIKASIE TUSSEN GOD EN DIE MENS

"Neig julle oor en kom na My toe, luister en julle siel sal lewe;...
Soek die Here terwyl Hy nog te vinde is; roep Hom aan terwyl Hy naby is.
Want My gedagtes is nie julle gedagtes nie en julle weë is nie my weë nie, spreek die Here.
Want soos die hemel hoër is as die aarde, so is My weë hoër as julle weë en
My gedagtes as julle gedagtes."
Jesaja 55:3,6,8-9

KWALITEIT KOMMUNIKASIE BESTAAN UIT VERSKILLENDE BELANGRIKE KOMPONENTE WAT OOK IN JOU VERHOUDING MET DIE HERE GELD.

Kommunikasie komponente behels onder andere die volgende:-

- Luister aandagtig na wat gesê word.
- Maak kort aantekeninge om beter te onthou.
- Fokus daarop om aktief te luister en nie rede te soek om 'n teen antwoord te gee nie.
- Wees oop en ontvanklik vir die boodskap wat oorgedra word.
- Moenie aandag afleibaarheid toelaat nie.
- Maak seker dat jy akkuraat verstaan wat gesê word en wat die boodskap behels.
- Kommunikasie vind tussen ten minste twee partye plaas.
- Kommunikeer sinvol terug waar nodig.

Daar is 'n direkte korrelasie tussen effektiewe kommunikasie en die bou van 'n sinvolle verhouding. Dit geld ook vir jou verhouding met die Here.

STEMME WAT ROEP...

Daar is **baie stemme in die wêreld** wat na ons roep en uitroep om ons aandag op te eis. Daar is stemme van misleiding, leuens, verdraaide waarhede ens. Wat ons op 'n dwaalspoor sit weg van die akkurate waarheid van God se woord.

Daar is **net EEN stem wat saak maak** en wat ons moet toelaat om ons lewens rigting te gee en dis die stem van God. Daardie stem roep vanuit die Bybel om aan ons lig en waarheid te bied. God se woord bied die nodige standvastigheid, redding en rigting wat ons nodig het. Dit wat ons hoor, wysig ons denke; wysig ons lewenspraktyke; is 'n saak van lewe en dood op grond van wat ons aanvaar of verwerp en kan ons geloof versterk. Dit is ons keuse of ons dit gaan toelaat of nie.

Die Moderne Kerk het afgedwaal van die oorspronklike akkurate boodskap en is geïnfekteer deur valse doktrine wat allerhande sirkulêre humanisme, opinies en die "wysheid" van die wêreld toelaat. Die resultaat hiervan, is dat wêreldse standaarde aanvaar word wat loodreg teen die woord van die Here bots; heidense idees en praktyke word in die kerk geakkommodeer en 'n louwarm kerk ontwikkel wat 'n kragtelose kerkgemeenskap tot gevolg het.

Die Oorspronklike Kerk van Handelinge het geen valse dogmatiek toegelaat nie, ongeag die druk van die Jode en heidene wat hulle standaarde wou invoer in die "nuwe" Kerk in. Die Handelinge Kerk het 'n boodskap van waarheid volgens die evangelie van Jesus Christus en die beginsels van die Koninkryk van God aan die mense oorgedra. Dit was dieselfde boodskap wat Jesus self geleer het. Dié boodskap van die Koninkryk van God wat Jesus aan Sy dissipels oorgedra het, om as Apostels die wêreld in te dra vandat Hy hulle uitgestuur het. Dis hierdie boodskap wat eendragtigheid bewerk het en aanleiding tot wonders en tekens deur die werking van die Heilige Gees gegee het. Lees hiervan in Markus 16:15-18 en Handelinge 4:23-24,31.

WAAR KOM DIE GEDAGTE VAN APOSTELSKAP VANDAAN?
In Lukas 6:13 lees ons:-
"En toe dit dag geword het, het Hy Sy dissipels na Hom geroep en twaalf van hulle uitgekies, **wat Hy apostels genoem het:**"
Let op dat dit Jesus is wat die dissipels roep en hulle Apostels noem.
Kom ons kyk na die oorspronklike taal se betekenis. D.w.s. die Griekse betekenis aangesien die Nuwe Testament oorspronklik in Grieks geskryf is.
Die woord **"dissipels"** word in die "Strongs Konkordansie" as G3101 ge-identifiseer. Grieks is "mathetes" en die oorspronklike betekenis is leerder en volgeling.
Die woord **"apostel"** is G652 wat in Grieks "apostolos" is. Die oorspronklike betekenis is "to be set apart (... unto God") en "he that is sent" asook "ambassador of the Gospel of Jesus Christ"

Jesus het ten eerste die dissipels geleer hoe en wat om die mense te leer en daarna het Hy hulle gestuur as ambassadeurs/apostels van die evangelie van Jesus Christus en die Koninkryk van God.

In Hebreërs 3:1 lees ons " Daarom, heilige broeders, deelgenote van die hemelse roeping, **let op die Apostel en Hoëpriester van ons belydenis, Christus Jesus,**"
Hier sien ons dat Jesus self as 'n Apostel geïdentifiseer word. Hy is gestuur deur God die Vader en het niks gedoen wat Hy Sy Vader nie hoor sê het, of Sy Vader sien doen het nie.

Die Apostels het dieselfde gedoen, nl. Om Jesus se Voorbeeld na te volg.
Nadat Jesus terug is hemel toe, het **die Apostels die stemme van Waarheid geword** volgens die Evangelie van Jesus Christus en die beginsels van die Koninkryk van God.
Hulle was die ambassadeurs/verteenwoordigers van Jesus en het die waarheid met akkuraatheid verkondig en in praktyk uitgeleef.

Dit is dus belangrik om die detail van God se Woord in akkuraatheid te verstaan sodat ons akkurate geloofswaarheid sal aanhang.

Wanneer ons die Bybel bestudeer om die stem van God te hoor, kan ons verskeie metodes gebruik om die waarheid van God se woord te ontdek.

36

VERVOLGENS IS 'N PAAR BYBELSTUDIE METODES OM DIE AKKURATE BOODSKAP EN WOORD VAN WAARHEID WAT DIE HERE VIR ONS SÊ, TE ONTDEK

As jy ernstig is om die akkurate waarheid van die Woord te soek en te vind, is dit belangrik om nie met vooraf opgestelde idees die Bybel te lees nie, maar eerder met 'n oop, ontvanklike gemoed dit te lees.

Die kuns met Bybel lees, is **om uit die Bybel te lees** en **nie in die Bybel in te lees, wat daar nie staan nie.** In die lig hiervan, is daar twee terme wat hierdie lees styl omskryf.
Eusegesis is die term wat gebruik word wanneer 'n addisionele betekenis in die teks wat gelees word, ingelees word, wat nie die oorspronklike betekenis weergee nie, terwyl die persoon wat lees, sy eie persepsie rondom die teksgedeelte het.
Hermeneutiek is 'n studiemetode waarby die akkurate betekenis van die Woord van die Here/die Bybel bepaal word. Om toegang tot die Hebreeuse en Griekse woordeboeke in programme soos bv. "The Word" of "E-Sword" te hê, help om die ware oorspronklike betekenis en waarheid van die teksgedeelte te ontdek.
Om ou oortuigings af te lê en nuwes aan te hang, is nie maklik nie, maar uiters noodsaaklik aangesien Jesus ons aanbeveel het om in Sy Woord en Waarheid wat Hy geleer het, te bly. Sodoende sal ons geloof gesuiwer word volgens Jesus se beginsels.

Soos wat ons die akkurate waarhede ontdek, word ons gekonfronteer met 'n **Nuwe Leerproses** waarby ons die onakkurate geloofsoortuigings aflê en dit wat akkuraat is aanneem en ons eie maak omdat ons weet dat dit 'n Bybelse leerstelling is en nie menslike tradisie of interpretasies is nie. Dis soms 'n ontnugterende, pynlike proses, maar die resultaat daarvan is suiwer geloof. Een van die belangrike dinge om hier te onthou, is dat ons nie die Ou Testamentiese leerstellings met die Nuwe Testamentiese leerstellings kan vermeng nie. Elke testament dra sy eie boodskap wat toepaslik was vir 'n spesifieke tyd. Die Ou Testament was wel die skaduwee van die Nuwe Testament, m.a.w. dit het in baie opsigte vinger gewys na dit wat sou kom, waarvan die sentrale boodskap die koms van Jesus Christus, die Messias, die belangrikste is. 'n Goeie voorbeeld in die Bybel wat uitwys dat ons nie die Ou en Nuwe Testament se beginsels en leerstellings kan vermeng nie, is Galasiërs 4:22-26,30. Die sinnebeelde in hierdie Skrifgedeelte wys 'n skokkende feit uit, naamlik dat die boodskap van vryheid wat in die Nuwe Testament vervat is, nie van toepassing is vir die Ou Testamentiese leefstyl onder die wet wat gebondenheid uitspel nie. Jesus het ware vryheid vir ons aan die kruis bewerk, daarom is ons nie meer onder die slawerny van die wet en sonde nie.

Lees die Bybel vanuit jou posisie en stand in Jesus Christus as jy gered is. Sonder Jesus in jou lewe as 'n geredde kind van God, is die wet van die Ou Testament nog vir jou van krag en sal jy daarvolgens geoordeel word. As geredde persoon, is jy vry van die wet wat Jesus namens jou vervul het en jou losgekoop het van die straf wat jy eintlik moes gekry het. Laasgenoemde maak deel uit van die Nuwe Testamentiese Christin se lewe.

Lê klem op verskillende woorde in 'n vers en kyk hoe die betekenis van die vers verander en die verskuilde waarhede blootlê. Neem tyd en dink daaroor na, soos wat die boodskap nuwe betekenis kry en jou insig groei.

Bepaal die Konteks van die Skrifgedeelte waarmee jy besig is. Wanneer verse buite konteks gelees word, gaan die akkurate waarheid daarvan, verlore en word verkeerde misleidende boodskappe aan mense oorgedra.

Onderwerp studie is 'n handige en effektiewe metode waarby mens die "goue draad" van God se boodskap in Sy Woord kan bepaal. Hier bepaal jy die onderwerp waarvan jy meer wil weet. Sagteware soos "E-Sword" en "The Word" help jou om die Skrifgedeeltes rondom die onderwerp waarna jy kyk, op te spoor. As jy bv. "eersgeborene" op so 'n program sou insleutel sal jy ongeveer 7 teksverse daaroor kry. Daarna sal mens elke Skrifgedeelte in konteks moet bestudeer. Jy sal vind dat die Bybel konsekwent is in die boodskap wat hy dra. Soms lyk dit of Skrifgedeeltes hulself weerspreek, maar met dieper studie, sal jy vind dat die verse mekaar in werklikheid bevestig en komplimenteer.

Bly Jesus-gesentreerd terwyl jy Sy Woord/die Bybel ondersoek. As Nuwe Testamentiese Christene, lewe ons met Jesus as Middelpunt van ons lewe. Geensins self gesentreerd nie.

Dit is ook nodig om na Voegwoorde, Definisies, Sleutelwoorde en die opbreek van die Skrif in hoofstukke en verse te kyk.
Voegwoorde verbind dikwels sentrale gedagtes aan mekaar.
Sleutelwoorde lig dikwels die belangrike boodskap uit wat die Here by ons wil tuis bring.
Definisies van woorde in die Bybel is gekoppel aan die **Hebreeuse en Griekse taal en kultuur** wat ons beter insig rondom die Skrifgedeelte of onderwerp waarmee ons besig is, sal gee.
Bv. Wat is die definisie van "sonde" volgens die Bybel – wat bedoel die Here as Hy dié woord gebruik?
Johannes 1:29 sê: "Die volgende dag sien Johannes Jesus na hom toe kom, en hy sê: " Daar is die Lam van God wat die **sonde** van die wêreld wegneem!"
Die Griekse woord vir "sonde" = "hamartia" (G266) wat beteken 'n sonde. Die wortelwoord in Grieks is "Hamartano" (G264) wat die volgende betekenis het:-
Om die merk te mis en dus nie in die prys te deel nie/ Om te dwaal/Om te sondig.
Dit skep 'n in diepte begrip rondom sonde. Elkeen van ons is met 'n Goddelike plan vir ons lewe gebore en dis daardie plan wat die "merk" vir ons lewens is. D.w.s. sondaars is nie net mense wat drank drink, sigarette rook en moord pleeg nie, maar is eerder diegene wat die merk mis wanneer daar van hulle verwag word om die wil van God te doen. Gevolglik verbeur hulle die beloning wat net vir gehoorsame kinders van God beskore is.
Die **opbreek van die Skrif in hoofstukke en verse** was om die lees daarvan te vergemaklik, maar dit het tot gevolg dat 'n sentrale boodskap dikwels opgebreek is en dus waarde kan verloor as dit nie in sy volheid gelees word nie.

Daar is ook verskynsels soos "skaduwees, tipes, simboliek en gelykenisse" in die Bybel wat ons kan ondersoek om beter te verstaan wat die Here vir ons wil sê.
Skaduwees word dikwels in gebeure in die Ou Testament gesien wat in die Nuwe Testament 'n realiteit word. Bv. Die offer van die lam in die Ou Testament was skaduwee van Jesus wat ons Offerlam in die Nuwe Testament geword het.

Tipes kan bv. in die lewe van Josef gesien word wat 'n tipe van Jesus was wat in die Nuwe Testament sou kom.

Simboliek kan gesien word in die diere wat geoffer was vir die mense se sondes in die Ou Testament. Die offerdiere was simbolies van Jesus wat Sy lewe vir ons sondes in die Nuwe Testament op geoffer het.

Ons vind **Gelykenisse** veral in die vier Evangelies van die Nuwe Testament waar Jesus bekende voorwerpe of situasies waarmee die mense van daardie tyd kon assosieer, gebruik het om 'n spesifieke les of boodskap aan hulle oor te dra.

Agtergrond van Bybelboeke gee ook dieper insig in die gebeure van daardie spesifieke Bybelboek.

Lees bv. Lukas 1:1-4 en vra jouself die volgende vrae om die agtergrond te identifiseer:-
Deur wie is die Bybelboek geskryf?
Wat is die skrywer se motief?
Wat is die doel van die skrywe van die Boek?
In watter era/tydperk is die boek geskryf?
Lees vir interessantheid Kolossense 4:14 en bepaal die beroep van die skrywer van die Boek Lukas en Handelinge.

Johannes skryf in Johannes 21:25 *"En daar is nog baie ander dinge wat Jesus alles gedoen het; maar as hulle een vir een beskrywe moes word, sou die wêreld self, dink ek, die geskrewe boeke nie bevat nie. Amen."*
Ja, wat 'n wonderlike voorreg om die stem van God in die Bybel te kan hoor terwyl jy Sy boodskap in diepte ontdek en steeds te dink daar is nog eintlik baie meer... Sy Woord is ondeurgrondelik en tog wil Hy hê dat ons insig en wysheid daardeur bekom en terselfdertyd Hom leer verstaan.

Daar is baie kosbare waarhede in die Bybel
wat jou help om te ontdek hoe wonderlik die Here in al Sy volheid is.

Mag die ontdekkingstog deur die Bybel vir jou nuwe betekenis kry en
jou verhouding met Jesus groei terwyl Hy 'n al groter Werklikheid vir jou word.

II. WANNEER GOD SE GENADE & LIEFDE SAAMVLOEI...

God is Liefde

God se liefde...
Ver bo mens se verstand
Groter as mens se begrip
Dieper as die diepste hartsgedagte
Perkeloos, ewig
Helend vir gees, siel, liggaam.

God se liefde...
omring ons
soos die vars oggendlug
deurdrenk ons
met elke asemteug
verkwik ons
soos die vars môredou
so naby
soos elke hartklop
'n diepe bewustheid
nader as 'n enkele geheime gedagte.

God se liefde....
Hoe bevoorreg is ons nie!
Ryk, te midde van 'n arm wêreld
Genesing vir 'n gebroke gees
Nabyheid vir 'n eensame hart
Verlossing, vergifnis aan die kruis.

Hoe kan ons dan nog twyfel, wonder, vra
Is daar verlossing vir my
Uit al die pyn en hartseer
van hierdie stukkende wêreld?
Is daar hoop vir my?

Ja, God se liefde is ook vir jou
Jy, jy moet dit net in ootmoed neem
Styf aan jou hart vasdruk
Toelaat dat dit jou ook deurdrenk
en Hy jou toevou in Sy Gees
en Liefde ook vir jou wees.

Geskryf deur SE De Jager

DIE PAD VAN DIE KRUIS...

Lukas 22-24; Lukas 9:23,24; Johannes 1:1-4,9-12,14

"Want hiertoe is julle geroep, omdat Christus ook vir julle gely het en julle 'n Voorbeeld nagelaat het,
sodat julle Sy voetstappe kan navolg;
Hy wat geen sonde gedoen het nie en in Wie se mond geen bedrog gevind is nie;
wat, toe Hy uitgeskel is, nie terug uitgeskel het nie; toe Hy gely het, nie gedreig het nie,
maar dit oorgegee het aan Hom wat regverdig oordeel;
wat self ons sondes in Sy liggaam op die kruishout gedra het,
sodat ons die sondes kan afsterwe en vir die geregtigheid lewe;
deur Wie se wonde julle genees is."
1 Petrus 2:21-24

'n Paar duisend jaar gelede was daar 'n Koning wat gewilliglik Sy koningskap vir die mensdom tydelik afgelê het. Hierdie Koning trek Sy koninklike kleed uit, haal Sy kroon af en verruil dit alles vir 'n gewone menslike kleed en neem 'n gewone menslike status op as 'n timmerman, saam met Sy pa, in 'n klein dorpie, Nasaret.

Niemand, behalwe Sy ouers, het geweet wie Hy werklik was nie.

Op 'n dag begin Hy die mense vertel dat die Koninkryk van God naby gekom het; dat dié Koning hier op aarde is. Hierdie Koning het met 'n geskenk van ware, volmaakte liefde gekom. Hy genees siekes, reinig melaatses, wek die dooies op en verdryf Satan en sy bose geeste uit mense se lewens uit. Hy vertel wonderlike stories met spesiale boodskappe en lewenslesse daarin. Die mense kan hul oë en ore nie glo nie!

WIE IS HY?

Die geestelike leiers word kwaad, so kwaad dat hulle net aan moord kan dink...

In die kamer van 'n huis sit hierdie Koning en Sy 12 vriende. Skielik staan Hy op, neem 'n skottel water en begin Sy vriende se voete was. 'n Voorbeeld van absolute nederigheid en liefde volg. Koning Jesus buk af op Sy knieë om vuil, stowwerige voete te was!

Een nag, op die Olyfberg, in die tuin van Getsemané, vind ons Jesus alleen, op Sy knieë, benoud met sweet wat bloeddruppels word. Hy bid oor dit wat Hy gekom het om te doen... In Sy gedagtes, speel 'n wrede prentjie af. Gedagtes van onbeskryflike pyn en lyding met 'n las op Sy skouers wat deur geen mens gedra kan word nie.

In die donkerte van die nag hoor hulle die oproerige stemme van soldate en mense wat op pad is. Soos 'n misdadiger word Jesus gevange geneem.

Hy word voor die Joodse leiers, koning Herodus en uiteindelik goewerneur Pontius Pilatus gebring.

Skielik is al Sy vriende weg. Niemand ken Jesus meer nie. Selfs dié vriende wat die naaste aan Hom was, verdwyn tussen die ander mense in.

Jesus word onregverdiglik beskuldig van dinge wat Hy nooit eens gedoen het nie. Jesus verdedig Homself nie eens nie. Niemand kom vorentoe om die waarheid te vertel nie. Almal laat Hom in eensaamheid sy leiding en vernedering dra. Petrus ontken dat hy ooit Jesus geken het. Selfs Pilatus het besef dat Jesus onskuldig is, maar dit keer nie die skare mense om 'n moord te pleeg nie!

Koning Jesus word bespot, met 'n sweep geslaan. Sy klere word uitgetrek en 'n doringkroon wreedaardig op Sy kop vasgedruk. Die bloed stroom oor Sy gesig en daar's niemand om Hom te help nie. Hy word met die vuis geslaan en rond gestamp.
Selfs wie en wat Hy werklik is, word van Hom beroof. Jesus slaan nie terug nie. Hierdie Koning, wat almal met een groot weerligstraal kan vernietig, doen dit nie!

"Tel op jou kruis en loop!", skreeu 'n soldaat en nog sweepslae reën op Jesus se bebloede rug neer. Hy word soos 'n dier voort gedryf. "Vandag sal ons jou op 'n ander troon sit!", skreeu die soldaat. "Jy's mos kamstig 'n koning!"
Al vallende loop Jesus die strate af, tot Hy nie meer kan nie. Sy knieë knak en Hy slaan neer op die gruispad.

"Haai jy, ja, jy! Tel op hierdie kruis en dra dit!" Simon tel die kruis op en skouer aan skouer met Jesus, dra hy die kruis tot op die berg Golgota, die "skedelplek" van die dood...

Vir die mense was dit 'n vernedering om hierdie simbool van die dood te moes dra. Onder die kruis op sy skouer, kry hierdie doodse las vir Simon 'n nuwe betekenis. Hy verstaan nie mooi nie, maar hy besef hy doen dit vir 'n Man van onbeskryflike liefde en dit is vir hom 'n groot eer...

Jesus word woes teen die grond gestamp en beveel om op die kruis te gaan lê.
Hamerslae volg en spykers word deur Jesus se hande en voete ingeslaan. Die pyn! Die verskriklike pyn! Dis my en jou sondes, ons siektes, ons hartseer en stukkendheid wat Jesus op die kruis vas spyker! Die kruis word hardhandig in sy gat laat sak.

Hierdie Koning se lyf is vir jou en elkeen van ons verbrysel en Sy bloed vloei vrylik vir jou en my. Die straf vir ons, my en jou, sonde, is die dood. En in Sy groot liefde besluit Jesus om namens jou en my die doodstraf te neem...

Jesus is nie eers toegelaat om in Sy eie klere te bly terwyl Hy moet sterf nie! Niemand gee werklik om nie. Die mense en soldate stry oor Jesus se klere. Hulle skeur dit, terwyl hulle deur 'n lotery besluit wie wat kry. Niks van wat Jesus werklik was, bly vir die mensdom oor nie. Selfs nie Sy klere is meer Syne nie. In beginsel gee Jesus alles op vir jou en my!

42

Luister, hoor die woord wat die Here Jesus vir jou sê: "Ek het dit vir jou gedoen, sodat jy mag LEWE tot in alle ewigheid.

3 dae later is daar vroegoggend 'n aardbewing wat die aarde onder die soldate se voete voor Jesus se graf roer en die klip wat voor die ingang van Jesus se graf was, word deur die hemelse kragte weg gerol. Soldate? Hulle het van skrik die hasepad gekies!

Die graf is leeg. Jesus het opgestaan!!! Hy het die dood oorwin!!
Net die doeke bly agter as herinnering van iemand wat eens dood was. Maar ook hier is iets spesiaal te siene. Die doek wat om Jesus se gesig en kop gedraai was, is netjies opgevou en opgerol neergesit. Hierin lê 'n baie spesiale boodskap. Volgens Joodse tradisie, as die doek of servet, opgefrommel of onopgevou neergesit is, beteken dit dat jy klaar geëet het en dat die dienskneg die bord kan wegneem en die tafel kan skoonmaak. Johannes 20:7
MAAR, as die servet/doek opgevou is en die man van die huis sou opstaan en die tafel verlaat, beteken dit hy sou terug kom om verder te eet.

Deurdat Jesus Sy kopdoek opgevou het, sê Hy dat Hy terugkom. Johannes 14:2,3.
JESUS KOM WEER. Hy kom weer om ons te kom haal sodat ons saam met Hom tot in ewigheid kan lewe. Tot dan, sal Sy Gees, ons Trooster, Helper en Leidsman wees.
Op dié manier is Jesus so naby aan ons soos elke asemteug wat ek en jy gee....

HALLELUJA! JESUS KOM WEER!!
IS JY GEREED OM HOM VAN AANGESIG TOT AANGESIG TE ONTMOET?

UIT GENADE GERED, NIE DEUR MY EIE WERKE NIE!

"Maar God, wat ryk is in barmhartigheid, het ons deur sy grote liefde waarmee Hy ons liefgehad het, ook toe ons dood was deur die misdade, lewend gemaak saam met Christus—uit genade is julle gered—

Want uit genade is julle gered, deur die geloof, en dit nie uit julleself nie: dit is die gawe van God; nie uit die werke nie, sodat niemand mag roem nie."
Efesiërs 2:4-5,8-9

Paulus praat in hierdie Skrifgedeeltes met die bekeerde gelowiges van Efese. Hierdie mense het heidense praktyke beoefen voor hul bekering en moes onderrig word in die Evangelie van Jesus Christus en die praktiese beginsels van die Koninkryk van God.

In Efesiërs 2:1-3 verduidelik Paulus dat wanneer ons onbekeerd is, ons in werklikheid geestelik dood is vir God, maar lewend is vir die boosheid van die wêreld. Ons lewe in gehoorsaamheid aan Satan en in ongehoorsaamheid teenoor die Here.

Die wonder van hierdie hele situasie is dat God se reddingsplan reeds van die begin af, so vroeg soos by die skepping van die aarde en in die tuin van Eden in plek was. Lees Genesis 3:15. Hy het toe reeds in Sy groot barmhartigheid en Liefde vir ons, dit na die sondeval in werking gestel, selfs nog voordat ons gebore is.
Vir ons as mens lyk die saak hopeloos maar dan sien ons waarmee Efesiërs 2:4 begin… "Maar God....."
Ja, die Here daag op in die onmoontlikste situasies om dit om te keer tot 'n geestelike oorwinning!
"Maar God, wat ryk is in barmhartigheid, het ons deur Sy grote liefde waarmee Hy ons liefgehad het, ook toe ons dood was deur die misdade, lewend gemaak saam met Christus— uit genade is julle gered— en saam opgewek en saam laat sit in die hemele in Christus Jesus…" Efesiërs2:4-6

Kom ons kyk dieper as die oppervlak van na hierdie verse:-
Om die dieper waarde raak te sien, gaan ons na sekere woorde se oorspronklike betekenisse kyk.
"Barmhartigheid" – Die Griekse woord is *"el'-eh-os"* (G1656) – in Engels "mercy" met die betekenis van **"divine compassion/tender mercy."**
"Liefde" - Die Griekse woord is **"agape = ag-ah'-pay"** (G26 & G25) met die volgende oorspronklike betekenisse "love; **love that is specifically affectionate or benevolence (***well meaning and kindness*); a love feast (plural): **charity.**
"Genade" – Die Griekse woord hier, is **"khar'-ece/charis"** (G5485), ook afkomstig van G5463 wat die betekenis verder verryk na *"graciousness (as **gratifying**)*, figurative or spiritual; **especially the divine influence upon the heart of man, and its reflection in the life of a person;** ….

GOD SE KARAKTER WORD IN HIERDIE VERSE GEOPENBAAR, NAAMLIK,…
dat Hy ten eerste **LIEFDE** is. Hierdie liefde is vol goedheid; is Goddelik van aard, want geen mens kan iemand werklik liefhê wat hom/haar verstoot nie en dis presies wat God doen. Hy het die mens liefgehad selfs voordat die mens God as sy Skepper, sy God en Redder geïdentifiseer

het. Die Here het geweet hoe hopeloos die mens sonder redding is en daarom ryk Hy uit om d.m.v. Sy liefde ('charity") vir ons 'n ewige kans op redding en 'n nuwe lewe in Hom te gee.

God is **RYK IN BARMHARTIGHEID/"mercy"**. Hy skenk aan ons 'n nuwe lewe in Jesus Christus wat ons geensins verdien nie. Nee, ons verdien die straf van die ewige dood, "MAAR GOD..." tree vir ons in en bewerk vir ons die nuwe lewe wat lei tot die ewige lewe.

Genade red jou nadat jy gehoorsaam was aan die boodskap van die waarheid van Jesus Christus en jy dit glo.

God is **GENADIG!** Genade wat gedurigdeur op 'n Goddelike wyse op ons lewens en in ons harte inwerk.

Dis die **"divine influence upon the heart of man, and it's reflection in the life of a person"** wat ons aanspoor tot die geloofsdaad om Jesus aan te neem as ons Saligmaker en Verlosser. Sonder hierdie konstante invloed in ons lewens, sal ons nie geestelik kan groei nie.

Wanneer ons na Efesiërs 2:10 kyk, sien ons dat hierdie "reddingspakket" ons terug bring na ons oorspronklike Goddelike doel waarvoor God ons eintlik geskape het:-

"Want ons is Sy maaksel, **geskape in Christus Jesus tot goeie werke wat God voorberei het, sodat ons daarin kan wandel."**

Dis slegs moontlik om ons unieke Goddelike plan vir ons lewens uit te leef, indien ons kies om hierdie pad van Redding in Jesus Christus te loop. Dis die beginpunt, want Jesus maak ons hele lewe nuut.

DIE SAMEVLOEI VAN GENADE, LIEFDE EN REDDING

Ek en jy en elkeen wat Jesus aanneem as hul Saligmaker en Verlosser, is so bevoorreg om vergifnis te ontvang, vrygespreek te word van die straf van ons sondes en ook gered te word deur God se wonderlike genade. God het, deur middel van Jesus, vir ons die grootste geskenk ooit, gegee, naamlik:-

- Vryheid in Christus
- Blywende Vrede wat onwankelbaar te midde van moeilikhede is
- 'n Vryheid gepaardgaande met die verlossing uit skuldgevoelens wat deur sonde meegebring word
- Die konstante inwoning van Sy Gees
- Sy standhoudende teenwoordigheid in ons
- Sy standhoudende beskerming
- Die Ewige Lewe.

"Hierin is die liefde van God tot ons geopenbaar, dat God sy eniggebore Seun in die wêreld gestuur het, sodat ons deur Hom kan lewe.

Hierin is die liefde: nie dat ons God liefgehad het nie, maar dat Hy ons liefgehad het en sy Seun gestuur het as 'n versoening vir ons sondes.

Niemand het God ooit aanskou nie. **As ons mekaar liefhet, bly God in ons en het sy liefde in ons volmaak geword.**

<u>**Elkeen wat bely dat Jesus die Seun van God is—God bly in hom**</u>, en hy in God.

Hieraan weet ons dat ons in Hom bly en Hy in ons, dat Hy ons van sy Gees gegee het. En ons het die liefde wat God tot ons het, leer ken en geglo. God is liefde; en hy wat in die liefde bly, bly in God en God in hom." 1 Johannes 4:10,12-13,15-16

HOE KRY ONS TOEGANG TOT GOD SE GENADE?

Ons lees In Romeine 5:1-2 die volgende: "Omdat ons dan <u>uit die GELOOF geregverdig is</u>, het ons vrede by God deur onse Here Jesus Christus; <u>deur wie ons ook deur die GELOOF die toegang verkry het tot hierdie genade waarin ons staan</u>; en ons roem in die hoop op die heerlikheid van God."

D.w.s. dat <u>ons geloof in die volbragte werk van Jesus Christus</u> vir ons en die mensdom, ons die toegang tot God se genade gee. Genade word geaktiveer deur ons geloof in Jesus Christus.

Dankie Abba Vader vir U liefde, Genade en Barmhartigheid waarmee U ons in oorvloed seën.
Dankie vir die redding in Jesus Christus en U konstante inwoning in ons lewens.
Dankie vir U konstante Goddelike inspraak en invloed in ons harte en lewens sodat ons kan groei tot die kind van God wat U vir ons beplan het om te wees.
Help ons om U Goddelike plan vir ons lewens te vervul tot U eer.
In Jesus Naam.
Amen.

"WAT WIL JY HÊ, MOET EK VIR JOU DOEN?"

"En hulle het in Jérigo gekom. En toe Hy en Sy dissipels en 'n aansienlike skare uit Jérigo uitgaan,
sit die blinde man, Bartiméüs, die seun van Timéüs, langs die pad en bedel.
En toe hy hoor dat dit Jesus die Nasaréner was, begin hy om uit te roep en te sê:
Seun van Dawid, Jesus, wees my barmhartig!
En baie het hom bestraf, dat hy moet stilbly;
maar hy het al harder uitgeroep: Seun van Dawid, wees my barmhartig!
Toe gaan Jesus staan en sê dat hy geroep moes word;
en hulle roep die blinde man en sê vir hom: Hou goeie moed, staan op! Hy roep jou.
En hy gooi sy oorkleed af, staan op en kom na Jesus toe.
En Jesus antwoord en sê vir hom: Wat wil jy hê moet Ek vir jou doen?
En die blinde man sê vir Hom: Rabbóni, dat ek mag sien.
En Jesus sê vir hom: Gaan, jou geloof het jou gered.
En dadelik het hy gesien en Jesus op die pad gevolg."
Markus 10:46-52

Maak jou oë toe. Staan vir 'n lang ruk so en ervaar die donker duisternis wat op jou toesak, luister na alles om jou, maar moenie jou oë uit nuuskierigheid oopmaak nie.

Dink net, van geboorte af hoor jy van al die mooi dinge om jou. Mense vertel jou daarvan en jy wens so jy kan dit sien. Hoe lyk groen, rooi, blou en geel en al die ander kleure waarvan almal praat? Ja, jy's blind en ken net die swart van duisternis! Alles om jou, is net tasbaar, hoorbaar en jy moet maar jou eie prentjie in jou verstand op toor!

Dit is die lewe wat Bartimeus gelei het. Boonop wou niemand eers vir hom werk gee nie! Hy is "nutteloos" vir daardie tyd se samelewing, 'n uitgeworpene. Bedel is sy voorland!

Hy hoor die nuus by die verbygangers. Daar is 'n wonderlike Man wat vreeslik baie wonderwerke doen en almal wonder of Hy dalk die lank verwagte Messias is?! Hierdie Man maak siekes gesond en praat van 'n besonderse ongekende liefde... Bartimeus wens so hy kon by die Man uitkom. Net dalk sal Hy hom kan help sodat hy nie meer in duisternis hoef te sit en nutteloos hoef te voel nie.

Dikwels is ons lewens net soos Bartimeus s'n, al is ons nie blind nie. Ons verkeer in 'n geestelike duisternis... Ons lewe sonder dat ons Jesus regtig ken. Ons harte word verduister deur verskeie probleme, bekommernisse, hartseer, vrese vir een of ander iets en nog baie meer. Soms word hierdie probleem, hartseer, of wat dit ookal mag wees, so groot dat ons, ons blind staar teen hierdie stukkie duisternis in ons lewe en dan sien ons ook niks anders nie. Dis ook dikwels hierdie problematiese "duisternisse" wat ons tot passiwiteit dwing. Ons word daardeur lam gelê, soms tot die punt waar ons ook begin "nutteloos" voel. Ons verloor ons hoop en geloof, omdat ons ook nie meer vir Jesus kan sien nie!

Op 'n dag is die voetstappe op die pad waar Bartimeus sit, baie meer as normaal. Hy hoor die opgewonde skare en wonder wat aangaan. Toe hoor hy dit! Dis Jesus wat daar naby is! Hy skep nuwe hoop en geloof en begin so hart as wat hy kan, roep na die enigste hoop wat hy nog ooit gehad het: "Jesus, Seun van Dawid, wees my barmhartig!!!" Oor en oor roep hy en wanneer die mense hom probeer stil maak met die stelling dat hy nie belangrik genoeg is dat Jesus Hom aan Bartimeus sou steur nie, roep hy net al harder.

Ons het ook nodig om ons oë van ons "duisternis" af te haal en op Jesus te fokus. Hy is ook ons enigste hoop en ware Lig in die lewe. Dis tyd dat ons Hom, wat die antwoord vir al ons "duisternisse" in ons lewens ken, aanroep. Al sou dit voel dat ons teen die plafon vas bid, moet ons steeds aanhou bid. Filippense 4:6-7 moedig ons aan met die woorde: "Wees oor niks besorg nie, maar laat julle begeertes in alles deur gebed en smeking met danksegging bekend word by God. En die vrede van God, wat alle verstand te bowe gaan, sal julle harte en julle sinne bewaar in Christus Jesus."

Jesus hoor hom! Hy vra dat die mense Bartimeus na Hom toe moet bring. Dan vra Jesus hom dié belangrike vraag:" **WAT WIL JY Hê MOET EK VIR JOU DOEN??"**

Weet jy, Jesus staan vandag voor jou en vra spesifiek ook vir jou: "WAT WIL JY Hê MOET EK VIR JOU DOEN??" Jesus staan in liefde voor jou en Hy ken jou hart. Hy wil hê dat jy jou diepste behoeftes en verlangens met Hom sal deel en aan Hom sal oorgee. Hy wil jou vandag ook help en seën.

"Dat ek mag sien..." Die grootste behoefte wat hierdie man nog ooit gehad het! Dat sy duisternis in lig sal verander! Ons weet dat Jesus hierdie wonderlike versoek met soveel ewige liefde vir Bartimeus vervul het. Skielik het Bartimeus se duisternis in die mooiste prentjie ooit verander – **Hy sien Jesus**! Jesus, die wonderlike Man wat sy duisternis in lig verander het! 'n Ewige lig in sy hart en 'n fisiese lig in sy oë.

Jesus wil vandag jou hart se duisternis in Sy ewige lig laat verdwyn. Hy wil jou te midde van hoop en geloof en verwagting, die wonderlike geskenk van Sy ewige lig, Sy teenwoordigheid in jou, deur Sy Gees gee. Haal jou oë van jou probleem af en fokus nou op Hom. Vra net, Hy staan vandag voor jou en sê: "WAT WIL JY Hê MOET EK VIR JOU DOEN?" Neem nou die tyd om vir Jesus te sê. Moenie die geleentheid laat verby gaan nie. Jy het Sy volle aandag... Hy luister...

Roep My aan en Ek sal jou antwoord... sê die Here.

WANNEER LEWENSSTORMS ONS TREF...

"My broers, julle moet bly wees wanneer allerlei beproewings oor julle kom,
want soos julle weet, as julle geloof die toets deurstaan het,
stel dit julle in staat om te volhard.
En die volharding moet end-uit volgehou word
sodat julle tot volle geestelike rypheid kan kom,
sonder enige tekortkoming."
Jakobus 1:2-4

Vroeër in die jaar het 'n hewige storm die Saphire Blue Shower struik, wat by my stoep groei, se een hooftak baie lelik geknak. Die tak het 'n groenhoutbreuk gehad en tot op die grond gelê. Ek en my man het nog daardie selfde middag saam tou en lap geneem om hierdie tak aan een van die ander sterker takke wat nog heel was, te anker. Saam het ons, met die nodige sorg, hierdie tak aan 'n gesonde tak vasgebind.

Nou, maande later, is ek besig om die bedding weer mooi te maak en sien toe dat die groenhoutbreuk genees het, maar hier was iets meer om waar te neem. Ek het die anker toue en lappe los geknip en die eens beseerde tak van die gesonde tak af los gemaak. Daar waar die breek was, was wel 'n verdikking, maar die tak was sterk genoeg en gesond genoeg om nou op sy eie aan te gaan. Hierdie geneesde tak was nou weer stewig aan die hoofstam geanker. Die tak was ook die hoogste van al die takke aan hierdie struik en gelaai met blomme!

Dis toe dat die Here my net weer daaraan herinner dat ons self dikwels deur die lewenstorms geknak en selfs gebreek word, maar in ons verbintenis aan Hom, die Groot Geneesheer, Trooster, Helper en Sterke God, lê ons behoud. Hy sal ons nooit begewe of verlaat nie, Hy sal ons nie te midde van die storm los, om te vergaan nie. Nee, Sy greep is baie stewig op ons lewens en wanneer ons dreig om in die dieptes van die lewenstorms se waters weg te sink, is dit Sy hand wat ons uitred. Jesus verseker ons uitdruklik in Johannes 10:27-30 met hierdie woorde: "My skape *(die mense wat in Jesus glo en Hom volg)* luister na my stem, en Ek ken hulle, en hulle volg My. En Ek gee hulle die ewige lewe, en hulle sal nooit verlore gaan tot in ewigheid nie, en **niemand sal hulle uit my hand ruk nie**. My Vader wat hulle aan My gegee het, is groter as almal; en **niemand kan hulle uit die hand van my Vader ruk nie. Ek en die Vader is een.**"

God is onlosmaaklik aan ons verbind en Sy liefde is standhoudend. In Hom lê ons krag wanneer ons te swak voel om aan te gaan. Dit neem soms maande om die innerlike genesing wat ons Groot Geneesheer, Jesus, vir ons bewerk, ten volle te ervaar, maar dis in hierdie tyd dat die Here die nodige veranderinge in ons lewens aanbring. Dis pynlik maar nodig. Dit wat ons lewens ontsier en nie tot Sy eer strek nie, word uitgehaal en vervang met nuwe lewegewende Heilige Gees geïnspireerde kwaliteite wat groei meebring en ons lewens, soos die pragtige blomme aan hierdie struik, versier. Dis die Heilige Gees se kragtige kwaliteite wat ons lewens, tot eer van ons Abba Vader, versier.

Wanneer ons genesing voltooi is en ons in Sy vryheid, die lewe instap, is ons nog steeds veilig in Hom geanker, net soos die tak aan die hoofstam geanker is. Dis vanuit hierdie verbintenis wat die lewegewende voedsel kom, wat die tak sterk en gesond hou. Jesus sê in Johannes 15:4-5: " Bly in My, soos Ek in julle. Net soos die loot geen vrug kan dra van homself as dit nie in die wynstok bly nie, so julle ook nie as julle in My nie bly nie. Ek is die wynstok, julle die lote. Wie in My bly, en Ek in hom, hy dra veel vrug; want sonder My kan julle niks doen nie."

Ons het nodig om ook deur Jesus gevoed te word, sodat ons, te midde van hierdie stormagtige lewe, geestesweerbaar kan wees.

Daarom moet ons waak en bid en altyddeur ons lewens met Sy Woord deurdrenk, sodat ons ongeag seisoene, sal blom tot eer van ons Abba Vader...

Dankie Abba Vader, vir U stewige greep op my lewe...
Dankie dat U my styf vashou en ek in U geanker kan wees...
Dankie dat ek U vir 'n volmaakte genesing kan vertrou en
kan weet dat U my lewe, deur U Gees sal laat blom, tot U eer.
Gee dat my lewe die lieflike geur van Jesus se liefde sal versprei...
In Jesus se Naam Alleen
Amen

DIE KARAKTER VAN DIE BARMHARTIGE SAMARITAAN
WIE WAS HY NOU EINTLIK?

"En daar het 'n sekere wetgeleerde opgestaan wat Hom versoek het deur te sê:
Meester, wat moet ek doen om die ewige lewe te beërwe?
En Hy antwoord hom: Wat is in die wet geskrywe? Hoe lees jy?
En hy antwoord en sê: Jy moet die Here jou God liefhê uit jou hele hart en uit jou hele siel en
uit jou hele krag en uit jou hele verstand; en jou naaste soos jouself.
Toe sê Hy vir hom: Jy het reg geantwoord; doen dit, en jy sal lewe.
Maar hy wou homself regverdig, en sê vir Jesus: En wie is my naaste?
En Jesus antwoord en sê: 'n Sekere man het afgegaan van Jerusalem na Jérigo en onder rowers verval,
en nadat hulle hom uitgetrek en geslaan het, gaan hulle weg en laat hom half dood lê.
En bygeval het 'n priester met daardie pad afgekom, en toe hy hom sien, gaan hy anderkant verby.
En net so het ook 'n Leviet by dié plek gekom en hom gesien en anderkant verbygegaan.
Maar 'n sekere Samaritaan wat op reis was, het op hom afgekom;
en toe hy hom sien, het hy innig jammer gevoel, en na hom gegaan, sy wonde verbind en olie en wyn
daarop gegooi. Hy het hom toe op sy eie pakdier gehelp en hom na 'n herberg geneem en vir hom gesorg.
En toe hy die volgende môre weggaan, haal hy twee pennings uit en
gee dit aan die eienaar van die herberg en sê vir hom:
Sorg vir hom, en enige onkoste wat jy nog meer mag hê, sal ek jou betaal as ek terugkom.
Wie dan van hierdie drie, dink jy, was die naaste van hom wat onder die rowers verval het?
En hy antwoord: Hy wat barmhartigheid aan hom bewys het. Toe sê Jesus vir hom:
<u>Gaan en doen jy net so.</u>"
Lukas 10:27-37

Lukas 10 begin met Jesus wat in werklikheid die dissipels en sewentig ander, onderrig en uitstuur met 'n sending, 'n boodskap en Goddelike taak wat hulle toerus vir hul Goddelike taak.

Dit is opvallend dat die Barmhartige Samaritaan se storie in dieselfde hoofstuk vertel word. Ek glo dat God niks aan toeval oorlaat nie. Hy het goeie rede vir alles. Daar is 'n dieper betekenis in hierdie verhaal wat Jesus aan die wetsgeleerdes vertel het. Dis 'n betekenis wat saam hang met ons verhouding met ons Hemelse Vader. Om kind van God te wees, of 'n dissipel van Jesus te wees, is meer as net om al die regte dinge te doen. **1 Johannes 4:17b sê "... soos Hy (JESUS) is, is julle (ONS) in hierdie wêreld."** Wat is die geheim en verband van hierdie vers en die storie van die Barmhartige Samaritaan?

Die verhaal van die Barmhartige Samaritaan weerspieël in werklikheid 'n greep vanuit ons alledaagse lewe. Een wat ons nie baie van hou nie, maar wat altyd, tot die koms van Jesus, daar sal wees.

Twee mense met belangrike status, hoog geplaaste "kerkmense", 'n priester en Leviet, kom dieselfde pad langs, as waar daar 'n paar uur gelede 'n tipiese roof toneel homself afgespeel het. Die rowers het geen genade gehad nie. Die man is van kop tot tone besteel en daarna halfdood geslaan en langs die pad gelos in afwagting van sy finale doodsvonnis... Ironies genoeg, draai hierdie twee belangrike kerkmense hulle koppe weg terwyl die man se flou roep om hulp in hul ore weerklink. Hulle distansieer hulself van die man in nood.

51

In hulle harte redeneer hulle die stem van die Heilige Gees, wat hulle aanmoedig om te help, weg, met woorde soos "nie nou nie, Here, ek is te besig, ek het nie nou die tyd nie, ek gaan laat wees vir die kerkdiens waar ek tog U gaan aanbid, hoe gaan ek lyk as ek nou met die bebloede liggaam moet werk en wie sê dis nie net aansit om MY aan te val en te vernietig nie?!! Nee, net nie nou nie, wat gaan die mense van my dink as ek aan die vuil ou boemelaar aandag gee? More sal hy net weer hier wees?!!"

...Maar die lewe gaan aan en iemand anders kom ook met dieselfde pad langs. Iemand wat al baie deur die samelewing verwerp, verag en tot 'n ronde "0" gereken is – 'n Samaritaan. (Vir hom het die Jode geen tyd nie, want hy is 'n baster gebroedsel, die nageslag tussen 'n spul dom Jode wat met die Assiriërs vermeng geraak het.) Tog het hierdie Samaritaan kwaliteite in Sy karakter gehad wat by soveel mense ontbreek. Hierdie man wat as 'n niks gereken word deur die wêreld, word 'n liefdesinstrument in God se hande. Iemand wat bereid was om na die stem van die Heilige Gees in sy hart te luister en toe te laat dat God ander se lewens deur hom aanraak en verander. Hy pas in die beskrywing wat Paulus gee in 1 Korinthiërs 1:26-28.

OP GROND VAN DIE SAMARITAAN SE HARTSGESINDHEID, BEGIN ONS JESUS SE BEELD EN GESINDHEID SIEN:-

Vers 33 sê: "... **en toe hy hom sien**...." Hy het baie dieper gekyk as die oppervlak.
As 'n buitestaander, kon hy ook geredeneer het dat hy te haastig, te besig is en reeds aangetrek is vir sy afspraak; dat hierdie man heel moontlik dronk is en doen nie moeite om werk te kry nie, bedel net vir ander se swaar verdiende geldjies om dit weer uit te mors.... In elk geval, hoe sal hy nou weet of dit nie net 'n slim set is om iemand te beroof nie? Nee, die Samaritaan laat die Heilige Gees toe om aan hom 'n dieper prentjie te wys, dié een wat God wil hê dat hy moet sien. Hierdie man is beroof, fisies verniel en vir dood agter gelaat. Satan sorg dat ons diep genoeg in sonde verval, dat hy ons kan beroof, nie net fisies nie, maar ook in ons gees en emosionele staat. Sy finale doodsteek is die werklike dood.

Vers 33 sê verder dat die Samaritaan die man **"innig jammer"** gekry het. Hy het ware, opregte medelye gehad. Die Samaritaan se hart was opreg, vol medelye, bereid om te kom stilstaan by 'n man wat nie sy eie pynlike las meer kon dra nie. Hy was bereid om te help dra aan 'n lewenslas en so ook die liefdeswet van Christus te vervul. Sien Galasiërs 6:2. Dis hierdie hartsgesindheid wat die Samaritaan gedryf het tot ware aksie!

Vers 34 sê verder hy het "... **na hom gegaan**..." Met bene van genade stap hy tot waar die krisis is, kniel tot op die vlak van die man in nood, om hom met die genade van genesing en goddelike liefde te bedien. Dis liefde in praktyk. Dit vra 'n nederige hart om af te buk, neer te buig of te kniel, daar waar die krisis vlak is. Jesaja 42:3 herinner ons daaraan dat Jesus nie die dowwe, rokende lamp uitblus of die geknakte riet verbreek nie, nee, dis Jesus se Goddelike Lig wat tot in die gebroke wêreld in skyn tot reg by die krisis om verligting en heling te bring; dis Jesus wat die gebrokenes, die geknakte riete weer oprig, bevry, versterk en nuwe lewe gee en hul toerus met die gawe van Sy Gees.

52

Net soos Jesus, was hierdie Samaritaan bereid om **"kniewerk"** te doen. Wanneer laas het ek en jy ernstig ingetree vir iemand wat in nood verkeer? Gebid vir iemand wat besig is om verlore te gaan vir God se koninkryk?

Die Samaritaan het **"sy wonde verbind en olie en wyn daarop gegooi".**(Vers 34). Sy sorgsame hande word instrumenteel vir die leiding en werking van die Heilige Gees in hierdie man se lewe. Dis Jesus wat vanuit ons werk om die genesing te bewerk, wat nuwe lewe gee. In Psalm 147:3 sien ons dat dit God is wat ons genees wanneer ons gebroke is en wat ons wonde verbind. Dit was deel van die opdrag wat Jesus aan Sy dissipels gegee het – **reinig, genees en bevry**.... Mattheus 10:8 en Lukas 10:9. Dis opmerklik dat siekte dikwels in verband met ons sondige toestand gebring word. Wanneer ons besluit om die praktyk van sonde in ons lewens stop te sit, dit te bely en vergifnis te vra, kan ons verwag om Goddelike genesing in gees, siel en liggaam te ontvang. Sien Psalm 103:3 & Jakobus 5: 14b,15,16. Wanneer God dit vir ons gedoen het, het dit tyd geword om 'n bedienaar van Sy genesing in afhanklikheid van God, van gees, siel en liggaam te word deur Sy Woord in waarheid aan mense te bedien.

Vers 33 & 34 beeld 'n verdere uitstaande karakter eienskap van hierdie Samaritaan uit. **Hy was bereid om tyd, gerief en geld op te offer vir hierdie man in nood.** Hy onderbreek sy reis wat 'n beplande eindbestemming gehad het, hy offer sy gerief om op sy donkie te ry, vir die man op, deur hom op sy donkie te laat ry en betaal die herberg kostes vir die man se verblyf en sorg. Die Samaritaan was nie self gesentreerd, binne sy eie besige wêreld nie, maar eerder God gesentreerd en sensitief vir God se Gees gebly sodat hy in geestelike gehoorsaamheid kon doen wat God van hom verlang.

Hoe besig is my en jou lewens? Het dit dalk al te besig geword om tyd te maak vir God? Dalk te besig om dieper te kyk as die oppervlak, te bang om dié in nood raak te sien en 'n helpende hand aan te bied of om 'n omgee-daad te verrig?

Vers 35 wys ons daarop dat die Samaritaan se sorg ook **nasorg** ingesluit het. Die Samaritaan het die man nie net deur sy krisis gehelp nie, maar seker gemaak dat hy sy "nuwe" lewe sou kon hanteer. Hy gaan weg om sy bestemming te bereik, maar verseker dat hy opgevolg sal word met die nodige sorg. Die Samaritaan was bereid om vir die volle nasorg ook verantwoordelikheid te neem. Hy het weereens dieper gekyk as die oppervlak, sodat die man verseker sou wees van 'n goeie toekoms. So dikwels help ons mense net halfpad en sodra dit lyk of die persoon 'n paar wankelrige treë in die regte rigting gee, onttrek ons en vergeet van die persoon. Jare lange verkeerde, sondige gewoontes word nie in 'n oomblik verander nie, selfs nie in 'n paar weke of 'n maand nie. Dis 'n stelselmatige proses wat geestelike stryd en oorwinnings insluit om so 'n persoon terug by die uitleef van God se beginsels te kry. Dis ons verantwoordelikheid om mekaar te help om standvastig in die Here te bly.

Jesus het Sy ALLES opgeoffer om vir ons vrye toegang op die pad van geregtigheid, wat eindig met die ewige lewe saam met Hom, te gee. Johannes 3:16. Jesus het met Sy lewe vir ons betaal. Hy het ook die nasorg gedoen deurdat Hy Sy Gees gegee het om ons te help, te onderskraag, te troos, te lei, te leer in elke faset van ons bestaan. Lees gerus Johannes 14:16,17,26 &

Johannes 15:26 asook Johannes 16:7-13 hieroor. Jesus het ook belowe dat Hy sou terugkom om ons te kom haal. Sien ook Johannes 14:1-3.

Wie is die beroofde, gebroke, beseerde halfdood man wat êrens op jou lewenspad lê?
Satan en die praktyke van sonde beroof ons van God se vreugdes en voorspoed. Dit lei tot vele geestelike en emosionele en selfs fisiese wonde. Die ingrypende gevolge van sonde en die sonde, bring skeiding tussen ons en die ewige, liefdevolle teenwoordigheid van ons hemelse Vader, terwyl ons progressief geestelik sterf. Dis slegs die genade van God wat in 'n gewillige hart van 'n dissipel werk wat die genesing van hierdie gebroke slagoffer kan bewerk. Galasiërs 6:9,10 herinner ons, **"Laat ons nie moeg word om goed te doen nie, want op die regte tyd sal ons maai as ons nie verslap nie. Laat ons dan, terwyl ons die geleentheid het, aan almal goed doen..."**

WIE IS MY NAASTE?
Let op na die vraag wat Jesus in Lukas 10:36 vir die wetsgeleerde vra: **"Wie dan van hierdie drie, dink jy, was die naaste van hom wat onder die rowers verval het?**
Om die volle begrip van "naaste" binne konteks van Ou en Nuwe Testament te verstaan, moet ons gaan kyk wat die persepsie van daardie tyd was.

In die **Ou Testament** sien ons verskeie Skrifgedeeltes soos bv. Exodus 2:11-13 waar daar onderskeidelik van "broers" gepraat word as mede-volkslede/mede-Hebreërs en wat dus as sy/haar naaste gesien was, in hierdie geval, was hulle Moses se naaste. Dit word verder omskryf in die oorspronklike geskrifte in verwysing H7453 waar dit omskryf word as "assosiate"/"friend, brother".

In vers 13 sien ons dat Moses die Hebreërs vra hoekom hulle met mekaar veg terwyl hulle mekaar se "naaste" is. Hier sien ons dat "naaste" in Hebreeus in H7453 dieselfde begrip oordra, nl. as "naaste/fellow man/ mede-Hebreër".
Ander Skrifgedeeltes in dié verband vind ons in Levitikus 25:14 en in Levitikus 19:17. Laasgenoemde Skrifgedeelte omskryf "naaste" in die oorspronklike Hebreeus in H5997 as "companion/fellow neighbour/kindred man – brother." Dit gee die perspektief dat jou "naaste" in die Ou Testamentiese verband gekoppel is aan jou mede-volksgenoot en of jou familielede. M.a.w. dis mense wat na aan jou is wie jy goed moet behandel en nie verdruk nie.

JESUS SKEP 'N NUWE PERSPEKTIEF IN DIE NUWE TESTAMENT
In Lukas 10:27 & 37 word "naaste" in die oorspronklike Griekse taal in G4139 omskryf as "plesion" wat beteken "close by, near neighbour, that is fellow Christian, friend."

Jesus vra vanuit die perspektief van **die beseerde man se posisie wie sy naaste is**?
Vir die wetsgeleerde was dit in beginsel 'n moeilike antwoord om te gee, aangesien dit die Samaritaan was. Die een persoon wie hulle verafsku het en hulle het boonop hulself hoër geag as die Samaritane.
Die Samaritaan het goed gedoen aan die beseerde man wat van Jerusalem af op pad was na Jerigo. Die moontlikheid bestaan dat dié man eintlik 'n Jood van herkoms was. Vir die

Samaritaan sou dit beteken dat hy eintlik 'n "vyand" was op grond van die swak gesindheid en verhoudinge tussen die twee volksgroepe. Tog sien ons hoe hierdie Samaritaan Goddelike Liefde in Praktyk beoefen en uitleef.

In Johannes 5:38-42 praat Jesus weereens met die Jode en Wetsgeleerdes. Hy wys daarop in vers 42 dat hulle nie die liefde van God in hulle het nie. In vers 38 wys Hy ook daarop dat hulle nie die woord van Jesus as iets blywend in hulle het nie, omdat hulle God die Vader wat Hom gestuur het, nie glo nie. Dis skokkende realiteite van daardie tyd se omstandighede.

In Romeine 5:5 sê Paulus dat die Liefde van God in ons harte uitgestort word deur die Heilige Gees. Dit is baie goeie nuus, want die liefde van God is m.a.w. inwonend in ons binneste en ons het die Vryheid om dit in praktyk te beoefen. Meer nog, as kinders van God, is Hy inwonend in ons deur Sy Gees en God is liefde!!

1 Johannes 2:5 verklaar ons identiteit in Christus Jesus d.m.v. die liefde wanneer hy die volgende sê: **"Maar elkeen wat Sy woord bewaar, in hom het die liefde van God waarlik volmaak geword. Hieraan weet ons dat ons in Hom is."**

In die **Nuwe Testament** sien ons verder dat ons broers en susters in Jesus ons naaste is volgens die definisie wat ons hier bespreek het. Jesus sê uitdruklik dat Sy broers en susters dié is wat die wil van Sy Vader doen. Hierdie perspektief maak dat jou "naaste" nie net jou mede-volksgenote of biologiese familie is nie, maar elkeen, ongeag van hul herkoms, wat die wil van die Vader doen. Lees gerus hiervan in Mattheus 12:50.

Terselfdertyd sien ons hoedat **Jesus ons aanraai om ons vyande lief te hê, hulle te seën en goed te doen aan die wat jou haat, volgens Mattheus 5:43-48**. Is dit maklik, beslis nie?! Slegs in God se krag en liefde is dit moontlik.

Jesus kwalifiseer nie net wie jou naaste is, in Sy gelykenis nie, maar ook die feit dat, jy nodig het om goed te doen aan dié wie jy as jou vyand beskou.

IN WATTER POSISIE STAAN JY VANDAG?
Is jy die beroofde man of is jy die Samaritaan?

As jy dalk die beroofde, gebroke en beseerde man is, onthou dat jou gebrokenheid genees kan word en dikwels instrumenteel word in die hande van die Here. Psalm 51:19 sê: "Die offers van God, is 'n gebroke gees; 'n gebroke en verslae hart sal U, o God, nie verag nie!" Dis juis te midde van ons gebrokenheid dat ons bruikbaar vir God word. As jy vandag niks anders het, as die stukke van jou gebroke lewe, om vir God aan te bied nie, is jy op die regte plek. Tel daardie stukke op in jou gees en bied dit vir Hom aan. Dis Hy wat genees, dis Hy wat ons bevry, wat ons wonde verbind en ons 'n nuwe skepsel maak volgens 1 Korinthiërs 5:17. Wanneer ons, ons reinig van al die verkeerde dinge in ons lewe en toelaat dat Jesus se bloed ons skoon was, word ons 'n voorwerp tot Sy eer, bruikbaar in Sy hande!

2 Timotheüs 2:20,21 verduidelik dit as volg: " Maar in 'n groot huis is daar nie alleen voorwerpe van goud en silwer nie, maar ook van hout en erdewerk; en sommige tot eer, maar ander tot oneer.
As iemand hom dus hiervan deeglik reinig, sal hy 'n voorwerp tot eer wees, geheilig en bruikbaar vir die Here, toeberei vir elke goeie werk."

 Dis dié wat as niks in die wêreld geag word, wat God so kosbaar vind, dat Hy juis hulle gebruik om ALLES vir Hom in hierdie wêreld te wees soos omskryf in 1 Korinthiërs 1:26-30 wat die volgende sê: **"Want let op julle roeping, broeders: julle is nie baie wyse na die vlees nie, nie baie magtiges, nie baie edeles nie; maar wat dwaas is by die wêreld, het God uitverkies om die wyse te beskaam; en wat swak is by die wêreld, het God uitverkies om wat sterk is, te beskaam; en wat onedel is by die wêreld en wat verag is, het God uitverkies, en wat niks is nie, om wat iets is, tot niet te maak, sodat geen vlees voor Hom sou roem nie. Maar deur Hom is julle in Christus Jesus, wat vir ons geword het wysheid uit God en geregtigheid en heiligmaking en verlossing.**

Galasiërs 6:9,10 herinner ons weer, **"Laat ons nie moeg word om goed te doen nie, want op die regte tyd sal ons maai as ons nie verslap nie. Laat ons dan, terwyl ons die geleentheid het, aan almal goed doen..."**

Kies vandag om tot God te nader en toe te laat dat Hy jou lewe uitsorteer. "Nader tot God en Hy sal tot jou nader" sê Jakobus 4:8. Hy kan al die stukkies van jou lewenslegkaart weer in plek sit, want Sy genade is vir jou genoeg en in jou swakheid, word Sy krag volbring. Sien 2 Korinthiërs 12:9,10.

Jou ondervinding van gebrokenheid word dikwels jou getuienis tot eer van die Here waarmee jy ander kan optel en na Jesus toe lei. Jy kan ook iemand se naaste word, onder leiding van God se Gees in jou. Jy kan 'n bedienaar van genade word.

> *"Want hiertoe is julle geroep, omdat Christus.... 'n Voorbeeld nagelaat het,*
> *sodat julle in Sy voetstappe kan navolg."*
> *1 Petrus 2:21.*

DIE GEBOË VROU, JY EN DIE KERK...

"En daar was 'n vrou wat 'n gees van krankheid agttien jaar lank gehad het,
en sy was inmekaargetrek en glad nie in staat om regop te kom nie.
En toe Jesus haar sien, roep Hy haar en sê: Vrou, jy is van jou krankheid verlos.
En Hy het haar die hande opgelê, en onmiddellik het sy regop gestaan en God verheerlik."
Lukas 13:10-17

Ons besoek die tempel vandag. Daar vind ons weer vir Jesus. Hy is so besig met almal om Hom, maar nie te besig om 'n spesifieke klein vroutjie tussen die mense raak te sien nie.

Sy lei al 18 jaar aan 'n progressiewe siekte wat haar al krommer trek sodat sy glad nie meer regop kan loop nie. Sy loop al so krom dat sy net grond toe en agter toe kan kyk. Al wat sy sien, is die voete van die mense om haar en die grond voor haar eie voete... Die son in die blou lug, die groen van die velde en plante om haar, is deesdae ver buite haar gesigsveld. Dis te pynlik om op te kyk en nog boonop net te veel moeite... 'n Toekoms visie? Nee, dis nie meer deel van haar verwysingsraamwerk nie... Sy skuifel voetjie vir voetjie voort... soms hande viervoet. Vandag wil sy net kom om die Here se aangesig hier in die tempel te kom soek... Dis al wat nog saak maak...

Dikwels is ons harte, net soos hierdie vrou, krom getrek deur die bekommernisse en pyn van die lewe. Die laste van die lewe trek ons krom en word net al swaarder en groter. Ons toekomsvisie word ook hierdeur versteur en ons skuifel uitsigloos deur die lewe. Ons vergeet van die eens wonderlike tye saam met Jesus, toe ons ten tye van ons stiltetye deur Hom besoek is. Of het jy dalk nog glad nie daaraan gedink om Jesus 'n kans in jou lewe te gee nie? Die lewe snel voort en ons word daardeur meegesleur. Keer is daar nou nie eintlik nie. Die probleme laat ons magteloos staan... Ons is so moeg gestoei met al die vraagstukke en ons weet nie meer of hierdie swaar las ooit weer ligter sal word nie. Ons het die Goddelike uitnodiging lankal vergeet: **"Werp al jou bekommernisse op Hom, want Hy sorg vir julle."** 1 Petrus 5:7.

Jesus roep hierdie vroutjie nader. Vandag het haar oomblik met Jesus aangebreek! Sy skuifel nader tot voor Jesus se voete. Jesus lê Sy hande op haar en Hy sê: "Vrou, jy is van jou gebrek verlos!" Skielik begin al die spiere los raak en die beenstruktuur van hierdie krom getrekte vroutjie word weer sterk, gesond en regop! Dis 'n onverwagse heerlike wonderwerk! Sy kyk op in Jesus se gesig en kan nie anders as om van blydskap te spring en lof tot eer van die Here te sing nie! Die Here het haar begenadig. Sy is verlos. Sy is gesond.

Jesus wil die las wat jou so krom en uitsigloos laat, op Sy eie skouers neem. Hy sê vandag vir jou: **"Kom na My toe almal wat vermoeid en belas is en Ek sal julle rus gee!"** Wat maak jou hart vandag so krom en uitsigloos? Het jy al alle hoop, dat Hy jou ooit van hierdie krom hart sal verlos, verloor? Jesus sien jou raak en luister na jou hart en Hy hoor jou noodroep. Hy is vandag nog ook ons ware Geneesheer.

Laat ons dieper kyk as net die oppervlak in hierdie gebeurtenis, want dikwels vind ons die verborgenhede van wat God eintlik aan ons deur Sy Woord wil oordra, juis daarin.

DIE SIMBOLIEK EN DIEPER BETEKENIS....

Hierdie **gebeurtenis speel binne die kerk/sinagoge af en skep die agtergrond vir 'n dieper betekenis**. Wanneer 'n mens na die **simboliese betekenis van "vrou"** in die Bybel kyk, veral in die Nuwe Testament, vind ons dat dit die kerk/kerkmense/kerkleiers verteenwoordig.

'n Gees van krankheid is 'n tipe van die dogma binne die kerkgemeenskap, wat in dié geval dwaalleer verteenwoordig. Dis 'n progressiewe proses wat die kerk se fokus van Jesus afhaal en op wêreldse praktyke en misleiding fokus. Die dogma begin meer draai en fokus op hoe om mense te lok en te plesier as om Jesus te verheerlik.

Die **siekte** is soortgelyk aan iets soos Osteoporose of Ankylosis wat 'n degeneratiewe proses van veral die beenstruktuur is, wat beweging drasties inperk en indien dit onbehandeld bly, die persoon/vrou baie krom kan trek tot so 'n mate dat hy/sy tussen hul bene deur sal moet kyk om te loop of net grond visie sal hê. Dit beteken die persoon/vrou sal agtertoe moet loop om êrens te kom. D.w.s. die agtertoe beweging is die manier om vorentoe te beweeg.

Die kerk (simbolies die vrou) funksioneer op 'n dogma gebaseer op die "Preceding Word" en NIE op die "Proceeding Word" nie. "Preceding Word" verteenwoordig bv. die Ou Testamentiese leefstyl wat gewoonlik baie wetties van aard is, soos wat die owerstes in die sinagoges beoefen het. Hulle was glad nie ontvanklik vir die nuwe "Proceding Word" van Jesus se Evangelie nie. Ons sien dit ook in die reaksie op die genesing wat hier in Lukas 13 plaasgevind het. Let veral op na verse 14-16.

Die ergste misvorming van die siekte (dogma/dwaalleer) is rondom die middel van die persoon/vrou se liggaam wat verswak en nie meer ondersteuning kan bied sodat die persoon/vrou kan regop loop nie. Hierdie misvorming van die apostoliese waarheid wat die evangelie van die Koninkryk van die hemele en van Jesus Christus insluit, het dieselfde impak op die moderne kerk van vandag. Dit het die kerk kragteloos gemaak. Hoekom? Want die middel van ons geestelike toerusting soos beskryf in Efesiërs 6:14 en Handelinge 12:8, is die Gordel/Belt van Waarheid.

Wanneer die kerk vasgevang is in valse dogma en dwaalleer wat nie in lyn met God se Woord en Waarhede, veral t.o.v. die evangelie van Jesus Christus en die beginsels van die Koninkryk van God, is nie, dra hulle basies die geestelike Wapenrusting "onderstebo!" Dit wil sê dat die Borswapen van Geregtigheid is ook "onderstebo." Dit kan beteken dat so 'n kerk geregtigheid d.m.v. goeie werke predik. Meer nog, die Gordel van Waarheid is af en dit beteken dat die persoon se skaamte in die gees ontbloot is, want die kleding wat daarmee in plek gehou word, kan nie in plek bly nie. Niks kan bo bly, as 'n bedekking nie aangesien die Gordel van Waarheid die middelpunt en anker van die kleding is. Jesus waarsku ons in Openbaring 16:15 met hierdie woorde: " Kyk, Ek kom soos 'n dief. Salig is hy wat waak en **sy klere bewaar, sodat hy nie miskien naak rondloop en hulle sy skaamte sien nie.**" Verfris weer jou geheue op wat Jesus vir die gemeente van Laodicea gesê het t.o.v. hul klere in Openbaring 3:17&18.

Die vrou se kop is feitlik teen die aarde wat daarop aandui dat vleeslike denke en ingesteldheid binne die kerk meer prioriteit geniet as om Koninkryk denke en ingesteldheid volgens die evangelie van Jesus Christus te hê. In sulke gevalle gaan dit oor 'n humanistiese ideologie en bevrediging van die mense se behoeftes. Die fokus is nie meer ingestel op Jesus en op Sy wil en om Hom te vereer nie. Die kerk aktiwiteite verskil feitlik nie van die wêrelds praktyke nie.

Ons kan onsself afvra – wat of wie hang die modern kerk vandag aan??
1 Korinthiërs 6:17 sê: **"Maar wie die Here aanhang, is een gees met Hom."** D.w.s. dat die teenoorgestelde ook waar is, nl. Dat as ons die heidense wêreldse praktyke in die kerk invoer, ons een gees is met die wêreld en die Bose. Sou gelowiges dogma aanhang, wat nie die suiwer Apostoliese waarhede wat die Evangelie van Jesus Christus en die Koninkryk van die hemele is, nie, hoereer hul in werklikheid met die wêreld. Dis hierdie praktyke wat Paulus onder andere ook in 1 Korinthiërs6:15,16 en in 1 Thessalonisense 4:3,7,8 aanspreek.
Wanneer jy sou regop staan, het jy, soos die vrou, na Jesus haar aangeraak het, 'n hemelse denke volgens die Evangelie van Jesus en die Koninkryk van die hemele se beginsels wat meebring dat jou liggaam (die kerk/gemeente) tot volle werking kom, soos 'n gesonde Nuwe Testamentiese Kerk, soos beskryf in Handelinge. Lees daarvan in Handelinge 2:42-47.

Dié vrou is in die sinagoge waar die Ou Testamentiese boodskap gepredik word, d.w.s. "Preceding Word" wat geregtigheid volgens werke van die wet insluit. Die Helm van Verlossing is by die vrou/kerk ook "onderstebo" aangesien sy in 'n gebuigde posisie is. Dis simbolies van die verlossing wat gesoek word d.m.v. diere offers en werke van geregtigheid volgens die wet. Hierdie moderne kerke sluit onder andere die volgende praktyke en gelowe in wat "onderstebo" geestelike denke en oortuigings bevat en die doktrine van Jesus Christus opponeer. Dit sluit die volgende in: Wettisisme, Menslike tradisies, Humanisme, Sekularisme, Kerkisme – Institusie gerig en allerhande vleeslike gesindhede. Hierdie omgekeerde denke word ook in Romeine 1:28-32 uitgespel as 'n opposisie teenoor die waarheidskennis van God.
Dit sluit onder andere die volgende begrippe in:-
Hierdie mense "erken nie God nie" (vers 18-19,28) – Die oorspronklike Griekse betekenis vir "erkentenis/erken" is te vinde in G2192 wat dui op "echo." M.a.w. **Hulle "echo" nie God se doktrine van waarheid nie.** Hulle volg hul eie denke en in die proses speel hulle God en stel hulself bo God aan.
God het hulle "oorgegee" (vers 24) – "oorgegee" in oorspronklike Grieks vind ons in G3860 = "paradydomi" wat "to surrender" of "to entrust" beteken. Hierdie mense het self gekies wie hulle wil dien. God het hulle toegelaat om aan hulself oor te gee of te "surrender."
Let op dat vers 25 **hierdie mense se gesindheid** verder uitspel. Dis "hulle wat die waarheid van God vir die verruil vir die leuen en die skepsel vereer en gedien het bo die Skepper wat geprys moet word tot in ewigheid. Amen" Hierdie feit word verder omskryf in vers 28 **"En omdat hulle dit nie die moeite werd geag het om God in erkentenis te hou nie , het God hulle oorgegee aan 'n slegte gesindheid om te doen wat nie betaam nie."** Die woord "gesindheid" is ook aanduidend op gedagtes. Hierdie mense het nie meer 'n akkurate doktrine van God beet nie, maar hul eie idees en eie denke. Hulle "echo" dus nie God se waarheid nie! "Slegte gesindheid" in die oorspronklike Grieks vind ons in G96 = "adocimos" wat "unapproved, worthless en rejected." Beteken. Om daarby aan te sluit, sien ons dat "mind"/verstand in G3563 + "nooce" wat "intellect'

feeling, will and understanding" beteken. In die konteks van vers 28, sien ons wêreldgesinde denke om te doen wat nie betaam nie. Die hartseer van hierdie saak is dat God Homself aan hierdie mense geopenbaar het en hulle dus kennis van Hom het, maar **kies** om hulle rug op Hom te draai.

Vleeslike denke behels ook onder andere geloof in die mistieke dinge, illusies, bygelowe, onlogiese denke, "beskadigde denke" a.g.v. lewensgebeure en ervarings, aanhang van tradisies, lig gelowigheid, agterdogtigheid selfregverdiging, wraakgierigheid, minderwaardigheid, kritiese denke en gesindheid teenoor ander en hoogmoed en trots ens. Elkeen van hierdie bogenoemde dinge en gesindhede opponeer die Waarhede van God en Sy koninkryk en blokkeer jou om in Sy akkurate waarheid te lewe.

Onthou: "Accurate doctrine results in accurate conduct." Akkurate doktrine bring akkurate gedragskode.

Slegte gesindhede behels dus die vleeslike wêreldse dogma en het dit in praktyk ook tot gevolg. Ons het die gesindheid en denke van Jesus Christus nodig. Dis slegs moontlik wanneer ons 'n lewende verhouding met Hom handhaaf deur tyd te maak om Sy woord te bestudeer en toe te laat dat Sy Gees dit aan ons openbaar en uitlê. Wanneer jy opgerig is deur die evangelie van Jesus Christus, begin jy leef in die akkurate waarheid van Sy woord sodat ons denke in godsaligheid beoefen kan word.

As jy in 'n gebuigde posisie na bv. 'n "9" kyk, sal jy 'n "6" sien. Dis die getal van die mens. Indien jy vanuit 'n opgerigte posisie na die "9" sou kyk, sal jy die ware getal "9" sien. Die getal "9" spreek van "Divine Completeness" wat slegs deur die akkurate waarheid van Jesus Christus se evangelie en die koninkryk van die hemele se beginsels verkry kan word.

Jou persepsie bepaal jou uitkyk en jou uitkyk, bepaal jou gedragskode. Sorg dat jou persepsies volgens God se Waarheid is, want dan sal jou gedragskode God se Waarheid ego/"echo."

JY EN GOD SE WAARDESTELSEL

"Ek loof U, omdat ek so vreeslik wonderbaar is;
wonderbaar is u werke! En my siel weet dit alte goed."
Psalm 139:14

Die lewe kan 'n verskriklike negatiewe plek wees. Baie mense ervaar hierdie negatiwiteit reeds van geboorte af of selfs voor geboorte wanneer die ouers 'n ongewenste swangerskap beleef. Die ongebore baba ervaar dit as verwerping – dat my ouers my nie wil hê nie en dus voel hierdie kindjie nie geliefd nie.

Indien jy hierdie trauma gespaar is, sal jy reeds so ver as jou kinderdae kan onthou hoe negatief die wêreld 'n mens soms kan hanteer:-

- Van kleins af word 'n mens met bv. 'n onderwyser gekonfronteer wat vir jou in 'n nagmerrie verander of kinders wat jou fisies of verbaal boelie;
- Soms kan die negatiwiteit 'n mens reg binne-in jou huis aangryp, via jou eggenoot of ander familie;
- Die werksplek word ook dikwels 'n plek van negatiwiteit wanneer jou baas of mede-kollegas jou afkraak, misbruik, beledig of nooit erkenning gee nie;
- Soms word ons met werkloosheid gekonfronteer wat uiters demoraliserend is;
- Ek weet ook nie van 'n koerant wat oorwegend enige positiewe nuus rapporteer nie. Dis gewoonlik al die verdoemende, negatiewe nuus van ander mense en gebeure;
- Dan is daar wêreld omstandighede wat drasties verander a.g.v. ingrypende gebeure soos COVID 19 wat jou so maklik in 'n gevoel van hopeloosheid laat sit en wonder of daar ooit enigsins weer 'n voorspoedige toekoms sal wees.

'n Mens kan vele ander voorbeelde binne jou omstandighede of mense met wie jy in aanraking kom, opnoem. Dis hierdie negatiwiteit wat ingrypende gevolge op 'n mens se menswaardigheid kan meebring, soos bv. Ongemotiveerdheid, lae selfbeeld, onvergenoegdheid, frustrasie en hope spanningsdruk. Hierdie gevolge eis sy tol op jou interpersoonlike verhoudings, selfs op dié wat vir jou lief en dierbaar is.

Ons het nodig om **onsself gereeld daaraan te herinner dat God 'n ander waardestelsel het, waarvolgens Hy ons beoordeel.**

Reeds van die begin van die skepping af, sien ons dat God positiewe gedagtes aangaande jou en my gekoester het.

In Genesis 1:26 en Genesis 2:20-22 lees ons dat God die mens geskep het in ooreenstemming met Sy Beeld. Het jy al ooit diep hieroor nagedink? **Jy is geskep na God se Beeld!** Dit is 'n asemrowende feit! Des te meer is die feit dat God reeds van die begin af Homself as 'n God van familie openbaar het. In Lukas 3:38 sien ons dat Adam as die eers geskape seun van God beskryf word. D.w.s. dat God Adam se Vader is. So het elke mens die geleentheid om ook 'n kind van God te word d.m.v. die proses van wedergeboorte.

Jy het nie nodig om enigsins minderwaardig te voel of te voel dat jou bestaan 'n fout is nie. God skep nie gemors nie! Hy het 'n unieke plan en doel in gedagte gehad die dag toe Hy jou geskep het en net jy kan daardie plan in vervulling bring. Hy is die enigste lewende God wat volmaak kan skep. Alles wat Hy skep is goed en reg.

In Jeremia 29:11 sê God vir Israel, maar ook vir jou en my:-
" *Want Ek weet watter gedagtes ek aangaande julle (jou) koester, spreek die Here, gedagtes van vrede en nie van onheil nie, om jou 'n hoopvolle toekoms te gee.*"
Hoewel hierdie profesie aan Israel gerig is, openbaar dit ook God se karakter teenoor die mense wie Hy geskape het en liefhet. Niemand kan ooit weer vir jou vertel dat jou toekoms donker lyk en dat jy op 'n ramp afstuur net omdat hy/sy dink dat jy 'n mislukking is nie! Wanneer jy God se kind is, in Hom glo en vertrou, weet jy met alle sekerheid dat jou toekoms in Sy hande is en dat Hy alles ten goede vir jou sal laat meewerk tot Sy verheerliking. Sien wat sê Romeine 8:28. As ware kind van God, is jy in die bevoorregte posisie om deel van Abraham se nageslag te wees vanuit 'n geestelike perspektief. Ons lees hiervan in Galasiërs 3: 26,27,29 wat sê: "**Want julle is almal kinders van God deur die geloof in Christus Jesus, want julle almal wat in Christus gedoop is, het julle met Christus beklee. En as julle aan Christus behoort, dan is julle die nageslag van Abraham en volgens die belofte erfgename.**"
Hier vind ons 'n belangrike sleutel om kind van God te wees, nl. geloof. Ons weet dat Abraham die vader van geloof was en dat hy geregverdig word deur die geloof. Sy nageslag het die fisiese Israel ingesluit en nou ook die geestelike Israel.

God se liefde vir jou en my is so groot, dat selfs sonde God nie kon weerhou om met ons 'n aktiewe verhouding te wil hê nie!
"**Want so lief het God die wêreld gehad, dat Hy Sy eniggebore Seun gegee het, sodat elkeen wat in Hom glo, nie verlore mag gaan nie, maar die ewige lewe kan hê.**" Verklaar Jesus aan Nikodemus in Johannes 3:16.

Deur middel van Christus Jesus het God vir ons die Weg gebaan om die muur van sonde weer af te breek sodat ons in die regte verhouding met God kan staan. God gee ons geleentheid om nuut gebore te word, nie uit 'n natuurlike proses nie, maar 'n goddelike proses wat net Hy alleen in ons kan bewerk. Lees gerus Johannes 3:3,5 en Efesiërs 2:14.
Hy ag ons, as mens so kosbaar dat Hy vir ons 'n "metode" ontwerp het waardeur ons met Hom in 'n liefdesverhouding verenig kan word:-
- Wanneer ons gehoor gee aan die roepstem van die Heilige Gees wat ons oortuig van sonde, oordeel en geregtigheid soos beskryf in Johannes 16:8-11,13 en Jesus aanneem deur Hom in ons lewens in te nooi en Koning van ons hart te maak, word ons vanuit Goddelike saad nuut gebore in Gees en in die waarheid van die Woord.
- Ons gees word deur die werking van die Heilige Gees nuut gemaak, nadat ons deur die bloed van Jesus gereinig is en vergifnis ontvang het. Sien Johannes 3:5 & 1 Johannes 1:7,9.
  1 Petrus 1:22-23 omskryf dit as volg:- "As julle in gehoorsaamheid aan die waarheid julle siele deur die Gees tot ongeveinsde broederliefde gereinig het, moet julle mekaar

vurig liefhê uit 'n rein hart; **want julle is wedergebore nie uit verganklike saad nie, maar uit onverganklike, deur die lewende woord van God wat tot in ewigheid bly.**"
Hierdie feit word verder bevestig in 1 Johannes 3:9-10. Lees dit gerus.

Tydens hierdie hele gebeurtenis in jou geestelike lewe, deponeer God Sy Gees saad in jou lewe in, wat die vrug van die Gees en 'n lewenswandel met die Heilige Gees tot gevolg het.

- Jy word nuut gebore reg binne-in God se familie in wat jou ook 'n erfgenaam saam met Jesus maak en sodoende verkry jy die ewige lewe in God se koninkryk. Romeine 8:16,17. God wil hê dat ons Sy seuns en dogters word sodat Hy ons Vader kan wees. Lees hiervan in 2 Korinthiërs 6:18. Besef jy dat jy deel van 'n koninklike familie is? Jy is nie sommer enige iemand nie, want jy het 'n koninklike herkoms! Dit klink nie vir my soos 'n mislukking wat wag om te gebeur nie!

Ons word nou aan 'n nuwe waardestelsel gemeet.
1 Petrus 2:9 sê:-
"**Maar julle (jy) is 'n uitverkore geslag, 'n koninklike priesterdom, 'n heilige volk, 'n volk as eiendom verkry, om te verkondig die deugde van Hom wat julle uit die duisternis geroep het tot Sy wonderlike lig.**"
Jy is:-
- **Deel van 'n uitverkore geslag** – Deel van _God_ se uitverkore geslag – Om uitverkore te moet wees, beteken dat God jou naam ken en jou spesifiek gekies het. Jesaja 43:1b.
- **Koninklik.** Soos jy vroeër gesien het, is jy deel van 'n koninklike familie. Jou identiteit is aan God se familie gekoppel. 2 Korinthiërs 6:18 & Romeine 8:16,17.
- **Priester/-es.** Besef jy dat as God jou hierdie kwaliteit toesê jy in werklikheid saam met Jesus toegang het tot in die Heilige en Allerheiligste plek, daar waar God op Sy genadetroon sit? Jy het toegang tot God se heilige teenwoordigheid. Hoe kan jy nou daar ingaan? Deur middel van jou aanbidding en gebed in jou binnekamer. Hebreërs 4:14-16.
- **Heilig.** Dit beteken dat God na jou kyk deur Jesus Christus wie jou gereinig het met Sy bloed sodat jy weer heilig en aanvaarbaar vir God kan wees. Heilig beteken ook dat jy afgesonder is vir God alleen en dus nie gedeel kan word met iets ander of iemand anders nie. 1 Petrus 1:15,16.
- **Sy eiendom.** God eien jou as Sy eiendom toe. Dit gee vir jou en my 'n behoordingsgevoel.
- **God het jou geroep om Syne te wees**. Onthou jy? Hy ken jou by die naam en nog boonop is jou Naam in Sy handpalm gegraveer sodat Hy jou nie sal vergeet nie. Lees Jesaja 49:15,16.

Loof die Here vir Sy goedheid, genade en eindelose liefde! Sonder Hom sal ons nooit hierdie status kon verkry nie! Ons kan met reg verklaar: Ek is die Koning se kind! My Pa is die Koning van die heelal! Hierdie status wat God aan ons toesê, is 'n daad van Sy genade en liefde vir ons. Ons kon dit geensins verdien nie.

<u>**Saam met hierdie waardestelsel kom 'n nuwe verantwoordelikheid wat die volgende insluit:-**</u>

- Om geestelik te groei en heiligmaking na te streef 1 Pet 2:1,2,3.
- Geroep om in Jesus se voetstappe na te volg, deurdat ons in gehoorsaamheid aan God se wil vir ons, lewe. 1 Petrus 2:21.
- Om te getuig van hoe ons vanuit ons duister, sondige lewe gered is en oorgebring is in God se Lig in en te vertel van God se werking in ons lewens. 1 Petrus 2:9.
- Ons is geroep tot 'n lewe van lof en aanbidding teenoor God. 1 Petrus 2:9 & Hebreërs 13:15 & Efesiërs 1:5,6,12.

Genadiglik los God ons nie om dit in eie krag te doen nie, maar rus ons toe met die krag van Sy Gees. Lees hiervan in Johannes 16:13 & Efesiërs 1:17,18 & 1 Johannes 2:27. Die Heilige Gees is ons Leermeester en openbaar aan ons die verborgenhede van God wanneer ons in verhouding met Hom staan.

Wat ons baie duidelik moet verstaan, is dat om kind van God te wees, 'n progressiewe proses is. Ons "groei" in die posisie in, soos 'n kind wat stelselmatig volwassenheid bereik. Let op wat Johannes 1:12 vir ons hieroor sê: **"Maar almal wat Hom aangeneem het, aan hulle het Hy mag gegee om kinders van God te <u>word,</u> aan hulle wat in Sy Naam glo."**

Kies om deel te wees van God se familie, volg in Jesus se voetspore en wees sensitief vir die stem van Sy Gees. In al hierdie dinge lê die geheim van ware lewe, ware vrede, ware vreugde en die geleentheid om altyddeur in God se teenwoordigheid te bly.

Jy is reg in die senter van God se liefde. Jy is so onbeskryflik naby aan Sy hart, want Hy dra jou teen Sy bors. Onthou jy? Jy word selfs in hierdie oomblik deur Hom gedra. Hy kan en sal jou nie vergeet nie. Jou naam is in Sy handpalm gegraveer!

"EK VEROORDEEL NIEMAND NIE" SÊ JESUS...

"...As God vir ons is, wie kan teen ons wees?"
Romeine 8:31
"...En Jesus sê vir haar: Ek veroordeel jou ook nie.
Gaan heen en sondig nie meer nie."
Johannes 8:11

Penskets geneem vanuit Johannes 8:1-11,15

Kom, stap saam met my na die tempel in Jerusalem. Dis 'n heerlike vars oggend en wie weet, dalk is Jesus vandag weer daar. Ek kan nie wag om weer na Sy woorde, boodskappe en stories te luister nie! Dis so anders, so vol krag en liefde. Ek verwonder my oor al die mense wat Hy met soveel wonderkrag genees en selfs vergewe en vryspreek van hul sonde... Ek wonder wat Hy vandag weer gaan doen?

Hoor jy die geruis van voetstappe? Almal is haastig op pad tempel toe. Haai kyk, daar kom Jesus en Sy dissipels nou net teen die Olyfberg afgestap! Hul sê dat Hy baie keer alleen daar op die berg gaan bid.

Ja, daar's die tempel nou. Baie mense het gekom om die Here te aanbid. Party is baie opreg. Ander? Wel ander kom om "af te show". Hul hoop die mense sal sien hoe heilig hulle lewe! Maar ek weet, die Here kyk diep in ons harte in, daar waar net ek en Hy kan sien... Dis daar waar Hy op soek is na ons opregte liefde vir Hom, onse God en Vader.

Daar in die voorhof by die tempel, hoor ek skielik 'n gefluister, 'n roering, 'n opgewondenheid... "Dis Jesus!" "Hy is ook hier!" Mense begin saamdrom, hul wil sien wat Hy vandag gaan doen, watter nuwe boodskap Hy vandag vir ons het...?

Maar die kerkmense, die Fariseërs en Skrifgeleerdes is kwaad! Jesus is nie welkom hier nie! Hy kom krap net alles om met Sy nuwe vreemde boodskappe en die dinge wat Hy aanvang! Nee, Jesus kry hopeloos te veel aandag!

Wat gaan nou daar aan? Dis 'n groot geraas en 'n vrou wat kerm en skree: "Nee, los my uit! Los my...!"
Dit nogal hier by die tempel! Die vrou word met geweld nader gesleep en voor die voete van Jesus in gestamp, sodat sy woes teen die grond, kop eerste neer val.

Haar gesig, nou rooi van skaamte. Bloed vloei nou vrylik vanuit 'n wond op haar voorkop, na die val. Sy voel aaklig, sleg en sy weet sy het sonde gedoen, sy's uitgevang, skuldig en nou gedoem tot die dood...!! Sy ken die straf en daar is geen uitkoms nie, sy weet wat die wet sê! In haar geestesoog sien sy haar hele misrabele lewe voor haar af speel. Van kleins af verwerp, mishandel, gemolesteer, 'n nikswerd gereken in die oë van haar pa en broers, uitgewerp op straat om self haar lewenspotjie te krap. Niemand wou eers toelaat dat sy hulle huise skoonmaak nie, want sy is self as onrein beskou. Wat anders kon sy doen?

'n Lewe op straat, vol verleiding en net 'n paar geldstukkies om darem net vir more te sorg... Dis in elk geval die enigste manier wat sy soort van "aanvaar" is! Nou dit.... Die vernedering hou net nooit op nie!

Toe sy opkyk en haar oë Jesus se oë ontmoet, wel die trane van skuldgevoelens, gebrokenheid en vernedering by haar op en deurdrenk haar gesig sodat alles wasig word...

WIE IS HIERDIE MAN wat met soveel goddelike liefde en deernis, maar ook outoriteit praat en doen? Waarom moet sy voor Hom verneder word? Is dit nie genoeg dat sy reeds volgens die wet ter dood veroordeel is nie? Ja, met klippe moet sy gedood word! Almal wys die vinger na haar. Sy's sleg, 'n totale nikswerd! 'n Nul in almal se oë! Sy is nie eers werd om so naby die tempel te kom nie en dit nog in die voorhof!

Het jy al so gevoel?

'n Nikswerd, 'n groot slegte fout! Niemand wil jou eers ken of met jou praat nie. Hulle glo jy is "useless". Toe jy iemand nodig gehad het om in jou te glo, wou nie eers een persoon, nie eers dié een wat jy gedink het naaste aan jou is, wat jy gedink het vir jou omgee en vir wie jy die liefste is, jou ken nie! Nee, jy's alleen, verstote, onregverdiglik veroordeel en nou moet jy die straf alleen vat. In die steek gelaat...

Hierdie vrou het dikwels, net soos jy gevoel, toe sy dink sy het 'n vriend gevind, is sy misbruik, in die steek gelaat. Selfs hy wys ook nou vinger na haar!

Die kerkmense, die hoog heiliges wil haar met klippe dood gooi! Sy verdien dit dan, sy het mos gesondig! Sy is geensins 'n aanwins vir die samelewing nie, nee, sy is eerder 'n bedreiging wat ander in die versoeking lei! "Die lewe sal 'n beter plek wees sonder haar", sê hulle.

MAAR...

Sy is nie alleen nie en jy ook nie! Jesus is by haar en ook by jou! Dié Jesus wat met eindelose, ewige liefde, genade betoon en sondes vergewe. Hy staan vandag ook hier by jou en Hy sien spesifiek ook vir jou raak. Hy sien tot diep binne-in jou hart en weet wie en wat jy regtig is.

Jesus wéét hierdie vrou is baie kosbaar. Hy het haar dan met Sy eie hande geformeer, geskep tot 'n volmaakte beeld. Hy het jou ook net so spesiaal, met soveel sorg gemaak. Jesus weet en sien haar net soos wat sy regtig is. Hy sien die mooi wat Hy dan self in haar gedeponeer het, wat wag om tot sy volheid te ontwikkel, selfs al het die lewe haar hart in stukkies laat spat... Daarom is Hy hier, om heel te maak, te genees... NIE te veroordeel nie. Jesus het 'n nuwe lewe deur Sy Evangelie kom predik en uitleef. 'n Nuwe dispensasie was besig om aan te breek, maar die "hoog heiliges" het dit nie erken of raak gesien nie.

Weet jy, Jesus sê vandag weer opnuut vir jou, Jy is Syne. Hy het jou spesiaal gemaak. Jy is uniek en kosbaar. Hy hou jou hand baie styf vas en selfs wanneer jy dink dat jy jou greep op Hom verslap het, hou Hy jou nog steeds vas. "Jy is Myne, Ek ken jou naam" sê die Here "Kyk, dis hier in My handpalm geskrywe! Ek vergeet jou nie!" "Ek dra jou reeds van jou moeder se skoot af en sal jou dra tot in jou grysheid." "Ek sal jou nooit begewe of verlaat nie." "Ek is jou God." "Ek is dié Liefde waarna jy smag." "Niks en niemand kan jou uit My hand ruk nie. Ek hou jou baie styf vas."

Jesus eis hierdie sondige vrou op vir Sy koninkryk, want Hy sien haar potensiaal as bloed-gewaste kind van God raak. Bruikbaar, diensbaar, gelukkig in Sy ewige Liefde...

Jesus sê toe: **"Laat hy wat sonder sonde is, die eerste klip gooi..."** Niemand kan ons sê wat Hy daardie dag in die sand geskryf het nie, maar dit was genoeg... Sonder sonde? Nee, niemand nie! Daarvan is genoeg in ons almal se lewens!

Daardie dag ervaar 'n sondaar Sy genade, vergifnis en liefde, toe Jesus aan haar sê: "Ek veroordeel jou ook nie. Gaan heen en sondig nie meer nie." Te midde van haar vergifnis, ervaar Sy ook Jesus se hand van genesing op haar gebroke hart en gees. Sy hoor die profeet Jesaja se profetiese woorde in haar gedagtes weerklink: "Hy het My gestuur om die wat verbryseld van hart is, te genees.... om die wat gebroke is, in vryheid weg te stuur..." en sy besef dat Sy die vervulling daarvan, nou in haar lewe ervaar.

Satan kla jou en my dag en nag by die troon van ons Hemelse Vader aan: "Hierdie kind, man of vrou, is sleg en nikswerd. Kyk net wat het hy of sy nou weer aangevang! Hulle verdien nie om deel van die hemelse koninkryk te wees nie! Hulle het die wette oortree! Hulle verdien die helse dood!" Ons sogenaamde vriende, kollegas, selfs familie staan dikwels ook gereed om ons swakhede uit te wys en ons te veroordeel, maar Jesus is ook daar, Hy staan gereed om vir God, ons Vader te sê: "Ek het ook vir hierdie een gesterf! My bloed reinig hom of haar van alle sonde en ongeregtigheid. Ek eis hom of haar op vir die hemelse koninkryk. Sy, hy is MYNE!"

Jesus het die wet namens ons kom vervul terwyl Hy geweet het dat ons in ons sondige toestand in onvermoë is om dit te doen. Hy het selfs ons straf op Hom kom neem en ons losgekoop van die sonde en dood wat ons verdien op grond van die wet. Hy het jou sondes vergewe en jou vrygespreek en die beginsels van God se koninkryk kom uitleef sodat ons Sy Voorbeeld het om na te volg. Hy het die wet volbring en 'n nuwe dispensasie met Sy wet vir ons daargestel. Dis die wet van die liefde. Hy het 'n nuwe Evangelie gebring, een van vryheid in Jesus Christus en een wat die beginsels van God se koninkryk vir ons neerlê.

Voel jy dikwels verstote en alleen?
Sommer net stukkend en moedeloos en waardeloos?
Word net stil en voel die hand van Jesus wat nou op jou skouer rus.

67

Jesus sê ook vir jou: "Jy is nie alleen nie.
Jy is kosbaar in My oë.
Ek het jou lief met 'n ewige liefde.
Ek het jou by jou naam geroep, onthou jy?
Jy is Myne!"

Addisionele Skrifgedeeltes om te lees:

Jesaja 43:1b-4b,5a,13b,18,19,25	Psalm 145:14
Johannes 10:28,29	Jesaja 49:15,16
Jesaja 46:3b,4	Psalm 147:3
Kolossense 3:13,12	Openbaring 12:10b,11
Hebreërs 2:18	Hebreërs 9:11,12,24
1 Johannes 1:7,9	Lukas 4:17-19

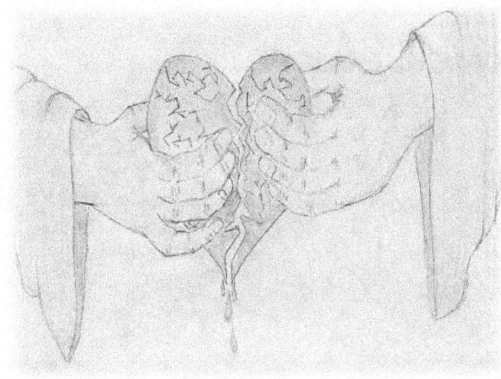

HARTE

'n Hart
Aan duisend skerwe gespat
In duisend stukke gebreek...

'n Kennisgewing:
"Hart onbewoonbaar
 Gereed vir sloping..."

Hoekom so gebroke?
O die pyngedagte...
Koud, afsydig, verlate
Omring deur hoë mure
Gevul met aggressie, woede
Haat en nyd

Vertrapte liefde...
Versmoor deur onvergifnis
Geen passie of hartklop meer nie
Donker duisternis.
Maar wag,
Sien jy die Lig?
Voel jy die hartklop?
Voel jy die Nuwe Lewe?
Hoor jy dit?

"Die geknakte riet
 Sal Hy nie finaal verbreek nie..."
"Hy ondersteun die wat val
 Hy rig die wat neergeboë is
 weer op..."
"Hy genees die wat gebroke
van hart is
 Hy verbind hulle wonde..."

JESUS is Sy Naam!
Volmaakte, Onfeilbare,
Ewige Liefde!
Vir Jou, Vir My
Genade, Vergifnis
Gegee, ontvang, gedeel
Genees...
Kyk, alles is nuut gemaak
Deur God self aangeraak!

Geskryf deur SE De Jager

III. TREE VIR TREE SAAM MET JESUS...

Kolossense 2:6,7
"...Wandel so in Jesus, gewortel en opgebou in Hom..."

1 Petrus 2:21
"Want hiertoe is julle geroep... omdat Christus ook vir julle gely het en julle 'n Voorbeeld nagelaat het, sodat julle in Sy voetstappe kan navolg."

OP DIE LEWENSPAD...

Jare kom en gaan verby
vol herinneringe van gisters
lank reeds verby...
Sommige vol geluk & vreugde
ander vol hartseer & pyn
Tye vol genade & liefde
van ons Heer verkry.

Voor jou uitgestrek
is nog 'n handvol van
God se liefdevolle genade
net vir jou.

In jou hand,
'n lewenspen
waarmee jy nog 'n dag
se onherroeplike gebeure
in jou lewensboek sal skryf...

Wat sal jy vandag wil skryf?
Die keuse is in jou hart
en in jou hand...

Is dit oomblikke van verwoesting
oomblikke van hartseer
oomblikke van pyn?
OF
Is dit oomblikke van liefdesaad
in 'n ander se hart gesaai?
Oomblikke van gedeelde vrede & vreugde
wat God se ewige lig
in 'n ander se donker hart bring?

Ons kan die verlede
Nie verander nie,
Maar vandag
is nog in ons hande...

Vergeet wat agter is
Strek jou uit na wat voor is
Jaag jou Hoë Roeping
in Christus na...
Behou jou geloof in Hom
Sodat jy die wedloop voleindig
en die kroon van geregtigheid
in Jesus kan verkry.

Geskryf deur: Sharon De Jager

71

AAN DIE VOETE VAN JESUS

Lukas 10:38-42

"En sy het 'n suster met die naam van Maria; <u>dié het aan die voete van Jesus gesit en na Sy woord geluister</u>. Maar Martha was baie besig om klaar te maak..."
Lukas 10:39,40a

Besig, besig, altyd besig. Geen tyd vir stilstaan en besin oor wat en wie my besig hou nie! Ons word vasgevang in die mallemeule van die lewe en wanneer ons uiteindelik weens een of ander krisis tot stilstand gedwing word, besef ons hoe "leeg" ons in werklikheid geword het. Dis 'n leegheid wat ons innerlike kragte gedreineer het en wat ons geen reserwe los om op terug te val in tye van krisis nie. Dit dwing ons om vir 'n oomblik stil te staan en te besin oor hierdie twee vrae:-

- **Het dit waarmee jy besig is, regtig ewigheidswaarde?**
- **Wanneer laas het jy rustig aan die voete van Jesus gesit en kwaliteit tyd met Hom spandeer?**

Een van satan se grootste aanvalstegnieke is juis om ons lewens so besig te maak dat ons geen tyd vir God het nie. Soms raak ons so besig met die dinge van die Here en maak ons nie tyd om besig te wees met die Here van die dinge nie!

Onthou, dis soos 'n ketel wat slegs kan kook wanneer dit by die muurprop ingeprop en aangeskakel is. Sonder die kragbron, is die ketel kragteloos en nie in die vermoë om warm te word en te kook nie.

Wie of wat is jou kragbron vir die lewe?

Wat is die gevolge van 'n gejaagde leefwyse waarin daar nie tyd is om aan die voete van Jesus te sit nie?

- Ons stagneer nie geestelik nie, ons boer agteruit. Daar is nie 'n "stilstaan" in die geestelike lewe nie. Jy beweeg of vorentoe of agtertoe. 'n **Geestelike agteruitgang** lei tot **geestelike dood**.

- Die wêreld en al ons lewensverpligtinge dreineer ons emosioneel, psigies en selfs fisies. Daar is selde 'n oomblik waar die lewe daar buite iets in ons lewens terug ploeg. Indien ek en jy geestelik leeg is, is ons ook **gedreineer van die geestelike krag en vermoëns** wat ons in die Here behoort te hê.

In Matheus 13:15 sê Jesus: **"Want die hart van hierdie volk het stomp geword, en met die ore het hulle beswaarlik gehoor; en hul oë het hulle toegesluit, sodat hulle nie miskien met die oë sou sien en met die ore hoor en met die hart verstaan en hulle bekeer en Ek hulle genees nie."**

Jesus beskryf in Mattheus 13:15 drie aspekte van die mens se geestelike toestand, wanneer daar nie tyd saam met Hom gespandeer word nie:-

- Jou **hart word "stomp"**. Met ander woorde jy verloor jou sensitiwiteit vir God se teenwoordigheid in jou lewe. Dis 'n ernstige toestand wat meebring dat jy nie meer in afhanklikheid van die Here lewe nie.

- **Geestelike doofheid** vir die stem van die Heilige Gees. Jesus sê dat ons "beswaarlik" hoor wat Hy sê. Ons gaan soek antwoorde by ander mense, net om op die ou end mislei te word. Jeremia 17:5-6 wys daarop dat jy soos 'n kaal boom in die woestyn en dor plekke sal wees, maar as jy op die Here vertrou, sal dit anders wees.

- **Geestelike blindheid** volg ook, want Jesus sê dat die mense hul oë toesluit. Ons verloor ons bewustheid vir God se hand in 'n saak, want in beginsel is ons lewe verduister. Jeremia 17:6 wys dit duidelik uit dat die man wat nie op die Here staatmaak nie, nie sal sien as die goeie kom nie. Met ander woorde, hy sal die goeie wat God vir hom bewerk, nie kan raaksien nie, omdat hy sy sensitiwiteit vir God verloor het. Die probleem is dat 'n mens weldra **kies** om nie God se hand en invloed in ons lewens raak te sien nie, omdat die aktiwiteite van die wêreld vir ons meer belangrik word. Dit maak dat ons lewens verduister is, omdat die Lig van Jesus nie meer daarin skyn nie soos beskryf in Mattheus 6:22,23.

- Die uiteinde van 'n leefwyse waarin ons die Here stelselmatig uit geskuif het, is die **verrotting van ons lewenswortels.** Ons wandel nie meer in Jesus, met ons wortels in Hom nie. Ons staan in ander lewensgrond gewortel. Kolossense 2:6,7 vermaan ons om in Jesus te wandel, gewortel en opgebou in Hom. Weldra begin ons besluite neem volgens ons eie insigte en nie meer volgens die insig wat God ons deur Sy Heilige Gees gee nie. Dit bring mee dat ons dikwels verkeerde keuses maak wat verdere negatiewe gevolge kan hê. Spreuke 16:25 sê dat ons dink dat ons op die regte pad is, net om uit te vind dat dit na die dood lei.

- 'n Verdere gevolg is, dat ons nie meer 'n bewustheid in ons het met betrekking tot die krag wat God in ons lewens kan bewerk om probleme te kan hanteer nie. Wanneer die krisis kom, onthou ons toevallig van Hom en wil ons dan beroep op Sy hulp en krag. Wanneer Hy ons dan nie help nie, is ons opstandig. Die probleem is dat ons **eie sondes 'n skeidsmuur tussen ons en God gevorm** het. Jesaja 59:1,2.

- Ons raak **onkundig in God se Woord** en onkunde maak dat ons dikwels buite God se wil handel. Wat nie vergeet moet word nie, is dat die satan deeglik bewus is van God se beginsels en net wag dat ons buite daardie raamwerk beweeg sodat ons deur hom aangeval kan word. Dis dan wanneer hy ons ook aankla by die Here, op soek na 'n goeie rede om ons te teister.

- Die **geestelike deure gaan oop** en die verwoester, satan, stap in.... lees Johannes 10:10 & Johannes 8:44.

- Hierdie negatiewe gevolge suur deur na ons huwelik, gesin en interpersoonlike verhoudings en kan aanleiding gee tot **gebroke harte en lewens**.

Kortom gestel, ons is in die moeilikheid!

In Mattheus 6:33 en Psalm 37:4 word ons gemaan om ALLEREERS die koninkryk van God op te soek en ons in die Here te verlustig, voordat ons enigsins voorspoed kan verwag. Ongelukkig kyk ons dikwels vas teen ons omstandighede en verloor perspektief oor wat werklik belangrik is. Die afspraak met die Here word uitgestel en mettertyd afgestel.

In Mattheus 11:28-30 nooi Jesus ons om na Hom toe te kom en so bietjie ons lewenslaste by Hom af te laai en Sy las wat heelwat ligter is, op te neem. By Hom sal ons rus vind vir gees, siel en liggaam. In Psalm 62:6 nooi die Here ons ook om stil te word by Hom en sodoende rus te vind.

Die keuse is egter vir jou en my om te neem... Gaan ons toelaat dat die sorge en verpligtinge van die lewe ons so besig hou dat ons geensins tyd maak vir God nie? Is ons bereid om met die bogenoemde gevolge saam te leef en uiteindelik die ewige lewe te verbeur?

Wat is die gevolge van 'n gereelde afspraak by die voete van Jesus?
- Ek en jy sal word **soos 'n boom geplant by waterstrome** wat vrug dra, ongeag die seisoene en waarvan die blare nie sal verwelk nie. Dit word beskryf in Psalm 1:3 & Jeremia 17:7,8.
  Het jy al gewonder wat die simboliek agter hierdie beskrywing is?
  Die boom is natuurlik ek en jy (die wedergebore gelowiges.)
  Die waterstrome is simbolies van die Lewegewende Woord van God, geopenbaar deur Sy Gees in ons harte. Soos ek vroeër genoem het, word ons aanbeveel om ons lewens in Jesus gewortel te hou. En die vrugte? Dis die manifestasie van die teenwoordigheid van die Heilige Gees in jou. Lees gerus Galasiërs 5:22 hieroor. Let op dat die Bybel sê dat die blare van jou lewensboom nie sal verwelk nie. Wanneer ons in Jesus gewortel is en ons gereeld aan die voete van Jesus sit sodat ons geestelik vol kan word, sal ons die krisisse van die lewe in Sy krag kan hanteer, sonder om moedeloos te word.

- In Mattheus 25:3-12,13 vertel Jesus die verhaal van die 10 maagde wat wag om die bruilofsfees by te woon. Vyf van hulle was gereed vir die onvoorsiene en vyf het nie voorsiening gemaak vir die onvoorsiene gebeurlikhede nie. Soos wat hul lampe olie nodig gehad het om hul deur die nag te neem, net so het ons die olie van die Heilige Gees nodig om ons staande te hou deur moeilike tye. Om hierdie **Heilige Gees olie te hê**, vereis dat ons tyd maak om aan die voete van Jesus te sit sodat ons voortdurend kan bou aan 'n intieme verhouding met Hom wat sal verseker dat die Heilige Gees aktief in ons lewens werk.

  Binne die raamwerk van God se beginsels en 'n aktiewe, intieme groeiende verhouding met Hom, geniet ek en jy ook **God se beskerming**. Sagaria 2:5 vertel ons dat God 'n vurige muur rondom ons sal wees (net soos wat Hy aan Israel beloof het)

74

Ons lees in Psalm 34:8: "Die Engel van die HERE trek 'n laer rondom die wat Hom vrees, en red hulle uit".

- Die wonder van gereelde ontmoetings met Jesus, is dat ons **verhouding met Hom groei**. Daar sal nie geestelike agteruitgang wees nie, omdat die Here ons so vol van Sy teenwoordigheid en krag maak dat ons sal ervaar dat "lewende waters uit ons binneste vloei" soos Jesus in Johannes 7:37-39 sê. Ons sal tot oorlopens toe geestelik versadig wees en daardeur die vreugde van die Here ken. Dawid skryf ook hiervan in Psalm 23 wanneer hy sê: "U maak my hoof vet met olie, my beker loop oor..."

- Die Here belowe om **Sy Beginsels en Woord op die tafels van ons hart te skrywe en in ons verstand vas te lê** sodat ons nie onkundig sal wees aangaande Sy wil nie. Lees asseblief Hebreërs 10:15-17 hieroor.

- Ons sal die **standhoudende teenwoordigheid van Jesus deur Sy Gees** geniet wat ons sal vertroos, lei, help en leer. Johannes 16:13 & Johannes 14:17,26. Die Heilige Gees sal ons **geestelike oë verlig** en ons **geestelike ore sal gewoond raak aan Sy stem**. Lees hiervan in Efesiërs 1:17,18.

- God word vir ons 'n Toevlugsoord in tye van nood, 'n Rots wat standvastigheid gee. Spreuke 18:10. Wanneer die Here geken word in ons planne sal alles ten goede uitwerk, omdat ons **in afhanklikheid van Hom lewe**. Spreuke 19:21 & Spreuke 16:9. Ons lewe sal nie kragteloos wees nie, omdat ons nie op ons eie krag staatmaak nie, maar op God s'n. Sien Psalm 62:8 & Sagaria 4:6.

- Te midde van hierdie tyd saam met die Here, sal ons vind dat **Hy Homself aan ons openbaar en Sy geheime aan ons bekend sal maak**. Jesus het belowe dat dit so sal wees in Johannes 14:21,23. Nog meer, Hy sal in ons woning maak!! Dit getuig van 'n intieme vertrouensverhouding tussen jou en die Here, een waarin Hy bereid is om Sy kosbare geheime met jou te deel. Psalm 25:14 beskryf hierdie feit baie mooi wanneer Dawid skryf: **"Die verborgenheid** (geheime) **van die HERE is vir die wat Hom vrees, en sy verbond om hulle dit bekend te maak."**

Hierdie is slegs 'n paar van die oorvloedige seëninge wat ons sal geniet.

Paulus het ook van hierdie aanhoudende stryd tussen gees en vlees gepraat in Galasiër 5:16-21 en Romeine 7:23,26. Die vlees roep gedurig om bevredig te word deur tydelike wêreldse dinge terwyl die Gees ons aanspoor om besig te wees met dit wat in lyn met God se wil is. In Romeine 7:22 verduidelik Paulus die stryd tussen Gees en vlees en dat hy 'n doelbewuste keuse maak om homself in die "wet van God (die wet van die Gees en liefde) na die innerlike mens te verlustig." Die verlustiging in die Here se Woord bring 'n positiewe wysiging in ons gemoed en denke mee wat die behoeftes van die vlees progressief sal oorheers. In Jakobus 1:21b verduidelik Jakobus hoe die **ingeplante woord** die krag het om ons siele te red. Ons moet dus nie net hoorders van die

Woord van die Here wees nie, maar doeners word. Sodoende sal ons dieper insig in die
"volmaakte wet van vryheid" in Jesus Christus ontwikkel. Lees hiervan in
Jakobus 1:22-25.

Dit het weer tyd geword dat ons nie toelaat dat die eise van hierdie aardse lewe ons weghou van
'n kwaliteit ontmoeting met God nie. Kom ons word soos Maria wat verkies het om aan Jesus se
voete te sit en na Hom en Sy lering te luister, eerder as om soos Martha baie besig en besorgd
te wees met die tydelike dinge van hierdie wêreld. Maria het haar prioriteite reg in lyn gehad
met God se wil.

Jesus antwoord Martha in Lukas 10: 41-42 as volg: "... **Martha, Martha, jy is besorg en
verontrus oor baie dinge; maar een ding is nodig; en Maria het die goeie deel uitgekies wat
van haar nie weggeneem sal word nie.**"

Abba Vader vergewe ons dat ons ons tyd met U verwaarloos,
help ons om te kies om met dié dinge besig te wees wat ewigheidswaarde het en
U koninkryk op aarde vestig.
In Jesus se Naam alleen
Amen

WEES WAAKSAAM SODAT JY NIE JOU EERSTE LIEFDE VERLAAT NIE...

"Maar Ek het dit teen jou dat jy jou eerste liefde verlaat het."
Openbaring 2:4

'n Man of vrou wat daarvan oortuig is dat hulle die ware liefde van hul lewe ontdek het, sal blindelings en met oorgawe enige iets doen om juis hierdie liefdesboodskap aan hul maat oor te dra. So 'n persoon eet, drink, slaap en lewe vir daardie spesiale liefde in hul lewe. Die eerste gedagte waarmee hul wakker word en die laaste gedagte waarmee hul aan die slaap raak, draai om hierdie een persoon vir wie hul so lief is. Alles wat beplan word, word met hierdie liefde in gedagte, beplan. Hoe meer tyd hul in mekaar se geselskap kan deurbring, hoe beter. Skielik maak sy of haar eie behoeftes nie meer so erg saak nie. Die grootste wens van die hart is om daardie spesiale persoon gelukkig te sien. Weldra begin hul saam droom aan 'n lewe waarin hul vir altyd saam kan wees. Die liefdesvuur brand hoog en is gloeiend warm...

Die bruid en die bruidegom lê met die grootste opregtheid die huweliksbelofte af. Daar is geen gedagte aan enige negatiwiteit of swaarkry nie, net geluk, voorspoed en vervulling. Tog neem die roosskleurigheid van hierdie liefde oor 'n tydperk heen af en dan word die liefde getoets deur die eise van die lewe. Die eise van die lewe rek en strek hierdie liefde in alle rigtings, soms tot 'n dun draadjie wat maklik kan breek en terug skiet, met net die oorblyfsels wat verstrooi bly lê in 'n ongenaakbare samelewing.

HOE LYK DIE LIEFDE VAN ONS LEWE? SAL DIT DIE TOETS KAN DEURSTAAN? SAL DIT STANDVASTIG BLY OF NIE?

God kyk na ons as mens en het ons lief met 'n ewige, volmaakte, onvoorwaardelike, standvastige liefde. Sy liefde brand hoog, maar verteer nie die een op wie Hy dit uitstort nie. dit word simbolies omskryf in Hooglied 8:6b en vers 7b. Sy liefde rig ons op uit ons haglike sondige toestand, maak ons gees en siel weer heel en skep 'n nuwe vreugde in ons binneste wat selfs te midde van moeilike omstandighede sal voortduur. Jesaja 61:1-3 voorspel juis dit vir die tyd wanneer Jesus as die Messias sou opdaag. Sy liefde bring vrede in tye van onstuimigheid en dra ons deur tot ons weer op die bergspits van oorwinning kan staan. Sy liefde het die ergste toets van alle tye deurstaan – die dood. Selfs die dood kon Sy liefde vir ons nie vernietig nie soos bevestig in 1 Korinthiërs 15:56-58.

Hy strek Sy magtige hand uit om ons nader te trek sodat Hy ons kan koester en omhels in Sy liefde wat vir ewig sal bly. Ons sien in Hosea 11:4 hoedat die Here Sy liefdevolle karakter openbaar wanneer Hy Efraim, 'n stam van Israel, d.m.v. Sy liefde nader getrek het en selfs hul gebondenheid en verdrukking verbreek het en hulle versorg het. Die Here het 'n onwankelbare liefde waarmee Hy ons wil nader trek, maar dit is ons keuse om dit te aanvaar of nie. Hy begeer om altyddeur naby aan ons te wees en stort menige seën oor ons uit om Sy liefde aan ons te verklaar. In 2 Korinthiërs 6:16-19 word hierdie feit as volg omskryf:
"... Want julle is die tempel van die lewende God, soos God gespreek het: **Ek sal in hulle woon en onder hulle wandel, en Ek sal hulle God wees, en hulle sal vir My 'n volk wees.**

Daarom, gaan onder hulle uit en sonder julle af, spreek die Here; en raak nie aan wat onrein is nie, en Ek sal julle aanneem; en Ek sal vir julle 'n Vader wees, en julle sal vir My seuns en dogters wees, spreek die Here, die Almagtige. "

Hy is bereid om ons ALLES te gee wat nodig is om ons ware, ewigdurende geluk te laat smaak, maar dit vereis dat ons ook ons alles aan Hom moet oorgee.

Ons sien die simboliek dwarsdeur die Woord van die Here hoedat ons liefdesverhouding met Hom met die huwelik vergelyk word. In die Nuwe Testament word die kerk vergelyk met die vrou in huweliksverband. Paulus skryf aan die Korinthiërs in 2 Korinthiërs 11:1 die volgende: "Want ek is jaloers oor julle met 'n goddelike jaloersheid, **want ek het julle aan een man verbind, om julle as 'n reine maagd aan Christus voor te stel**". In Openbaring sien ons hoedat Jesus die Bruidegom van alle tye is wat gereed maak om Sy bruid, naamlik ons, die ware kerk te ontmoet, te kom haal, sodat ons vir ewig by Hom kan wees. Hy wil ons klee met 'n wit bruidskleed van geregtigheid en ons by 'n feesmaal laat aansit om ons eenwording met Hom te vier. Lees Openbaring 19:7,8.

Hy het lank terug reeds Sy liefdesverbond met ons gesluit en wag nou dat ons die finale keuse maak om Sy liefde met oorgawe te aanvaar.

Sommige van ons weier hierdie liefde aanbod, ander neem dit heelhartig aan en werk met oorgawe aan hul liefdeslewe met die Koning van alle konings. Daar is 'n ander groep wat wel hierdie liefdes aanbod van die Here aanneem en aanvanklik ywerig werk aan hul liefdes verhouding met Hom, maar stelselmatig neem die ywer en rooskleurigheid af, soos wat die toetse van die lewe kom om hierdie liefde tussen ons en God te rek en strek tot op die uiterste toe.

Jesus rig 'n ernstige boodskap aan die gemeente van Efese: "Ek ken jou werke en jou arbeid en jou lydsaamheid.... **Maar Ek het dit teen jou dat jy jou Eerste Liefde verlaat het**. ...Bekeer jou en doen die eerste werke....." Openbaring 2:2-5.

Hier was 'n klompie mense wat God se liefde ervaar het, maar wat weldra begin wegdraai het van die liefde wat vir hul eens so wonderlik was. Hulle was aanvanklik ywerig in hul liefde teenoor die Here en het met vreugde die wil van God gedoen. Hulle het Hom lief gehad soos die liefde tussen die bruid en die bruidegom. Wat het gemaak dat hulle weg gedraai het van hul Eerste Liefde, naamlik Jesus??

So dikwels gebeur dit dat huwelike vir die flouste verskonings op die rotse loop. Mense draai so maklik weg van die liefde wat eens hul hele lewe oorvloedig gevul het. Skielik is dit nie meer daar nie.... Hoekom nie? Wat het verkeerd geloop? Waarom wegdraai van die opwindende eerste liefde?

Wanneer ons in 'n liefdesverhouding met Jesus gewikkel is, is dit ver dieper as enige liefde wat ons in 'n menslike verhouding kan smaak. Net soos wat Jesus ten volle aan ons toegewy is om te alle tye Sy liefde teenoor ons te demonstreer, wag Hy dat ons dieselfde sal doen. Hierdie liefde kan nie slegs op ons emosies gebou word nie. Dit benodig 'n dieper fondasie wat slegs deur God

78

self in ons harte vasgelê kan word. Dis 'n liefde wat slegs deur 'n vasberade besluit in stand gehou kan word, ongeag omstandighede.

In Genesis 22:2,9-18 stel God vir Abraham voor die grootste keuse denkbaar. Hy beveel Abraham om sy enigste kind aan Hom, volgens die voorskrifte wat Hy neergelê het, te offer. Vir Abraham was dit 'n groot toets, want Isak was die kind waarin die Goddelike belofte van sy nageslag opgesluit was. Hoe kan God dit dan nou van hom vra? **Abraham se liefde en geloof in die Here was ver groter as hierdie belofte en sy eie begeertes. Hy het God ten volle vertrou as die Een wat alles ten goede laat meewerk, ongeag die omstandighede waarin hy hom tans bevind. Abraham het God lief gehad met 'n onwankelbare liefde**. In Hebreërs 11:17-18 sien ons dat Abraham geglo het dat God sy seun uit die dood sou opwek. Daarom pak hy hierdie moeilike taak in gehoorsaamheid aan, onbewus van wat God vir hom sal doen. **Abraham se liefde vir die Here word gerek, gestrek en getoets tot op die uiterste toe**, maar God was tevrede om die "ultimate" van Abraham se Liefde vir Hom, gedemonstreer te sien. "En Hy sê: Moenie jou hand teen jou seun uitsteek nie en doen hom niks nie; want nou weet Ek dat jy God vrees en jou seun, jou enigste, van My nie teruggehou het nie." Genesis 22:12. God voorsien 'n ram vir die brandoffer en Isak word die begin van Abraham se nageslag.

Tot watter uiterste toe kan jou liefde vir die Here gerek en strek word? Is God waarlik jou eerste liefde? Staan jy en Hy in 'n liefdesverhouding, soos dié van 'n jong bruid en bruidegom?
In Deuteronomium 10:12 & Miga 6:8 omskryf God aan ons wat Hy van ons begeer:-
- **Dat jy die Here sal vrees**
- **Dat jy in al Sy weë sal wandel**
- **Dat jy Hom sal liefhê**
- **Dat jy Hom sal dien....**   **...Met jou hele hart en met jou hele siel...**

Dalk dink jy dit was net vir die Ou Testamentiese bedeling, maar Jesus kom self in die Nuwe Testamentiese bedeling en herhaal hierdie begeerte in Markus 12:29-31, met die volgende woorde:
> "...Die Here jou God, is 'n Enige Here; en Jy moet die Here jou God liefhê uit jou hele hart en uit jou hele siel en uit jou hele verstand en uit jou hele krag.
> Dit is die eerste gebod.
> En die tweede, hieraan gelyk, is dit:
> Jy moet jou naaste liefhê soos jouself.
> Daar is geen groter gebod as dié nie."

Ons liefde vir Jesus word gedemonstreer in ons handel en wandel met Hom in hierdie aardse lewe. Om die liefdesvuur tussen jou en God hoog te laat brand en dit in stand te hou, verg 'n veranderde, gedissiplineerde lewenswyse. Hierdie liefde vereis kwaliteit tyd met Jesus in Sy se teenwoordigheid sodat ons Sy wil kan leer ken en Hom in alle blydskap kan dien en gehoorsaam. Dit verg 'n sensitiwiteit vir God se begeertes vir ons lewens deurdat ons, ons geestelike ore en oë instel op Sy stem. Hy belowe in Sy woord dat Hy deur Sy Gees ons sal leer en lei in die waarheid en die toekomstige dinge aan ons sal bekend maak, dat Hy ons Trooster en Helper sal wees. Lees hiervan in Johannes 14:16,17,26,27 & Johannes 16:13.

Hierdie liefde is self-opofferend, onselfsugtig, altyd gereed om te dien, altyd gereed om 'n glimlag op Jesus se gesig te sit deurdat ons aan ons naaste, ook Sy liefde in alle opregtheid demonstreer en ook nie ons eie eer soek nie, maar eerder Jesus vereer.

Dis nodig om jouself in volle oorgawe in God se liefde te verloor, sodat Hy jou kan suiwer, vorm en maak as 'n voorwerp tot Sy eer, bruikbaar in Sy liefdevolle hande. 2 Timotheüs 2:21. Ons het altyd die versekering dat wanneer God aan die werk is in ons lewens, dit nie verwoestend is nie, maar opbouend. Lees hiervan Jesaja 42:3.

Soms het ons nodig om selfondersoek te doen en ook die Heilige Gees kans te gee om ons harte te deursoek vir daardie mense of dinge wat ons eerste liefde vir God, vervang het.
In Romeine 8:26,27 lees ons van hoe die Heilige Gees ons harte deursoek. Wanneer ons bewus word van dit wat ons eerste liefde vir God vervang het, het dit tyd geword om, soos Abraham, aan God 'n liefdesoffer te bring. Dis nie 'n aangename praktyk nie, maar nodig om ons lewens in die regte verhouding met God te hou. Te midde van hierdie ernstige keuse wat ons moet maak, kan ons verwag om 'n dieper dimensie in ons liefdesverhouding met God te betree.

Wanneer ons in gebed Sy aangesig soek en in alle opregtheid bely dat ons, ons eerste liefde verlaat het, maar wil terugkeer na Hom toe en in ons terugkeer, kom lê ons in die gees van aanbidding, daardie ander liefde op die altaar voor Sy aangesig neer, sal ons ervaar hoe God ons harte opnuut suiwer en weereens met Sy ewige liefde deurdrenk. Jy sal 'n veranderde mens wees – 'n nuwe mens in Christus, jouself bevind in 'n dieper dimensie van God se liefde.

Jesus kyk diep in ons harte in, daar waar die waarheid omtrent onsself opgesluit lê. Hy weet watter prys aan ons keuse van ons liefdesoffer aan Hom, geheg is. Daarom sal hierdie offer aan Hom, nie ongesiens verby gaan nie.

Soos die bruidegom begeer om sy bruid in sy arms van liefde, sorgsaamheid en beloftes van seën en voorspoed toe te vou, so wil Jesus jou ook toevou. Keer terug na Sy liefdevolle arms toe en drink uit die beker van Sy ewige, volmaakte liefde. Daar is geen beter plek om te wees as in die senter van Jesus se liefde nie!!

"Wees lief vir Jesus
Laat jou liefde aan alle mense bekend wees
Soos Hy jou liefhet, so moet jou liefde wees.
Laat jou liefde kragtig en onoorwonne wees
Laat jou liefde passievol en doelgerig wees;
Maak nie saak wie of wat weerstand bied nie,
Moenie verswak nie!
Staan vas teen die duisternis van hierdie eeu!
En laat jou liefde vloei vanuit jou diepste wese!
Laat jou liefde met oorgawe wees,
'n Liefde vanuit jou Hart, Siel, Verstand & Gees...
Dis die wandelpad terug na God se hart,
Die Ware Weg na Ewigdurende Lewe,
Dis die pad wat lei na ware, standhoudende, oorvloedige Geluk!
Dié geluk wat slegs in Jesus Christus te vinde is."

SPIEËLS...

"Want nou sien ons deur 'n spieël in 'n raaisel, maar eendag van aangesig tot aangesig.
Nou ken ek ten dele, maar eendag sal ek ten volle ken net soos ek ten volle geken is."
1 Korinthiërs 13:12

"En terwyl ons almal met onbedekte gesig soos in 'n spieël
die heerlikheid van die Here aanskou,
word ons van gedaante verander na dieselfde beeld,
van heerlikheid tot heerlikheid, as deur die Here wat die Gees is."
2 Korinthiërs 3:18

Ons kyk te dikwels in die spieël van die verlede en sien dan onsself binne die raamwerk van ons foute, flaters, mislukkings en swakhede van die verlede. Dit maak ons eie beeld in die spieël verwronge en lelik. Tog vra God ons om nie deur die bril van ons eie swakhede, mislukkings en foute te kyk nie, maar eerder vorentoe te kyk. In Paulus se woorde..."van aangesig tot aangesig".... want dit is vorentoe kyk, nie agtertoe nie.

1 Korinthiërs 13 is die bekende hoofstuk waarin goddelike liefde in praktyk omskryf word. Dis asof Paulus na homself kyk terwyl hy na Jesus in die spieël kyk. Jesus is die allesomvattende verwesenliking van ware liefde en daarom kan hy homself meet teen hierdie "spieël" van liefde. 1 Johannes 4:16 spel dit vir ons ook uit.

Jesus het juis in Mattheus 22:37-39 en Markus 12:29-31 die liefdesgebod kom herbevestig aan die einde van die tweede gebod sê Hy dat jy jou naaste moet liefhê **soos jouself**. M.a.w. **as jy geen gesonde gebalanseerde selfliefde het nie, is jy in onvermoë om ander lief te hê.**

In Jesaja 43:18 sê God: "<u>Dink nie aan die vorige dinge nie en slaan geen ag op wat vroeër gebeur het nie.</u> Kyk, Ek gaan iets nuuts maak; nou sal dit uitspruit; sal julle dit nie merk nie? Ek maak 'n pad in die woestyn, riviere in die wildernis." Hier gee die Here 'n wonderlike belofte. Dis die belofte van Jesus wat sou kom om die destydse omstandighede te verander. Jesus sou 'n pad in die woestyn maak, want Hy is die Weg die Waarheid en die Lewe. Jesus sou riviere in die wildernis bring... Water is aanduidend op die lewegewende Woord van die Here. En Jesus het 'n nuwe vars Evangelie van die Koninkryk van die Hemele gebring waarin Hy die koninkryk beginsels en Sy Evangelie van nuwe lewe in detail kom verkondig het. Dis hierdie nuwe lewegewende rivier wat 'n wildernis vol lewe gebring het. Indien ons sou bly nadink oor die verlede se gebeure waar die wet ons straf uitgespel het en ons sondes duidelik gemaak het, sou ons nooit Jesus as ons Verlosser en Redder en Ewige Vader kon eien nie. ons sou nie Sy liefde, genade, vergifnis en barmhartigheid kon vasgryp en Sy genesing van gees, siel en liggaam deelagtig kon word nie. die wetsgeleerdes, Fariseërs en Sadduseërs, sowel as die volk was so vasgevang in die wet dat hulle Jesus nie kon eien as hul Verlosser en Koning, hul lank verwagte Messias nie.

In Lukas 9:62 sê Jesus vir 'n man wat Hom wil volg: <u>"Niemand wat sy hand aan die ploeg slaan en</u> <u>agtertoe kyk, is geskik vir die koninkryk van God nie."</u>
In daardie tyd het die gewoonte bestaan om na 'n jaar 'n persoon se doodsbeendere bymekaar te kry en hom/haar dan finaal ter ruste te lê in die graf wat voorberei is. Die afsterwe van daardie persoon en die rouklag rondom dit, is eintlik lank reeds verby en Jesus wil die fokus van die mense op ware lewe stel, beslis nie op die dood nie. Ware lewe is slegs in Jesus Christus en Sy doktrine van God se Koninkryk te vinde.

Dis hierdie nuwe dinge van God wat net ons s'n word as ons met 'n nuwe visie na onsself in die spieël kyk, terwyl ons die verlede in Sy hande los. Soos die laasgenoemde man vermaan is om nie agtertoe te kyk nie, word ons ook vermaan om ons fokus op Jesus in te stel.

Dis tyd om hierdie spieël vir Jesus te gee en daarna, na die spieël van die kruis te draai.

Dit wat ons deur ons eie oë in die spieël van die lewe sien, is dikwels 'n "geleende" beeld wat gevorm is deur die wêreld en gemeenskap waarin ons beweeg en woon. Tog kyk die Here met ander oë na ons en daarom kon Paulus onder inspirasie van die Heilige Gees skryf: **"maar wat dwaas is by die wêreld, het God uitverkies om die wyse te beskaam; en wat swak is by die wêreld, het God uitverkies om wat sterk is, te beskaam; en wat onedel is by die wêreld en wat verag is, het God uitverkies en wat niks is nie, om wat iets is, tot niet te maak."** 1 Korinthiërs 1:27,28. WOW! Dis die beste beeld van myself wat ek nog in die spieël sou wil sien! God ag my meer werd as al die wêreld se wyses, edeles en sterkes! Hy maak my "0" 'n "100%+" in hierdie wêreld! Wat meer kan ek vra? Wat God van my dink en die waarde wat Hy aan my lewe heg, is ver meer kosbaar as dié van die wêreld om my! Meer nog, Hy het my geroep vir die deurvoering van Sy plan.

Hoekom het Paulus in 1 Korinthiërs 13:12-13 gesê dat hy deur 'n spieël in 'n raaisel kyk, maar eendag van aangesig tot aangesig sal sien; nou ten dele ken, maar eendag sal hy ten volle ken? Hoekom is dit liefde wat vir ewig sal voortbestaan?
<u>"Deur 'n spieël in 'n raaisel kyk, maar eendag van aangesig tot aangesig sal sien"</u>
Ons sien nog steeds nie die volle "prentjie" van God se liefde nie, maar wanneer Jesus weer kom of ons met Hom ontmoet na ons afsterwe, sal ons Hom van aangesig tot aangesig sien en ten volle insig verkry.
<u>"...nou ten dele ken, maar eendag sal hy ten volle ken..."</u>
Wanneer ons Jesus van aangesig tot aangesig sien sal ons die volle insig verkry waarna ons smag, insig in die liefde en baie ander geestelike konsepte.
<u>Hoekom is dit liefde wat vir ewig sal voortbestaan?</u>
<u>GOD IS LIEFDE!</u> Daarom sal liefde vir ewig bly. Ons geloof en hoop sal vervul wees in dié opsig dat ons in God se hemelse teenwoordigheid is en dus nie meer nodig het om te hoop nie. ons geloof het ten volle 'n realiteit geword.

Wanneer ons na onsself in die spieël van die kruis kyk, sien ons Jesus wat vir ons sê: "Jy is vir My kosbaar, so kosbaar dat Ek My lewe vir jou aan die kruis opgeoffer het, sodat jy mag lewe, lewe tot in ewigheid. Ek kyk nie na jou foute en mislukkings nie, dis reeds uitgewis met My bloed.

Lees 1 Johannes 1:7. Jy kan lewe in die vryheid van My vergifnis en genade soos omskryf in Johannes 8:32,36. Ek sien die mens wat Ek van die begin af geskep het. Dié mens wat geskep is met Goddelike potensiaal, om in oorwinning te lewe, om met My intiem te lewe... Jy My Kind, jy moet kies om My Potensiaal in jou te vervul en te verwesenlik. Jy moet kies om jouself van die verlede los te maak en deur My oë na jouself te kyk. Ek weet wat Ek aangaande jou beplan het – 'n Jubel Lewe van Voorspoed en Liefde, nie van onheil en teëspoed nie. Kies nou, om nie agtertoe te kyk en te sterf in jouself nie, maar kies die Lewe wat Ek jou gee."

Dis tyd om God se bril op te sit en weer in die spieël te kyk en onsself te sien soos God ons sien. Dis verseker binne die perspektief van Sy Liefde.
Kyk na jouself vanuit jou posisie in Jesus Christus en sien die beeld waarmee Abba Vader jou geskape het.

Abba Vader, help my om myself te sien, soos U my sien
Ek gee my verlede, swakhede, mislukkings, foute in U hande oor
Dankie dat U my lewe wit gewas het in die bloed van Jesus Christus
Dankie dat U my 'n nuwe visie gee en vir my, my selfwaarde in U laat vind.
Ek loof U Naam en bring aan U die eer.
In Jesus se Naam alleen.
Amen.

BOUBLOKKE VIR 'N KWALITEIT GELOOF
2 Petrus 1:1-9

En juis daarom ook moet julle met aanwending van alle ywer by julle geloof voeg die deug en by die deug die kennis en by die kennis die selfbeheersing en by die selfbeheersing die lydsaamheid en by die lydsaamheid die godsvrug en by die godsvrug die broederliefde en by die broederliefde die naasteliefde.
1 Petrus 1:5,6

Wat is geloof?
Hebreërs 11:1 sê "Die geloof dan is * 'n **Vaste vertroue op die dinge wat ons hoop,**
                 * **'n bewys van die dinge wat ons nie sien nie."**
In Romeine 4:17,18,20,21 sien ons **God roep die dinge tot stand,** asof hulle reeds bestaan. Abraham **glo teen alle negatiewe omstandighede in dat God SAL doen** wat Hy belowe het en het uiteindelik dit ontvang. Hy was **ten volle oortuig** dat God Sy belofte sal nakom. Hy wag 25 jaar vir die vervulling van die belofte.

Maar wat beteken dit regtig?
Kom ons kyk wat geloof NIE is nie:-
> Geloof is **nie** een of ander mistieke oefening of "krag" waarmee ons God se arm draai om vir ons te gee of te doen wat ons vra nie;
> Geloof is ook nie 'n bevel waarmee ons die Here se "dienste" afdwing nie;
> Geloof is nie 'n middel waardeur ons opeis dat die Here vir ons sekere dinge doen nie;
> Geloof is nie 'n produk van beredenering van ons vleeslike verstand nie, MAAR 'n produk van ons wedergebore gees.

Geloof is....
❖ Geloof word gegenereer vanuit die Woord en Waarheid van God se Woord/Bybel. Romeine 10:17 sê: "Die geloof is dus uit die gehoor, en die gehoor is deur die woord van God." D.w.s. dat geloof opgewek word deur die aanhoor van die Woord van die Here.
❖ Geloof lewer resultate op wanneer ons in lyn met God se Woord 'n hoop, verwagting en vaste vertroue het.
❖ Geloof is ook om die ding wat ons glo sal gebeur, te **sien met ons geestelike oë** en dan **op te tree** asof dit reeds gebeur het.
❖ **Geloof genereer 'n verwagting en hoop wat die dryfkrag van ons geloofsdade word.** Verder nog, geloof is nie in ons eie vermoëns gesetel nie, maar in die alles oortreffende vermoë van God.

Die oomblik wat dit, wat ons geglo het sal gebeur, gebeur het, is dit nie meer geloof nie, maar 'n konkrete feit, 'n manifestasie en bewys van ons geloof.

Om ons geloof te behou en te versterk, het ons geestelike boublokke nodig.
Petrus spoor ons aan om **ywerig** daaraan te werk om 'n **kwaliteit geloof,** te kweek.
Ons het nodig om die volgende geestelike kwaliteite by ons geloof te voeg:-
• Deug

- Kennis
- Selfbeheersing
- Lydsaamheid
- Godsvrug
- Broederliefde
- Naasteliefde

Deug

Deug is aanduidend op die kwaliteit geloof waaraan ons bou. Die oorspronklike Grieks volgens G703, is "arete" wat die volgende betekenis dra "excellence" of "valor," ons moet dus daarna streef om 'n uitmuntende geloof te bou.

Om kennis te vermeerder

Sonder **kennis** kan geloof nie gebore word nie. Kennis van wat of wie?
In Hosea 4:6,7 verduidelik die Here dat sonder geestelike kennis, ons, net soos destydse Israel, onsself in sonde dompel, omdat ons Sy beginsels oortree, wat ons nie ken nie en ons word daardeur 'n oop teiken vir satan wat ons ywerig aanval en teister. Die probleem is dat ons dikwels self 'n bewustelike keuse maak om nie tyd met God en Sy woord te spandeer nie en gevolglik groei ons verhouding met Hom en ons geloof ook nie!

Romeine 10:17 verduidelik dat ons geloof gebou word wanneer ons die Woord van God hoor.
2 Petrus 1:1 & 2, wys daarop dat die kennis aangaande Jesus se saligmakende krag wat in ons werk, wanneer ons dit toelaat, die grondslag van ons geloof in God word.
Ons moet kennis hê van God se karakter en Sy beginsels sodat ons geloof gesond en in die regte perspektief m.b.t. God kan wees. M.a.w., dit wat ons glo, moet in lyn met God se wil en karakter wees. As ons dan iets vir God in die geloof vra, sal ons ontvang, omdat ons op grond van ons kennis van Hom, sal weet om in lyn met Sy wil te vra en te glo. Jesus sê self dat as ons glo, enige iets moontlik is. Sien dit ook Markus 9:23.

In Hosea 6:2,3,6 sê die Here vir ons dat ons kennis van Hom moet najaag, moeite moet doen om Hom werklik te KEN, want daardeur sal 'n liefdesverhouding met Hom ontwikkel en die gevolg is dat Hy nuwe lewe in ons lewens sal in blaas en dat die reëns van Sy oorvloedige seën op ons lewens sal neerdaal. Hoe dieper ons in die Woord van God ingrawe, hoe sterker en meer standvastig word ons verhouding met Hom, hoe meer word die werking van Sy Gees in ons en hoe sterker word ons liefde en geloof in Hom.
Kennis van God en Sy Woord maak ons ook geestesweerbaar sodat ons die satan kan weerstaan. Die Heilige Gees maak die Woord lewend binne-in ons en die invloed van die **Woord**, wanneer ons dit **bely**, word deur die Heilige Gees bekragtig tot so 'n mate dat die satan wyk. Mattheus 4:1-11 & Efesiërs 6:17.

Ons sien dikwels dat wanneer mense met 'n versoek na Jesus toe kom, vra Jesus 'n vraag wat meebring dat die persoon sy **geloof met sy mond hardop moes bely**. Ons sien dit bv., in Mattheus 9:28; Markus 9:24
In ander gevalle was dit die **mense se dade** wat hul **geloof in Jesus bewys het** soos gesien in

Mattheus 9:2,20-22.

Die volgende **boublokke van geloof** word eintlik die **geloofsdade wat ons in die rigting van kwaliteit geloof aanspoor:-**
Jakobus 2:17-23,26 wys ons daarop dat geloof sonder werke dood is. Geloof en dade vat hande. Jou dade word die bewys van wat jy glo. Daarom kan jou geloof tot eer van God strek nog voordat jy van God die vervulling van jou geloof ontvang het.

Selfbeheersing
Omstandighede kan ons dikwels dryf tot onredelike optrede, verkeerde besluite, veral wanneer ons emosioneel by 'n saak betrokke is. Versoekinge kan so aantreklik voorkom dat dit ons terug ruk tot ons ou sondige lewe waar Jesus geen plek gehad het nie. satan kan deur mense werk om ons geduld tot die uiterste te beproef en sonder die hulp van die Heilige Gees, kan ons oorgaan tot kwaad en woede wat sonde tot gevolg het. Sonder die leiding van die Heilige Gees, kan dit ook gebeur dat ons die geestelike kennis verkeerd aanwend en op die ou end meer skade doen as goed. (Bv. Ons kan iemand veroordelend met die Woord van God aanval, eerder as om hom in liefde tereg te wys, net omdat ons nie selfbeheersing toegepas het met die kennis wat ons bekom het nie. Kennis sonder Goddelike wysheid van hoe om dit toe te pas is gevaarlik veral t.o.v. inter-persoonlike verhoudings.)

Ons sien in Galasiërs 5:22, dat selfbeheersing een van die vrug van die Heilige Gees is.
In 2 Timotheüs 1:7 sien ons dat die Heilige Gees nie vir ons 'n gees van vreesagtigheid gegee het nie, maar van liefde, krag en selfbeheersing.
Wanneer ons die woord "selfbeheersing" op breek, kan ons sê dat dit eintlik beteken 'om jouself te beheer.' Die beste is om die Heilige Gees toe te laat om daardie beheer in jou lewe oor te neem. Dit eis 'n keuse van jou kant af om dit doelbewus van God te vra om beheer oor te neem. Wanneer die Heilige Gees in beheer is, haal dit die impak van ons negatiewe emosies ook uit die situasie uit. Selfbeheersing help ook om vrees te verdryf – vrees dat God nie sal doen wat jy Hom in geloof gevra het nie. Heilige Gees geïnspireerde selfbeheersing spoor ons aan om teen alle negatiewe omstandighede in te bly glo in God se alles oortreffende vermoë.

Selfbeheersing is ook 'n produk van wysheid. Dis om te weet wanneer om stil te bly en wanneer om te praat, wanneer om op te tree en wanneer om alles aan die Heilige Gees oor te laat.
2 Timotheüs 2:15,16,22-25 maan ons juis hoe om selfbeheersing in moeilike situasies toe te pas en wat ons met versoekings moet doen. Elke situasie vereis 'n keuse om die Heilige Gees toe te laat om deur ons selfbeheersing te bewerkstellig of nie.

Lydsaamheid
Die Engelse woord omskryf dié eienskap duideliker, nl. **"perseverance"**, m.a.w.
deursettingsvermoë en **vasberadenheid**.
Jakobus 1:2,3 skep die kontras tussen beproewing, lydsaamheid en vreugde. Hy sê dat jy dit as 'n vreugde moet beskou wanneer jy moeilike tye beleef, hetsy deur beproewing of versoeking.
Dit kan slegs 'n vreugde wees wanneer jy **jou fokus reg** het. Die **fokus moet op God wees**, met die wete dat God dit toelaat om jou geestelik te versterk en aan jou geestelike oorwinnings te

gee. Hy bekragtig jou met die vermoë om te volhard tot die einde toe. Lees Filippense 4:13-14. Dis die Heilige Gees wat deursettingsvermoë en vasberadenheid in jou bewerk – as jy Hom toelaat en nie in moedeloosheid op Job se spreekwoordelike ashoop gaan sit nie. 'n Negatiewe gees bewerk 'n gees van murmurering en selfbejammering, wat op die ou end mislukking tot gevolg het. **"n Dankbare gees bou ons persoonlik op en genereer ook die deursettingsvermoë** wat nodig is om te volhard. Lees Kolossense 3:17 & Filippense 4:6. Die positiewe eindresultaat moet in ons gesigsveld wees. Dit word die dryfkrag om deur te druk in God se krag. Hebreërs 12:2 bevestig hierdie stelling. **Jesus is die Voleinder van ons geloof** en het vir ons juis die Voorbeeld gestel toe Hy die kruis terwille van ons verdra het, omdat Hy geweet het wat die eindresultaat van Sy leiding sou wees, nl. oorwinning oor die dood en satan, 'n sleutel vir elke mens om die ewige lewe te verkry en die geëerde posisie om aan die regterhand van God te sit.

Godsvrug

Die Engelse woord, nl "Godliness", plaas ons meer binne die perspektief van waarna ons moet strewe. Die oorspronklike Grieks in G2150 en G2152 werp meer lig daarop. Die Griekse woord "eusobeia" beteken "godliness" en "holiness."
Ons strewe moet wees om die karakter eienskappe van God in ons eie lewens te ontwikkel en te beoefen. Ons kan dit nie uit onsself bekom nie. Dis die werking van die Heilige Gees in ons wat dit bewerk. Wanneer ons wedergebore is en die Heilige Gees in ons kom woning maak het, is dit Hy wat tot ons spreek om die verkeerde dinge in ons lewens af te sterf en die nuwe eienskappe van Jesus in ons binneste te ontwikkel. Sien Efesiërs 4:22,23 & Kolossense 3:10. 2 Timotheüs 2:21 noem 'n baie belangrike aspek van suiwering onder die hand van God, nl. dat ons 'n voorwerp tot eer van God word, bruikbaar in Sy hande.
In Romeine 13:14 word ons gemaan om onsself te beklee met Jesus Christus, m.a.w. die eienskappe van Jesus uit te leef. Hierdie eienskappe word o.a. saamgevat in die vrug van die Heilige Gees in Galasiërs 5:22. Eienskappe van die Goddelike natuur wat baie prominent is, is God se vermoë om lief te hê; Sy vermoë om genade te betoon en onvoorwaardelik te vergewe.

Een ding moet ons onthou, **met die Heilige Gees in ons, is God se natuur in ons ingeplant. Dis ons keuse of ons daardie eienskappe gaan laat manifesteer of nie.**

Godsvrug behels ook heiligheid soos in die begin van die afdeling omskryf. **Heiligheid dui daarop om afgesonder, eenkant gesit te wees vir iets of iemand. In hierdie geval is jy afgesonder vir Jesus om Sy wil te doen en Hom te dien.**

Broederliefde

Let op dat daar onderskeid tussen broederliefde en naasteliefde getref word. Broederliefde val in die kategorie van **liefde teenoor ons geestelike broers en susters in die Here**. Ons het dus, naas ons liefde vir die Here, 'n eerste liefdes verpligting teenoor die binnekring waarin ons lewe. Die oorspronklike Grieks hier, vind ons in G5360 wat die woord "philadelphia" is en in Engels word gepraat van "brotherly kindness."

Dit is dikwels hier waar ons die meeste beproef word t.o.v. die liefde. In jou noue verwantskap met mense, word jy noodwendig meer met hul nukke en grille gekonfronteer, as met die mense buite die binnekring. Kolossense 3:12-15 gee vir ons hier duidelike riglyne t.o.v. die liefde. Die belangrikste stukkie raad is: "**Verdra mekaar en vergewe mekaar, as die een teen die ander 'n klag het**" tesame met "**beklee jou met ontferming, goedertierenheid, nederigheid, sagmoedigheid, lankmoedigheid en liefde....**" Hierdie liefde is net moontlik wanneer ons toelaat dat die Heilige Gees dit in ons bewerk. In **Romeine 5:5 word verklaar dat dit die Heilige Gees is wat God se liefde in ons harte uitstort.**

Onthou, liefde sterf wanneer dit nie uitgedeel word nie. Hoe meer liefde ons aan ander gee, hoe meer liefde sal God in ons harte uitstort.

Naasteliefde

Naasteliefde in die konteks wat Petrus dit hier bespreek word in die oorspronklike Grieks in G26 as "agapè" uitgedruk wat die volgende Engelse beskrywing het "affection or benevolence (an act of kindness, a generous gift), charity of love feast." Dis uit en uit die beskrywing van Goddelike liefde en welwillendheid.

In Johannes 13:34,35 **sê Jesus dat Sy liefde in ons, die kenmerk sal wees dat ons aan Hom behoort.** Wil jy met Jesus geïdentifiseer word? Lewe God se liefde uit aan 'n liefdelose wêreld! In 1 Johannes 3:17,18 vermaan Johannes ons om nie net met woorde lief te hê nie, maar met ons dade!

'n Daadwerklike liefde teenoor ons medemens word uitgespel in Lukas 10:30-37 en Jakobus 2:16 & Jesaja 58:7,8,10.

Petrus se formule vir Kwaliteit Geloof is dus:-

Deug + Goddelike Kennis + Selfbeheersing + Lydsaamheid + Godsvrug + Broederliefde + Naasteliefde = Kwaliteit Geloof

Kwaliteit geloof is onmisbaar in ons stryd teen satan. 2 Petrus 1:8,9 waarsku ons dat as dit nie by ons aanwesig is nie, ons **geestelik blind**, en **visieloos** is. Meer nog, ons loop die gevaar om terug te val in ons ou sondige lewenswyse en die vergifnis wat ons in Christus verkry het, te vergeet.

Kwaliteit geloof vereis in werklikheid 'n aktiewe, groeiende, liefdesverhouding met God. Kwaliteit geloof met al die bogenoemde eienskappe daarin saamgevat, moet altyddeur in beweging wees. Dit moet gedurigdeur groei en nie staties word nie. (v 8). **Die resultaat van so 'n groeiende, bewegende geloof, is dat ons geestelike vrug sal dra waaraan die wêreld sal kan smul en so bewus word van God ons Vader en Jesus ons Koning en Redder in ons.**

Dit klink dalk vir jou na harde werk. Nee, dit is nie, want God laat jou nie een oomblik alleen om daarmee te stoei nie. Romeine 12:3 sê dat God aan ons elkeen 'n maat van geloof gegee het. Hy rus jou toe met die vermoë van Sy Heilige Gees in jou. Die oomblik wat jy vir Hom jou gewilligheid van hart en gehoorsaamheid openbaar, staan Hy gereed om die res van die werk in en vanuit jou te doen. Waar jou vermoë ophou neem God se genade, vermoë d.m.v. Sy Gees oor!

En sonder geloof is dit onmoontlik om God te behaag; want hy wat na God gaan, moet glo dat Hy is en 'n beloner is van die wat Hom soek. Hebreërs 11:6

Jesus antwoord: "Wat vir mense onmoontlik is, is vir God moontlik." Lukas 18:27

Abba Vader, ek bely my 100 % afhanklikheid van U.
Sonder U is ek niks en kan ek niks sinvol bereik nie.
Ek glo in U alles oortreffende vermoë om te doen wat ek U in geloof volgens U wil, vra.
Laat U Gees my onderrig, lei en bekragtig sodat ek tot U eer mag lewe.
Dankie dat U my verhoor.
In Jesus Naam.
Amen.

MEET JOU GELOOF TEEN DIE APOSTOLIESE WAARHEID

'En toe dit dag geword het, het Hy sy dissipels na Hom geroep en
twaalf van hulle uitgekies, wat Hy <u>apostels</u> genoem het:"
Lukas 6:13
"Naby jou is die woord, in jou mond en in jou hart.
Dit is die woord van die geloof wat ons verkondig:
As jy met jou mond die Here Jesus bely en met jou hart glo
dat God Hom uit die dode opgewek het, sal jy gered word;
want met die hart glo ons tot geregtigheid en met die mond bely ons tot redding.
Die geloof is dus uit die gehoor, en die gehoor is deur die woord van God."
Romeine 10:8-10,17

Ons het reeds in die begin van die boek onder "Kwaliteit Kommunikasie tussen God en die Mens" gesien waar die Apostels in die "lewensprentjie" van Jesus se tydperiode op aarde en daarna ingepas het.

In kort net weer 'n herinnering:-

- Jesus kies twaalf dissipels wat later Sy apostels geword het. Lukas 6:13
- Dissipels is volgelinge van Jesus wat by Jesus geleer het om Sy wil akkuraat te doen.
- Jesus leer en demonstreer aan hulle hoedat hulle volgens Sy Evangelie moet lewe en wat die waarheid rondom hierdie Evangelie van Jesus Christus is (wat ook die beginsels van god se koninkryk behels.)
- Die woord "Apostel" in Grieks is "Apostello" (G652 & G649) wat die volgende betekenis inhou: "To be set apart and to be sent out on a mission"
- In Mattheus 10 en Lukas 10 het Jesus die dissipels ingeoefen in hul missie as gestuurdes/"sent ones."
- Die Apostels het die akkurate boodskap van Jesus Christus en die beginsels van God se Koninkryk uitgedra en gedoen soos wat hulle geleer is. Hulle het dus In Jesus se Naam opgetree en was verteenwoordigers/ambassadeurs van Jesus. Jesus gaan so ver om te sê dat as die apostels en hulle Evangelie verwerp word, verwerp die mense vir Jesus. Lees hiervan in Mattheus 10:40.
- Na Jesus opgevaar het hemel toe, het die Apostels gewag op die uitstorting van die Heilige Gees wat hulle toegerus het vir die sending van Jesus Christus. Handelinge 1 en 2 beskryf hierdie gebeure.
- Hierna sien ons hoe die Apostels uitgaan en hul sending vervul. 'n Menigte gemeentes wat hul vereenselwig met die suiwer Evangelie van Jesus Christus kom tot stand. Daarvan lees ons in Handelinge en in die briewe wat Paulus aan die verskillende gemeentes geskryf het.

'n Ander belangrike feit wat ingedagte gehou moet word is die eienskappe van die Ou en die Nuwe Testamentiese Boodskap. Die sentrale boodskap van die Ou Testament het gedraai om die praktyke van die wet en dra die eienskap van tussen REG en VERKEERD terwyl die Nuwe Testament die vervulling van die wet deur Jesus Christus bring en die daarstelling van die Liefdesgebod en die wet van die Gees. Die Nuwe Testament se sentrale boodskap is nie wetsgebonde nie, maar meer gemik op WAARHEID en LEUEN. LIEFDE staan uit as die kern van wat Jesus deur Sy Evangelie in die Nuwe Testament wou oordra.

Die toets vir waarheid is nie in hoe ernstig ons is oor wat ons glo nie. Dis die inhoud of detail van ons geloof wat bepalend tot waarheid of leuen is. Ter Illustrasie kan ons na die volgende situasie kyk:-

Geloof in 'n leuen....
- Jare gelede het mense geglo die aarde is plat en nie rond nie.
- Bewyse word verkry dat die aarde rond is en hierdie ronde aardbol hang in die ruimte.
- Sommige mense het die "nuwe" waarheid geglo terwyl ander dit verwerp het.
- Ons kry vandag nog mense wat glo in die leuen dat die aarde plat is. Hulle het 'n organisasie gestig met die naam van "The Flat Earth Society."

Die resultate van 'n leuenagtige geloof
Dit lei na onakkurate geloofsbeginsels wat mense al verder van God se Waarheid verwyder.

Indien NASA op die bogenoemde geloof van 'n plat aarde sou vasklou, terwyl dit nie waar is nie, sou dit kon lei tot mense wat in ruimtetuie in die ruimte verdwaal, wat kan lei tot die dood van hierdie mense.

Net so kan die geloof in geestelike leuens lei na dwaling en misleiding wat uiteindelik sou lei tot die ewige dood van dié mense wat die leuen aanhang.

Die bron van die boodskap waarop geloof gebou word
Die Valse Boodskapper
Persone wat 'n ander boodskap of gewysigde boodskap bring, wat afwyk van die oorspronklike ware boodskap, is valse boodskappers. Paulus praat hiervan in Galasiërs 1:6-7 waar hy die volgende sê:
"Ek verwonder my dat julle so gou afvallig word van hom wat julle deur die genade van Christus geroep het, na 'n ander evangelie toe, terwyl daar geen ander is nie; behalwe dat daar sommige mense is wat julle in die war bring en die evangelie van Christus wil verdraai."

Dis nie die apostels of ons verantwoordelikheid om die evangelie te interpreteer deur dinge in die Woord van God in te lees wat nie daar staan nie.

In Mattheus 24:24 beskryf Jesus hierdie boodskappers o.a. as:
- Valse profete
- Wolwe in skaapsklere
- Valse Christene
- Valse Apostels en
- Huurlinge

Vandag se uitdaging is om die ware lig van donkerte te onderskei. Paulus waarsku verder in Galasiërs 1:8 met hierdie woorde: "Maar al sou ons of 'n engel uit die hemel julle 'n evangelie verkondig in stryd met die wat ons julle verkondig het, laat hom 'n vervloeking wees!" en in 2

Korinthiërs 11:2-4 en 13-15 waarsku Paulus die gemeente om versigtig te wees: "Want ek is jaloers oor julle met 'n goddelike jaloersheid, want ek het julle aan een man verbind, om julle as 'n reine maagd aan Christus voor te stel. Maar ek vrees dat, net soos die slang Eva deur sy listigheid bedrieg het, julle sinne so miskien bedorwe kan raak, vervreemd van die opregtheid teenoor Christus. Want as iemand kom en 'n ander Jesus verkondig as wat ons verkondig het, of as julle 'n ander gees ontvang as wat julle ontvang het, of 'n ander evangelie as wat julle aangeneem het, laat julle jul dit goed geval." En vers 13-15 "Want sulke mense is valse apostels, bedrieglike arbeiders wat hulleself verander in apostels van Christus. En geen wonder nie! Want die Satan self verander hom in 'n engel van die lig. Dit is dus niks besonders wanneer sy dienaars hulle ook voordoen as dienaars van geregtigheid nie. Maar hulle einde sal wees volgens hulle werke."

Een van die kommerwekkende feite van die dag is dat mense deesdae vir hul predikers vergader wat hul gehoor streel wat dan in beginsel nie die akkurate waarheid van Jesus Christus en Sy Apostels predik nie. Daarom moet ons waaksaam wees. Ons lees hiervan in 2 Timotheüs 4:4 **"want daar sal 'n tyd wees wanneer hulle die gesonde leer nie sal verdra nie, maar, omdat hulle in hul gehoor gestreel wil wees, vir hulle 'n menigte leraars sal versamel volgens hulle eie begeerlikhede, en die oor sal afkeer van die waarheid en hulle sal wend tot fabels."** Lees ook gerus 2 Timotheüs 3:1-8.

Die waarhede van die Evangelie van Jesus Christus wat ook die Evangelie was wat die Apostels uitgedra het, is juis die waarheid wat ons in geloof moet aanhang. Dit gaan vereis dat ons die nodige kennis en insig aangaande hierdie Evangelis sal moet hê sodat ons met geloofsoortuiging daaroor kan praat.

<u>Die Boodskapper wat die Akkurate Waarheid dra en oorgee</u>
Ware boodskappers neem die verantwoordelikheid om die boodskap akkuraat oor te dra soos wat hy/sy dit ontvang het, sonder om iets by te voeg of weg te laat wat die sentrale akkurate waarheid kan verdraai.
So 'n boodskapper besef dat hy/sy nie geroep is om dit te interpreteer volgens menslike denke nie. Die boodskap moet gebring word soos wat die Here werklik gesê het.
Hy/sy besef dat die boodskap nie aan hom/haar behoort nie.
Jesus is die Middelpunt van wat hy/sy verkondig – geen eie eer nie.
'n Ware Boodskapper se lewenswandel getuig van die Een in wie hy/sy glo en wie se boodskap hy/sy dra.

<u>Eienskappe van ware en vals boodskappers wat help om die tipe boodskapper te onderskei</u>
<u>Ware Boodskappers</u>
<u>Ons kyk na **JESUS** deur Johannes 7:16-18 en Johannes 8:26b,28b,38:</u>
- Hier sien ons die uitstaande eienskappe van 'n ware boodskapper.
- Jesus bring nie Sy eie geformuleerde lering of doktrine nie.
- Sy Woord is nie bedoel vir dié wat Sy Woord misbruik en verdraai nie.
- Hy manipuleer ook nie ander met Sy boodskap nie. Hulle moet self kies wat hulle wil glo.
- Jesus praat nie vir Sy eie gewin nie.

- Hy soek nie eie eer nie, maar vereer God die Vader wat die boodskap gegee het. Jesus noem dat die toets vir integriteit en geregtigheid saamhang met watter eer gesoek word.
- Jesus het niks gesê wat Hy Sy Vader nie hoor sê het nie en ook niks gedoen wat Hy Sy Vader nie sien doen het nie. Hy tree dus in afhanklikheid van Sy Vader op.
- Jesus sê ook dat Hy nie in Sy eie Naam kom nie, maar in die Naam van Sy Vader – Johannes 5:43.
- In Johannes 5:30 sê Jesus dat Hy nie Sy eie wil soek nie, maar die wil van Sy Vader wat Hom gestuur het.
- Jesus gaan so ver om te sê dat as Hy van Homself getuig, is Sy getuienis nie waar nie – sien Johannes 5:31.
- Jesus self is geïdentifiseer as 'n Apostel, aangesien Hy deur Sy Vader gestuur is. Lees hiervan in Hebreërs 3:1. Hy het dus 'n aardse sending gehad in opdrag van Sy Vader.

Heilige Gees as Ware Boodskapper – lees Johannes 16:13-15:
- Die Heilige Gees praat nie uit Homself nie.
- Heilige Gees vereer Jesus en nie Homself nie.
- Hy vereer geen pastoor of bediening nie
- Heilige Gees neem dit wat aan Jesus behoort en verkondig dit.

Eienskappe van 'n Valse Boodskapper
Valse boodskappers dra en hang saam met **Valse geeste**
- Hulle praat vanuit hul eie outoriteit.
- Valse boodskappers het hul eie selfsugtige belange in gedagte.
- Hulle het geen integriteit of geregtigheid nie.
- Om uit jouself, as boodskapper, te praat, is die bewys van dwaling al het jy 'n internasionale bediening.
- Vra die vraag - In wie se naam bring die boodskapper sy boodskap?
- Is die boodskap in lyn met die Evangelie van Jesus Christus en die beginsels van die Koninkryk van God of nie?

Die **gees van die Antichris** as boodskapper
- Hy kom in sy eie naam.
- Hy praat vanuit homself
- Hy kan baie teksverse kwoteer, maar wend dit nie noodwendig reg en binne konteks aan nie. Satan het dit met Jesus in Sy tyd versoeking in die woestyn gedoen.
- Hy verdraai die akkurate waarheid en misbruik dit om mense te verlei vir eie gewin.
- Hy verkondig dus sy eie boodskap en nie die Evangelie van Jesus Christus nie.

Die Apostoliese Waarheid
Die **Apostoliese waarheid was en is akkuraat in lyn met die Evangelie van Jesus Christus. Hulle het opgetree volgens die eienskappe van ware boodskappers soos Jesus hulle geleer het.**

Jesus het hulle uitgestuur met 'n hemelse sending gebaseer op Sy Evangelie en die beginsels van die Koninkryk van die hemele. Lees gerus Mattheus 28:19 en Markus 16:15-18.

Die Handelinge Kerk ontstaan direk na die uitstorting van die Heilige Gees op die Apostels. **Hulle boodskap was nie hul eie nie, maar dié van Jesus self, gedeponeer in hulle harte deur die Heilige Gees wat nou in hul kom woning maak het.**

Ons sien hoedat die nuwe gemeente van Handelinge in Handelinge 2 ontstaan nadat hulle gedoop is in die Naam van Jesus Christus, tot vergewing van sondes en hulle ook die gawe van die inwonende Heilige Gees ontvang. Uitstaande eienskappe van die gemeente was dat hulle op vier geestelike pilare gefunksioneer het soos wat ons in Handelinge 2:42 sien: "En hulle het <u>volhard in die leer van die apostels *(wat die doktrine/Evangelie van Jesus was)*</u> en <u>in die gemeenskap</u> ("fellowship") en <u>in die breking van die brood</u> *(nagmaal)* en <u>in die gebede</u>."

Hulle was **eendragtig** in wat hulle geglo het soos ons sien in Handelinge 2:46. Hulle geloof het 'n **lewe van voltydse aanbidding** geword. Hulle het elke dag van huis tot huis gegaan en hierdie vier geestelike pilare soos vroeër genoem, beoefen. In vers 47 sien ons dat hulle ook die Here tydens hierdie huis tot huis besoeke geprys het.

Die Apostoliese waarheid plaas ons suiwer binne-in die leer van die Nuwe Testament en Nuwe Verbond van Jesus Christus. Die ou dinge het verby gegaan. Lees asseblief hieroor in Hebreërs 8:8-13 en Hebreërs 9:14-17. Die Ou Testament was 'n skaduwee van wat sou kom en was vingerwysend na Jesus wat die antwoord en vervulling van die Ou Testament was en is. Hy het gekom en 'n Nuwe Testament bekragtig met Sy dood en opstanding. Een van die grootste waarhede wat Christene moet begryp, is dat ons as Christene NIE van die Ou Testament afkomstig is nie. Ons behoort aan Jesus Christus wat die Outeur en Voleinder van ons geloof is.

In Johannes 8:31-32 sê Jesus die volgende: "En Jesus sê vir die Jode wat in Hom geglo het: **As julle in my woord bly, is julle waarlik my dissipels. En julle sal die waarheid ken, en die waarheid sal julle vrymaak".** Hierin lê die sleutel tot akkurate geloof in die waarheid, nl <u>om in die Woord van Jesus te bly</u>, dit te **glo en te doen. Die uitleef en doen van Jesus se Woord bring vryheid in die Waarheid van Jesus se Woord.**

Satan wil ons beroof van die Waarheid,
daarom moet ons met vasberadenheid
die Waarheid van Jesus Christus en die Koninkryk
en die lering van die Apostels
toe eien en uitleef en verkondig,
terwyl ons die Waarheid van Jesus Christus
as maatstaf vir ons geloof gebruik.

...WANNEER WARE AANBIDDERS
DIE VADER IN GEES EN WAARHEID AANBID...

"Maar daar kom 'n uur, en dit is nou,
wanneer die ware aanbidders die Vader in gees en waarheid sal aanbid;
want die Vader soek ook mense wat Hom só aanbid.
God is Gees; en die wat Hom aanbid, moet in gees en waarheid aanbid."
Johannes 4:23-24

Wanneer ons die gebeure van daardie dag by die put in Johannes 4:1-30 lees, lyk dit op die oog af na net nog 'n stukkie geskiedenis uit Jesus se aardse lewenswandel. Tog is daar 'n dieper betekenis daarin opgesluit. Vir hierdie geestelike ontdekkings gaan ons na die agtergrond en omstandighede van daardie tyd kyk en ook die oorspronklike Griekse betekenisse van sekere woorde ondersoek sodat ons kan insig kry in wat Jesus werklik hier wou oordra.

Hierdie Samaritaanse vrou is baie op die konkrete perspektief van daardie tyd ingestel:
- Sy is ten eerste verbaas dat 'n Jood, naamlik Jesus, vir haar water vra, aangesien Jode en Samaritane nie enigsins met mekaar gemeng of gekommunikeer het nie. (vers 9);
- Sy het Jesus, net soos die Jode, glad nie as die Messias geëien nie. (vers 10,12,22,25,26);
- Wanneer Jesus van lewende water praat, dink sy steeds aan fisiese water en nie geestelike water nie. (vers 15);
- Wanneer sy van aanbidding praat, sien ons dat sy gefokus is op 'n fisiese aanbiddingsplek en nie op die moontlikheid van 'n ander aanbiddingsplek van geestelike aard nie (vers 20).

Met hierdie gebeurtenis, kondig Jesus in werklikheid 'n nuwe leefwyse aan;
- Hy breek die mensgemaakte geestelike mure van liefdeloosheid tussen Jood en Samaritaan af in erkentlikheid van dat hierdie vrou ook 'n menswaardigheid binne Sy perspektief het;
- Hy bied vir haar lewende water aan, al verstaan sy nog nie wat Hy bedoel nie; (vers 10, 13-15);
- Jesus maak haar bewus van 'n meer persoonlike vorm van aanbidding wat nie die praktyk van daardie dae was nie; (vers 23,24);
- Jesus wys ook daarop dat die vorm en praktyk van aanbidding een van in gees en waarheid moet wees en dat God as Vader aanbid behoort te word; (vers 23,24);
- Die vrou se geestelike oë gaan oop te midde van die gesprek en sy eien Jesus as die Messias! (vers 25,26).

Die dieper boodskap....
In vers 10, 14-15 lees ons van dié lewende waters wat Jesus ons gee. Water is simbolies van die Gees geïnspireerde gesproke Woord van God. In Jeremia 2:13 sien ons dat God Homself as 'n "fontein van lewende water" beskryf. God is Gees en Sy Gees gee lewe soos wat Jesus in Johannes 6:63 sê: " Dit is die Gees wat lewend maak, die vlees is van geen nut nie; die woorde (G4487 = "rhema" = geopenbaarde woord) wat Ek tot julle spreek, is gees en is lewe."

Dis hierdie "lewende waters" wat 'n "fontein" word wat "opspring tot in die ewige lewe" wanneer ons dit aanneem en ons eie maak. Dis die Heilige Gees wat Jesus se evangelie tot 'n fontein in ons binneste laat opwel en laat oorloop tot eer van die Here. Lees ook gerus Efesiërs 1:17-18 waar ons sien dat dit die Heilige Gees is wat ons insig en wysheid gee om die Woord van God te verstaan.

Die Simboliese betekenis van die "vrou" kan ook die kerk van geredde gelowiges ("Ekklesia") wees. Die probleem is dat soos die vrou, is daar 'n gedeelte van die Ekklesia Kerk/Gelowiges wat geestelik tekort skiet aan die nodige insig sodat hulle Abba Vader waaragtig in gees en waarheid kan aanbid. Dis 'n skrikwekkende gedagte.

Een van die belangrikste geestelike uitdagings vir die Ekklesia Kerk is die wan-persepsie aangaande die plek van aanbidding. Net soos die Jode en Samaritane, hou hulle vas aan die persepsie dat hulle na 'n konkrete plek van aanbidding moet gaan om daar met die Here te ontmoet.

In die Ou Testament was dit die Tabernakel en Tempel wat as aanbiddingsplek beskou was, want die Here se teenwoordigheid was in die Allerheiligste van die Tabernakel of Tempel. Dit was heeltemal reg vir daardie tydsbedeling. Dit was meer gefokus op 'n vorm van korporatiewe aanbidding waar daar gekoordans is, korporatief gebid is, 'n diereoffer gebring is volgens die wet en dan was die mense in afwagting van 'n boodskap van die Here via die Hoëpriester. Die Heilige Gees het op sommige mense neergedaal, maar dit het nie die inwoning van die Heilige Gees tot gevolg gehad nie. Daar is slegs enkele gevalle waar die invulling van die Heilige gees plaasgevind het soos bv. met Gideon in Rigters 6:16 & 34.

In die Nuwe Testamentiese Era, kondig Jesus in werklikheid 'n nuwe aanbidding metodiek aan. Ten eerste identifiseer Johannes die Doper Jesus as die Een wat sal doop met die Heilige Gees en vuur, soos omskryf in Mattheus 3:11. Ons sien die vervulling hiervan in Handelinge 2 toe die Apostels gedoop is met die Heilige Gees. Wat ons moet besef, is dat hierdie doping met die Heilige Gees ook die **inwoning** van die Heilige Gees in die Apostels en elke geredde gelowige tot gevolg het. In 1 Korinthiers 6:19-20 lees ons die volgende: "**Of weet julle nie dat julle liggaam 'n tempel is van die Heilige Gees wat <u>in</u> julle is, wat julle van God het**, en dat julle nie aan julself behoort nie? Want julle is duur gekoop. <u>**Verheerlik God dan in julle liggaam en in julle gees**</u> **wat aan God behoort.**" Ons lees verder in 2 Korinthiërs 6:16b-18: "... Want julle is die tempel van die lewende God, soos God gespreek het: <u>**Ek sal in hulle woon**</u> **en onder hulle wandel**, en Ek sal hulle God wees, en hulle sal vir My 'n volk wees. Daarom, gaan onder hulle uit en sonder julle af, spreek die Here; en raak nie aan wat onrein is nie, en Ek sal julle aanneem; **en** <u>**Ek sal vir julle 'n Vader wees**</u>**, en julle sal vir My seuns en dogters wees, spreek die Here, die Almagtige.**"

Die derde tempel wat deesdae soveel aandag in die nuus geniet, wat tans gesien word as 'n konkrete fisiese gebou wat opgerig moet word, is 'n onakkurate weergawe van wat die woord van die Here vir ons sê. Elke geredde (Ekklesia) gelowige se liggaam is simbolies die derde tempel aangesien die inwoning van die Heilige Gees in hul liggaam is en dus hoef hulle nie die Here êrens in 'n heilige plek of gebou te gaan opsoek nie. Die Here is nie daar ver êrens in die ruimte nie, nee, Hy is Gees en daarom kan Hy in ons kom woning maak. Dit beteken dat ons ook die konstante teenwoordigheid van die Here met ons saam dra en dus 'n konstante bewustheid in ons hart en denke van Hom moet hê. As wedergebore, geredde gelowige kind van God het ons ook Hom as Vader in ons lewens, want ons is dan Sy kinders.

Jesus sê aan die vrou by die waterput in Johannes 4:23-24: **"Maar daar kom 'n uur, en dit is nou, wanneer die ware aanbidders die Vader in gees en waarheid sal aanbid; want die Vader soek ook mense wat Hom só aanbid. God is Gees; en die wat Hom aanbid, moet in gees en waarheid aanbid."**

Jesus dui ten eerste die tyd periode aan – "…**en dit is nou**…" – dit sluit vandag nog in!

Wie is die **"ware aanbidders"**? Die oorspronklike Griekse betekenis vir "ware" is in Engels "truthful" en "aanbidders" in G4353 en G4352 dui aan in die oorspronklike Grieks as in Engels vertaal, op "adorer." Om 'n ware aanbidder te wees, behels dus 'n persoonlike gees van waarheid en 'n eerlike bewondering van die Een wie jy aanbid. Die Here ken die motief van ons hart en kan dus vasstel hoe eg ons aanbidding werklik is.

"Gees" in Bybelse perspektief volgens G4151 is "pneuma" wat dui op "a current of air that is breath or breeze." Hier sien ons dat ons gees eintlik in 'n konstante toestand van aanbidding behoort te wees, met elke asemteug wat ons neem.

"Waarheid" behels ook die toestand van ons hart.

Wanneer ons na die woord **"aanbid"** in die oorspronklike Griekse taal kyk, vind ons uit hoe ons die Here behoort te bewonder. **"Aanbid"** word verduidelik in G4352, G4314 en G2965 en die Griekse woord is "proskuneo" wat die volgende beteken "to kiss like a dog licking his master's hand, or crouch or to prostrate oneself in homage and in reverence and adoration in worship action." M.a.w. Aanbidding is nie net 'n stadige liedjie na 'n paar vinnige liedjies nie. Dit sluit nie 'n "show" met ligte en groot musiekinstrumente en sangers in, wat ek in die kerk mee saam sing nie. Aanbidding behels 'n leefwyse waarin ons gees in waarheid Abba Vader aanbid met elke asemteug wat ek en jy gee. Die bewustheid dat God konstant deur Sy Gees binne-in my is, beïnvloed elke besluit, handel en wandel sodat alles tot eer van Sy Naam geskied.

Ons kan aflei uit Johannes 4 se gebeure en die Samaritaanse vrou se antwoorde aan Jesus dat die mense nie in daardie tyd God as Vader aanbid het nie.

Ons sien dat Jesus gedurig van **"die Vader"** praat en dat Hy as Vader na mense soek wat Hom in gees en waarheid sal aanbid. Hier word ook 'n "sleutel" tot aanbidding gegee, naamlik dat ons God as ons Vader aanbid. As ons, onsself as wedergebore, geredde gelowige kinders van God sien, is Hy ons Vader. Ons moet 'n dieper geloof rondom hierdie feit bou sodat ons dit vir onsself kan toeëien.

Soos ek vroeër gesê het, is die "vrou" 'n tipe/uitbeelding van die Kerk. Die vraag wat ons eintlik vandag onsself moet afvra, is hoe lyk die kerk se "aanbiddingsvrugte" regtig?

Wat is die detail van die aktiwiteite van die aanbiddingsprogram? Eers 'n "Lekker" liedjie om myself te laat goed voel; of doen ek dit vir die belewenis van eie-eer, nie om God te vereer nie? Wie of wat is die fokuspunt van dit wat tydens die aanbidding gedoen word? Gaan soek ons God se teenwoordigheid by die kerk op? Is dit akkuraat in lyn met wat die Ekklesia kerk in Handelinge en in die Nuwe Testament gedoen het? Is dit wat Jesus vir ons aangaande aanbidding leer? Ons het nodig om hieroor biddend te besin volgens die beginsels van die Woord van Jesus en die Apostels in die Nuwe Testament, want dis hier waar ons die antwoorde sal kry.

Jesus het in Johannes 4:23-24 in werklikheid van interne aanbidding gepraat, daarom sê hy in "gees en waarheid." Hy praat hier van jou gees.

Ou Testamentiese aanbidding was na buite gerig omdat God se heerlikheid nog ekstern was. Na Jesus se koms op aarde, Sy opstanding uit die dood en Hemelvaart, is die heerlikheid van God binne die Ekklesia/geredde gelowige en daarom behoort aanbidding meer na binne gerig te wees. Soos vroeër verduidelik, het Jesus d.m.v. Sy Gees binne-in ons kom woon en het ons liggaam die tempel van God geword.

In Efesiërs 5:19-20 Lees ons: "Spreek onder mekaar met psalms en lofsange en geestelike liedere; en sing en psalmsing in julle hart tot eer van die Here, terwyl julle God die Vader altyd vir alles dank in die Naam van onse Here Jesus Christus," en in Kolossense 3:16 lees ons: "Laat die woord van Christus ryklik in julle woon in alle wysheid. Leer en vermaan mekaar met psalms en lofsange en geestelike liedere, en sing in julle hart met dankbaarheid tot eer van die Here."

Hier sien ons 'n tweeledige vorm van aanbidding wat in werklikheid by die innerlike belewenis met die Here begin. D.w.s. dat wanneer **die woord van Jesus ryklik in jou woon**, sal dit **oorvloei in persoonlike aanbidding** wat begin met lofprysinge en psalmsing en dankliedere **in jou hart** en gevolglik sal dit uitborrel soos 'n fontein in korporatiewe aanbidding in die **vorm van "fellowship"/gemeenskap** met mede-geredde gelowiges in die vorm van "spreek en vermaan mekaar met psalms, lofsange en geestelike liedere.
Jesus bly die fokuspunt van hierdie hele aanbiddingspraktyk met die woorde in hierdie verse wat sê "... **terwyl julle God die Vader altyd vir alles dank in die Naam van onse Here Jesus Christus" en "... tot eer van die Here."**

Wanneer ons na die eerste Nuwe Testamentiese gemeente kyk in Handelinge 2:42,46,47, sien ons hoe hulle aanbiddingspraktyke gelyk het: -
- "En hulle het **volhard in die leer van die apostels en**
- **in die gemeenskap en**
- **in die breking van die brood en**
- **in die gebede.** En
- **dag vir dag het hulle eendragtig volhard in die tempel** en van **huis tot huis brood gebreek** en hulle voedsel met **blydskap** en eenvoudigheid van hart geniet,
- **terwyl hulle God geprys het** en in guns was by die hele volk.
En die Here het daagliks by die gemeente gevoeg die wat gered is."

98

Ons moet steeds nie die onderlinge byeenkomste van die gelowiges verwaarloos nie, want dis tydens hierdie byeenkomste wat gelowiges mekaar kan stig en opbou soos hier bo beskryf.

Jesus se woorde in Johannes 4 vanaf vers 13-14 & 23-24
is die definisie van ware aanbidding in terme van die Koninkryk van die hemele.
Laat ons dit nie verontagsaam nie, maar beoefen tot eer van die Here en tot opbouing van ons liefdesverhouding met Hom.

"...MAAR JY, WANNEER JY BID..."

*"Maar jy (Nuwe Testamentiese gelowige), wanneer jy bid, gaan in jou binnekamer,
sluit jou deur en bid jou Vader wat in die verborgene is;
en jou Vader wat in die verborgene sien, sal jou in die openbaar vergelde."*
Mattheus 6:6

Ons is dikwels so geneig om net die oppervlakkige waarde van die Bybel raak te sien en nie dieper te kyk na wat die Here eintlik vir ons wil sê nie. Nooit het ek gedink dat ek in die, in diepte betekenis van gebed sal ontdek dat Jesus baie meer bedoel het as wat ons in die algemeen definieer wat gebed is nie.

Ou Testamentiese gebed was na buite gerig, omdat God se heerlikheid in bv. die Allerheiligste van die Tabernakel of Tempel was of, omdat Sy heerlikheid in die vuurkolom en wolkkolom sigbaar was. Lees hiervan in Exodus 13:21-22 en Exodus 40:34-35. Ander kere was Sy heerlikheid op die berg Sinai sigbaar en toe Moses van die berg afgeklim het, was God se heerlikheid sigbaar op Moses se gesig en moes hy 'n bedekking dra, omdat Israel nie na hom kon kyk nie. Sien ook Exodus 24:17-18 hieroor. God se heerlikheid was amper tasbaar a.g.v. die sigbare manifestasie daarvan. Wanneer die mense gebid het, het hulle dikwels dit in uiterlike vertoon gedoen, êrens waar hul sigbaar vir ander was.

Wanneer jy na Jesus se gebedslewe kyk, sal jy sien dat sy lering omtrent gebed en Sy aanwending daarvan in harmonie met mekaar was. Ons sien nêrens dat Jesus in die openbaar 'n groot vertoning van Sy gebedslewe gemaak het nie. Die Kere wat Hy wel in die openbaar gebid het was om Sy hemelse Vader te dank in erkentlikheid vir voedsel soos met die vermeerdering van die broodjies en die vissies met die voorsiening van voedsel vir die menigte mense wat Hom gevolg het om na Sy prediking te luister. In meeste gevalle lees ons hoe Jesus Homself afgesonder het vroeg in die more of laat in die nag deur uit te gaan op die berg om te bid. Ons sien een so 'n gebeurtenis in Markus 1:35; "En **vroeg in die môre, nog diep in die nag**, het Hy opgestaan en uitgegaan en **na 'n eensame plek** vertrek en **daar gebid**."

Soos reeds in die vorige skrywe aangaande aanbidding m.b.t. Johannes 4:23-24 gesien, kondig Jesus 'n dieper vorm van aanbidding aan wat ook by gebed aansluit.
Jesus brei hierdie fenomenale verandering rondom gebed verder uit wanneer ons
Mattheus 6:5-7 lees: "En wanneer jy bid, moet jy nie wees soos die geveinsdes nie; want hulle hou daarvan om in die sinagoges en op die hoeke van die strate te staan en bid, om deur die mense gesien te word. Voorwaar Ek sê vir julle dat hulle hul loon weg het.
Maar jy, wanneer jy bid, gaan in jou binnekamer, sluit jou deur en bid jou Vader wat in die verborgene is; en jou Vader wat in die verborgene sien, sal jou in die openbaar vergelde."

Hierdie fenomenale verandering in gebedsmetodiek is te wyte aan die feit dat God se heerlikheid vanaf die verbondsark in die Tabernakel/tempel in die Nuwe Testamentiese era verskuif het na die gees van die gelowiges. Hierdie begrip was vir die Jode, Fariseërs en wetsgeleerdes moeilik om te begryp omdat hulle nog nie die verandering wat God self gebring het nie, begryp het nie.

100

Hulle was steeds vasgevang in hul wettiese persepsies waarin hul regverdige, indrukwekkende werke volgens mense se opinies, jou in die hemel sou in bring.

Kom ons kyk in diepte na Jesus se woorde in Mattheus 6:5-6.
"En wanneer jy **bid**,....
Wanneer 'n mens na die oorspronklike Griekse bewoording hier kyk, kry 'n mens 'n openbaring.
"Bid" = G4336 wat die Griekse woord "proseuchomai" is. Hierdie woord se werklike betekenis is **AANBID**. Dit is nie "ara" (G685) wat in ander Skrifgedeeltes voorkom en die betekenis het van "a prayer – as lifted to Heaven" nie. Dis ook nie "stenazo" (G4727) wat beteken om vanuit nood te bid nie – 'n noodkreet nie.
Ons sien dieselfde betekenis vir "bid" in Markus 1:35 waar Jesus gaan om alleen in die vroeë oggend te **bid** wat in werklikheid **"aanbid"** was.

Jesus sê in Mattheus 6:5 "...en wanneer jy aanbid/"worship" (bid)
- "moet jy nie wees soos die geveinsdes nie..." D.w.s. jy moet nie soos 'n akteur 'n opvoering hou nie;
- "want hulle hou daarvan om in die sinagoges en op die hoeke van die strate te staan en bid..." Dis uiterlike vertoon.
- "om deur die mense gesien te word". Dit was hulle eintlike motief van die hart wat Abba Vader raakgesien het.
- "Voorwaar Ek sê vir julle dat hulle hul loon weg het." Die woord loon in hierdie verband beteken "die betaling vir dienste gelewer". So daar is geen hemelse prys van vergoeding nie.

Hierdie tipe gebede is vleeslik en kunsmatig. Dis nie wat Abba Vader na op soek is nie. Ons kan nou so maklik sê, ja, maar ek doen dit nie so nie. wel, dink aan die gebedspraktyke binne die moderne kerk. Die vrou bidure, die verskillende vorms van korporatiewe gebede ens. Is dikwels die plek waar ander se lief en leed op 'n ander manier bloot gelê en bespreek word eerder as om in alle opregtheid te bid. Korporatiewe gebed in die regte perspektief is nie verkeerd nie, maar dikwels is die gebede in sulke situasies nie in pas met Abba Vader se verwagting nie.

Ons antwoord is nie nog 'n vertoning nie, nee, dis tyd vir afsondering –**"gaan in jou binnekamer**..."
Ware aanbidding (gebed soos in dié konteks van die Skrifgedeelte deur Jesus gesê) is in gees (jou gees) en waarheid (opregtheid - "truthfulness") van die hart, binne die derde tempel, nl. Jou liggaam waar die Gees van die Here Sy intrek geneem het, waar God se heerlikheid nou teenwoordig is. Jesus praat met die Jode en sê vir hulle, "breek hierdie tempel af en in drie dae sal Ek dit oprig." Johannes 2:19. Weereens verstaan die Jode dit verkeerd, want hulle perspektief was gerig op die konkrete tempel terwyl Jesus van Sy liggaam gepraat het. Ons sien dit in vers 21 waar daar geskrywe staan: " Maar Hy het oor die tempel van Sy liggaam gespreek." Selfs nog voor Jesus se dood begin Jesus die "nuwe aanbiddingsplek" uitwys, naamlik dat jou gees en liggaam die tempel van God word soos omskryf in 1 Korinthiërs 6:19-20 "Of weet julle nie dat julle liggaam 'n tempel is van die Heilige Gees wat in julle is, wat julle van God het, en dat julle nie aan julself behoort nie? Want julle is duur gekoop. **Verheerlik God dan in julle liggaam en in julle gees wat aan God behoort.**

Die bou van nog 'n tempel in Jerusalem is in werklikheid nog 'n misleiding om die mense van Abba Vader af weg te lei na 'n skyn godsdiens.

In Mattheus 6:6 sê Jesus verder...

- "...en bid (aanbid) jou Vader wat **in die verborgene is**;..." Abba Vader is net "sigbaar" vir die wat Hom in afsondering opsoek.
- "...en jou **in die verborgene sien**..." Hy sien jou daar waar jy in privaatheid bid en aanbid.
- "...**sal jou in die openbaar vergelde**." Dis Abba Vader se keuse om jou te vergeld. Dis nie onderhewig aan mense se opinies nie.

Verborgene beteken in die Grieks (G2927) "concealed, private: - hidden, **inward secret**.
Innerlike geheimhouding – net tussen jou en jou hemelse Vader...
Dis hierdie tipe gebed/aanbidding wat beantwoord sal word.

Ons sien dat daar tye van korporatiewe gebed in die Handelinge Kerk was. Ons lees o.a. daarvan in Handelinge 1:14 en Handelinge 4:24-31. In Handelinge 1:14 sien ons dat die woord "bid" ook as aanbidding gesien kan word vanuit die Griekse woorde daar gebruik. In Handelinge 4:31 word die woord "bid" anders in die Grieks oorgedra met die betekenis van petisie lewer en smeking tot die Here rig.

Wat ons moet besef is dat die vorm van korporatiewe gebed anders gepraktiseer is as in die moderne konteks van vandag. Dit was nie een wat gebid het en die ander sê "amen" nie. Geen spog gebede is gebid nie. Elkeen het hardop, gelyktydig gebid terwyl hul persoonlik op Abba Vader gerig was, maar hulle het vir dieselfde onderwerp gebid. Daarom was daar eendragtigheid.

Jesus leer ons in Mattheus 6:9-13 verder hoe om te bid **"Onse Vader wat in die hemele is, laat U Naam geheilig word; laat U koninkryk kom; laat U wil geskied, soos in die hemel net so ook op die aarde; gee ons vandag ons daaglikse brood; en vergeef ons ons skulde, soos ons ook ons skuldenaars vergewe; en lei ons nie in versoeking nie, maar verlos ons van die Bose. Want aan U behoort die koninkryk en die krag en die heerlikheid tot in ewigheid. Amen.**

In hierdie gebed lê baie geestelike skatte om self te ontdek. Een ding is seker, dit is nie 'n lang versoek lys en "orders" wat aan ons Hemelse Vader gerig word nie. God self word in hierdie gebed verheerlik en Hy sal voorsien soos Hy beloof het, want jou hemelse Vader weet watter dinge julle nodig het.

Daar is nog baie meer rondom gebed om te ondersoek vanuit die suiwer waarheid van die Bybel. Begin self ondersoek en ontdek die hemelse skatte wat Abba Vader vir jou het.

Wanneer ons Jesus se voorskrifte en voorbeeld
rondom aanbidding en gebed volg,
sal ons gebede spreekwoordelike vlerke kry.

WANT UIT DIE OORVLOED VAN DIE HART PRAAT DIE MOND

"Julle moet òf die boom goed maak en sy vrugte goed, òf
julle moet die boom sleg maak en sy vrugte sleg;
want aan die vrugte word die boom geken.
...Want uit die oorvloed van die hart praat die mond.
Die goeie mens bring uit die goeie skat van sy hart goeie dinge te voorskyn, en
die slegte mens bring uit die slegte skat slegte dinge te voorskyn.
Maar Ek sê vir julle dat van elke ydele woord wat die mense praat,
daarvan moet hulle rekenskap gee in die oordeelsdag.
Want uit jou woorde sal jy geregverdig word, en
uit jou woorde sal jy veroordeel word."
Mattheus 12:33-37

Wanneer ons na hierdie Skrifgedeelte binne konteks kyk, sien ons hoe die Kerkleiers, die wetsgeleerdes en Fariseërs van daardie tyd uit hulle pad uit gaan om Jesus te agtervolg en met alles wat Hy doen en sê, fout te vind.

Die hoofstuk begin met Sy honger dissipels wat op die Sabbat koringare pluk om te eet. Daarna maak Jesus 'n man se verdorde hand gesond, opgevolg met die genesing en duiwels uitdryf uit 'n man wat blind, stom en duiwel besete was. Met al hierdie praktyke vind die kerkleiers fout. Hulle is so vasgevang in die wet dat hulle hulself blindstaar teen die sogenaamde gehoorsame werke van die wet en die liefdesgebod totaal en al vergeet.

Met so 'n CV kan mens nie dink dat hulle soveel negatiewe woorde van kritiek kan "uit braak" teenoor Jesus nie. Hulle het nie net gehaat wat Jesus gedoen en gepredik het nie, maar het planne beraam om Jesus dood te maak soos in Mattheus 12:13-14 gesien kan word.

Nadat Jesus die duiwelbesetene van die duiwels bevry en hom gesond gemaak het, beledig en laster die Fariseërs en kerkleiers die Heilige Gees deur om te kenne te gee dat Jesus dié wonderwerke deur Beëlsebub (satan) gedoen het. Sien dit in Mattheus 12:24.

Na al die onverdiende kritiek en kommentaar, sê Jesus in Mattheus 12:33: "Julle moet òf die boom goed maak en sy vrugte goed, óf julle moet die boom sleg maak en sy vrugte sleg; want aan die vrugte word die boom geken. ...Want uit die oorvloed van die hart praat die mond."

Hier word die mens simbolies met bome vergelyk wat vrug sal dra. Wat nou hier ter sprake kom, is waar die boom geplant is en watter eienskappe die boom volgens sy DNA (genetiese materiaal wat identiteit bepaal) het.
In Kolossense 2:6-7 is daar geskryf: **"Soos julle dan Christus Jesus, die Here, aangeneem het, wandel so in Hom, gewortel en opgebou in Hom** en bevestig in die geloof, soos julle geleer is, terwyl julle daarin oorvloedig is in danksegging." Dis ten eerste ons keuse by wie ons, ons wil skaar en in wie se spore ons wil volg. Hier word ons aangeraai om nadat ons Jesus aangeneem het, in Hom te wandel en in Hom gewortel en opgebou te word. Ons geestelike DNA (genetiese

103

materiaal) sal dus volgens Jesus se wil en praktyke wees. Dit wat dan vanuit ons hart en mond sal vloei sal woorde tot verheerliking van Jesus se Naam wees en nie kritiek nie. Om opgebou te word in Hom, beteken dat ons genoeg tyd met die Bybel sal spandeer sodat ons geestelik in lyn met Sy Woord, Evangelie en Koninkryk beginsels sal praat en lewe. Ons sal ook in die liefde wandel soos wat Jesus ons leer.

Die Fariseërs was bewus van die liefdesgebod maar het dit geensins beoefen soos wat Jesus dit aanbeveel het nie. Vir hulle was dit net woorde. Vir hulle was die wet 'n "roede" waarmee hulle mense kon "slaan" en kritiseer en belas sodat hulle voel dat hulle nooit die hemel sal maak nie. Hulle wanpersepsies het hulle weerhou van dit wat God werklik vir hulle wou gee en vir hulle aangebied het.

In Johannes 8:42-44 sê Jesus vir hulle: "En Jesus sê vir hulle: **As God julle Vader was, sou julle My liefhê, want Ek het uit God uitgegaan en gekom**; want Ek het ook nie uit Myself gekom nie, maar Hy het My gestuur.
Waarom ken julle my spraak nie? Omdat julle na my woord nie kan luister nie.
Julle het die duiwel as vader, en die begeertes van julle vader wil julle doen. Hy was 'n **mensemoordenaar** van die begin af en **staan nie in die waarheid nie**, omdat daar in hom geen waarheid is nie. Wanneer hy leuentaal praat, praat hy uit sy eie, omdat hy 'n leuenaar is en die vader daarvan." Met hierdie stellings identifiseer Jesus die Kerkleiers, Wetsgeleerdes en Fariseërs se geestelike DNA en wys daarop dat die vrug wat hulle dra, in ooreenstemming met wie hul vader is en wat sy begeertes is, m.a.w. in wie hulle gewortel is.

Elkeen van ons het nodig om te besin oor dit wat uit ons mond uitkom, want dit openbaar watse tipe "bome" ons is, watse vrugte ons dra, in wie ons gewortel is en watter geestelike DNA inherent in ons hart en gees is. Ons hou onsself so dikwels op met negatiewe kritiek, beledigings en kommentaar wat in beginsel onsself ook affekteer. Ons sê bv.:-
"Ek kan nie help ek word so maklik kwaad nie – dit loop in die familie, my pa was so...."
"Haar ma het kanker en hartsiekte, sy gaan dit ook kry."
"My man/vrou is maar so sleg, hy/sy sal tog nooit verander nie!"
"Die kind is so onnosel, hy sal tog nooit matriek haal nie."
"My huwelik is so ongelukkig. Ek dink dat egskeiding die enigste opsie is."
" Hy/sy is 'n "hopeless case". Ons kan maar vergeet. Ek dink die Here is ook al raadop."
"Ek is seker die duiwel het in Koos ingevaar, anders sou hy nie so opgetree het nie!"
"Almal hoes en proes so. Dis seker COVID se skuld. Ek gaan seker ook nou siek word."
"Hy is so dom soos grond."
" Ek sal hom nooit vergewe vir wat hy aan my gedoen het nie, ek haat hom daarvoor!"
Ons is so geneig om negatiewe stellings te maak – dikwels sonder om te dink wat ons nou eintlik doen of sê, veral as ons kwaad is. In ons negatiwiteit, oortuig ons onsself dat dit 'n hopelose saak is. Ons aanvaar die negatiewe "feite" wat die lewe na ons toe gooi: verslawing, teleurstellings, ongelukkige huwelik, aanhoudende teëspoed, COVID pandemie ens. en gaan sit in twyfel en wanhoop.

Wat ons dikwels uit die oog verloor, is wat in die volgende Skrifgedeelte staan: Romeine 10:17 "Die geloof is dus uit die gehoor, en die gehoor is deur die woord van God."
Hoewel dit 'n baie positiewe stelling is, is die teenoorgestelde ook waar.
Wanneer ons negatiewe, kritiese woorde spreek, word die geloof rondom daardie woorde ook opgewek aangesien ons, onsself hoor. Daar word in ons brein senuwee netwerke met dienooreenkomstige DNA (genetiese materiaal) in daardie senu netwerke gestoor wat op hulle beurt opdragte aan ons liggaam en dié wat dit aanhoor se liggame gee. Die negatiewe of positiewe uitsprake kan dus 'n negatiewe of positiewe impak op ons liggaam uitoefen.
Dis in die lig hiervan, dat Salomo in Spreuke 18:21 die volgende sê: "Dood en lewe is in die mag van die tong; en elkeen wat dit graag gebruik, sal die vrug daarvan eet."

Op hierdie wyse, dra dit wat jy met jou mond bely, geestelike krag wat jou en ander mense positief of negatief kan beïnvloed.

Lees gerus die volgende Skrifgedeeltes:-
Spreuke 15:1,2 – Die **krag van 'n Sagte antwoord keer grimmigheid af**, die **krag van 'n krenkende woord laat die toorn opkom.**
Spreuke 18:4,8 – **Kwaadstokery het die krag om selfs in jou binneste vernietiging te bewerk.**
Spreuke 12:18,19 – Die **krag van onverskillige woorde bring emosionele pyn** in 'n ander persoon se hart, maar die **krag van wyse woorde bring genesing.**
Spreuke 15:28; Spreuke 10:11,19,21 Die **regverdige se tong bring lewe voort** en is **met wysheid gevul.**
1 Timotheüs 6:20 en 2 Timotheüs 2:15,16,17a - **Onsinnige, onheilige praatjies trek jou weg van God af.** Dit lei tot die vernietiging van jou geloof en hoop in God.
Openbaring 12:10,11; Openbaring 3:5 - Ons **oorwin deur die WOORD VAN ONS GETUIENIS.**

Jakobus 3 spel die invloed van die gesproke woord nog verder in detail uit en ten einde sê Jakobus: **"Maar die wysheid van bo is ten eerste rein, dan vredeliewend, vriendelik, geseglik, vol barmhartigheid en goeie vrugte, onpartydig en ongeveins.'**

Jesus waarsku ons in Mattheus 12: 36-37 met hierdie woorde: "Maar Ek sê vir julle dat van elke ydele woord (G692 en G2041 wys die Griekse woord is "argos" wat die volgende beteken: "negative particles, useless" in dié geval, woorde) wat die mense praat, daarvan moet hulle rekenskap gee in die oordeelsdag.
Want uit jou woorde sal jy geregverdig word, en uit jou woorde sal jy veroordeel word.

Ons gaan **verantwoording doen van die ydele woorde wat ons uitgespreek het.**

DAAROM:-
Moenie onverskillige uitsprake met jou mond maak nie.
Jou woorde bring die manifestasie van 'n gees – hetsy goed of sleg voort.
God se Woord word deur Sy Gees, tot uitvoering gebring.
Saam met positiewe belydenisse word geloof en hoop, wat die dryfkrag tot die vervulling van ons belydenisse word, solank dit in lyn met Abba Vader se wil is.

105

Wanneer ons die Woord van God bely, genereer dit geloof in ons harte soos wat Romeine 10:9&17 vir ons sê.

Voorbeelde van positiewe Woord belydenisse in die Bybel en die gevolge daarvan is:-
*Wat het **Jesus** gedoen toe satan met sy leuens na Hom toe gekom het?*
Hy het herhaaldelik gesê: "Daar staan geskrywe......" Matt 4:1-11 Jesus bely die woord tesame met die geloofsoortuiging in Sy hart en dit word die kragtige "wapen" teen satan se versoekinge.
*Wat het **Abraham** vir 25 jaar in geloof gedoen toe God hom 'n nageslag beloof het?*
Hy het teen hoop op hoop geglo en uiteindelik die vervulling daarvan beleef.   Romeine 4:18-20
Saam met sy geloof, het sy belydenis gekom waarmee hy aan God se belofte vir 'n nageslag vasgehou het.
*Hoe het koning **Josafat** se taal te midde van krisis gelyk?*
2 Kronieke 20:1,4-9,14,15,18,21-22,26
Hy het homself herinner aan die wonders en oorwinnings wat die Here in die verlede gegee en gebring het om sodoende sy eie geloof en die geloof van die volk te stig en sy geloof in God te bely. Dit het 'n vorm van lofprysing geword wat weereens wonders uit God se hand tot gevolg gehad het.
*Watter taal het die **verkenners van Kanaän** gepraat?*
Numeri 13:16,27-33; Numeri 14:6-9,23,24
Die negatiewe belydenis het ongeloof onder die hele volk gewek en hulle het die straf van die Here ontvang. In teenstelling daarmee het Josua en Kaleb positief in geloof bely dat oorwinning in die Here se krag wel moontlik was en hulle het die beloofde land binne gegaan.

Wees waaksaam oor dit wat jy met jou mond bely deur die volgende in gedagte te hou:-
- Belydenis teenoor die Here – vergifnis vra en ontvang.
- Vra vergifnis by ander waar nodig. Dit bring herstel in jou sowel as die ander party se gees en gemoed.
- Doen moeite om jouself in die Woord te deurdrenk sodat dit ons handel en wandel positiewelik beïnvloed.
- Vra dat God 'n wag voor jou mond sit.
- Neem jou gedagtes gevange tot gehoorsaamheid aan Christus Jesus.
- Beoefen Gehoorsaamheid + Geloof + Hoop in die Here.
- Dink voor jy praat.

Goddelike toerusting vir 'n positiewe taalgebruik
*Besef en bely **jou stand** in Jesus Christus*
- Romeine 8:14,15 Ons is aangenome kinders van God en erfgename saam met Jesus.
- 2 Korinthiërs 6:18 God is ons Vader en Hy noem ons Sy seuns en dogters.
- 1 Petrus 2:9 Ons is deel van 'n uitverkore, koninklike priesterdom.
- Jesaja 43:1 God sê self dat jy Syne is.
- Romeine 8:37 Jy is meer as 'n oorwinnaar.
- Glo dit en lewe daarvolgens

Jesus het ook aan ons Sy **outoriteit** gegee
Lees daarvan in Lukas 10:19 en Mattheus 10:7,8.
Jesus se opdrag is om eerder te **seën**
Mattheus 5:44 Seën selfs jou vyand.
Lukas 10:5-6,10-11 Spreek vrede, moenie vervloek nie.
Hebreeus vir vrede is "Shalom" wat voorspoed in alle opsigte van 'n persoon se lewe beteken.

Laat ons bid soos Dawid gebid het:-
"Here, stel 'n wag voor my mond, bewaar die deur van my lippe."
Psalm 141:3.

WORD VERANDER DEUR DIE VERNUWING VAN JOU GEMOED

*"En word nie aan hierdie wêreld gelykvormig nie,
maar word verander deur die vernuwing van julle gemoed,
sodat julle kan beproef wat die goeie en welgevallige en volmaakte wil van God is."*
Romeine 12:2

In die sirkulêre godsdiens wêreld van vandag, is daar 'n geneigdheid om te glo dat as jy tot bekering gekom het en wedergebore is, jou pad hemel toe gebaan is. Jy hoef dan niks verder te doen nie. Jy hoef nie jou lewenswyse te verander nie. Jy kan voortgaan met jou ou gewoontes en wanneer jy die Here bid of aanroep om vir jou iets te doen sal Hy dit doen – amper soos 'n Krismis vader wat net geskenkies uitdeel soos die kinders versoek.

MAAR....

Wat sê Abba Vader in Sy Woord hieroor?

John 1:12-13 sê die volgende: "Maar almal wat Hom aangeneem het, aan hulle het Hy mag gegee om **kinders van God te word**, aan hulle wat in sy Naam glo; wat nie uit die bloed of uit die wil van die vlees of uit die wil van 'n man nie, maar **uit God gebore is**."

Die woordjie **"word"** in hierdie vers, is 'n sleutel woord tot die ware betekenis van hierdie vers. Dis 'n woord wat nie op 'n afsluitingsaksie dui nie, maar eerder op 'n progressiewe aksie dui. D.w.s. dis 'n aksie wat in beweging bly en dus in die konteks nog nie klaar is nie.

Hoewel jy jou stand in Jesus Christus vasgemaak het, deur jou keuse om Jesus aan te neem, is daar nog iets wat moet gebeur en dit sien ons in Romeine 12:1-2: "Ek vermaan julle dan, broeders, by die ontferminge van God, dat julle **jul liggame stel as 'n lewende, heilige en aan God welgevallige offer** dit is julle redelike godsdiens. En word nie aan hierdie wêreld gelykvormig nie, maar **word verander deur die vernuwing van julle gemoed**, sodat julle kan beproef wat die goeie en welgevallige en volmaakte wil van God is."

Ons gedagtewêreld word gedurigdeur met woorde en gedagtes van verskeie oorde gebombardeer. Dit sluit positiewe en negatiewe gedagtes in wat gedurig deur ons gemoed hardloop. Ons is konstant besig om keuses te maak of ons húl aanvaar of nie. Oor die algemeen is baie van hierdie gedagtes <u>self gefokus</u>, en dikwels <u>self afbrekend</u>. Dis 'n self gesentreerde bestaan wat gaan om die bevrediging gaan van myself. Ons redeneer oor hoe ander **ons** hanteer. Ons hou ons gedagtes besig met die wêreld se dinge en laat toe dat dinge soos bv. die TV, Pornografie, Sosiale media, skinderpraatjies, ens. ons gedagtes en opinies en persepsies oor net mooi alles beïnvloed. Op hierdie manier, laat ons toe dat ons leefwyse in lyn kom met wêreldse praktyke wat ons weg lei van ons hemelse Vader af en Sy wil vir ons lewe. Dan sê ons ook nog dikwels ons het nie tyd nie! Nie tyd vir 'n daaglikse spesiale afspraak met Jesus nie. Wat ons moet besef is dat dit waarmee ons, ons besig hou, ons handel en wandel sal bepaal. Dis 'n geval van "GARBAGE IN GARBAGE OUT." Ons moet besin oor wat ons toelaat om ons lewensbeginsels en persepsies te vorm en waarop ons in die lewe fokus, veral nadat ons Jesus aangeneem het.

108

In Efesiërs 4:21-24 raai Paulus ons met die volgende woorde aan:

"as julle ten minste van Hom (Jesus) gehoor het en in Hom onderrig is soos die waarheid is in Jesus: dat julle, wat die vorige lewenswandel betref **die oue mens moet aflê** wat deur die begeerlikhede van die verleiding te gronde gaan, en dat julle **vernuwe moet word in die gees van julle gemoed** en **julle met die nuwe mens moet beklee wat na God geskape is in ware geregtigheid en heiligheid."**

Binne konteks gesien, is Paulus juis besig om die Efese gemeente tereg te wys m.b.t. die feit dat hulle terug geval het in hul ou leefwyse (wat hy as die "oue mens" identifiseer) nadat hulle Jesus aangeneem het.

Ons sien hoedat Paulus nog verskeie ander opdragte tot vernuwing in die volgende Skrifgedeeltes gee:

Kolossense 3:9-10 – Lê die ou mens af en beklee jouself met die nuwe mens.

Kolossense 3:1-2 – Bedink die ding van daarbo nie die dinge van hierdie wêreld nie.

Romeine 8:13 – Jy moet deur die Gees die werke van die vlees dood maak.

1 Johannes 4:18 – Word volmaak in die liefde en verdryf vrees wat jou laat toegee aan groepsdruk.

1 Thessalonicense 4:3,7 – Beoefen leef in heiligmaking wat deur die Gees van Abba Vader in ons lewens aangedryf word.

HOE KAN ONS HIERDIE RAAD SUKSESVOL TOEPAS??

Wanneer ons na Romeine 12:2 se in diepte betekenis kyk, sien ons die volgende aspekte wat ons op die spoor van hierdie verandering/vernuwing bring.

"En word nie aan hierdie wêreld **gelykvormig** nie, maar **word verander deur die vernuwing van julle gemoed**, sodat julle kan beproef wat die goeie en welgevallige en volmaakte wil van God is."

"Gelykvormig" in Engels is "conformed" wat in die oorspronklike Grieks in G4964 beteken dat ons "to fashion alike; to the same pattern of..." wat dan bevestig dat ons nie gelykstaande aan die wêreld se praktyke moet wees nie.

"Verander" in Engels is "transformed" en in die Griekse vertaling G3339 bekend staan as "metamorphose" of dan "metamorfose" is.

D.w.s. dat ons in wese soos in die wetenskaplike terminologie moet toelaat dat Abba Vader ons deur die werking van Sy Gees verander sodat ons in lyn met God se wil sal lewe.

Ter illustrasie kan ons dink aan die ruspe wat homself toespin en oor 'n tydperk van isolasie word hy verander in 'n pragtige skoenlapper. Hierdie hele proses word 'n metamorfose genoem.

HOE LYK 'N GEESTELIKE METAMORFOSE?

Vernuwing is nie 'n proses waar ons, ons vleeslike werke verruil vir geestelike werke nie.

Dis die inwendige vervanging van ons natuur deur die werking van die Heilige Gees in ons hele wese – gees en siel, waarna die vlees/liggaam in gehoorsaamheid sal volg. Binne die God gegewe konsep is dit die gees wat die siel en die liggaam dikteer hoe om op te tree of te lewe. Dis ook dan ons gees wat in onderdanigheid aan die Heilige Gees funksioneer.

109

Titus 3:5-7 sê die volgende:

"Maar toe die goedertierenheid van God, ons Verlosser, en Sy liefde tot die mens verskyn het—nie op grond van die werke van geregtigheid wat ons gedoen het nie, maar na Sy barmhartigheid het Hy ons gered deur die bad van die **WEDERGEBOORTE en die VERNUWING DEUR DIE HEILIGE GEES** wat Hy ryklik uitgestort het op ons deur Jesus Christus, ons Verlosser; sodat ons, geregverdig deur Sy genade, erfgename kan word ooreenkomstig die hoop van die ewige lewe.

Hier sien ons die eerste stap wat ons reeds aangeraak het, naamlik wedergeboorte wat begin plaasvind van die oomblik af wat ons Jesus aanneem. Die oorspronklike Griekse woord vir "wedergeboorte" dui op "spiritual rebirth and regeneration," terwyl die bad van wedergeboorte dui op die waterdoop waardeur ons, ons vereenselwig met Jesus se kruisdood en opstanding tot 'n nuwe lewe in Hom. Lees hiervan in Romeine 6:4-6.

Ons geestelike DNA word vernuwe ("regeneration") deur die werking van die Heilige Gees. Niks wat ek of jy doen kan die geregtigheid binne-in ons bewerkstellig nie, behalwe Jesus self wat deur Sy Gees dit in ons bewerk. Lees gerus weer Johannes3:5-6.

1 Petrus 1:23 wys daarop dat ons uit onverganklike saad wedergebore word en dat daardie onverganklike saad die gesproke lewende Woord van God is. Saad dra elkeen 'n unieke DNA samestelling wat sy identiteit bepaal. In hierdie konteks is dit die DNA wat ons aan Jesus verbind en dis opgewek vanuit die lewende Woord van God wat die vernuwingsproses ook in ons gemoed begin aktiveer.

Die tweede stap, wat sekerlik lewenslank sal aanhou, is die vernuwing van die GEMOED – jou DENKE d.m.v. die mediterring en bestudering van die Woord van God.

Ons moet gedurig in gedagte hou dat ons in werklikheid 'n gees met 'n siel is wat woon in 'n liggaam. Wedergeboorte bewerkstellig die vernuwing van die gees van die mens.

Die siel van die mens bestaan uit die verstand/denke "mind and understanding" waardeur ons onder andere insig kan verkry, ons wilskrag waarmee ons keuses en besluite maak en ons emosies/gevoelens.

Jakobus 1:21-22 verduidelik die vernuwing van die siel as volg: "Daarom, doen afstand van alle vuiligheid en oorvloed van boosheid, en **ontvang met sagmoedigheid die ingeplante woord, wat in staat is om julle SIELE TE RED.** En word daders van die woord en nie net hoorders wat julleself bedrieg nie."

Dis m.a.w. die ingeplante woord van God wat Vernuwing in ons siel bewerkstellig soos wat God se Gees ons die nodige insig en oortuiging gee. Dit wek ook die nodige geloof in ons harte op.

DAAGLIKSE KEUSES….

In 1 Petrus 1:13-14 skryf Petrus die volgende:

"Daarom, **omgord die lendene van julle verstand**, wees nugter en hoop volkome op die genade wat julle deel word by die openbaring van Jesus Christus.

Soos gehoorsame kinders moet julle **nie jul lewe inrig volgens die begeerlikhede wat tevore in julle onwetendheid bestaan het nie**." M.a.w. Petrus gebruik hier soortgelyke tipologie as toe Paulus gepraat het van die geestelike wapenrusting in Efesiërs 6 toe hy gesê het "omgord jou lendene met die belt/gordel van Waarheid…" Watter waarheid? Dis die Waarheid van die Evangelie van Jesus Christus wat ook die doktrine van die Apostels was. Petrus vat dit 'n klein

stappie verder deurdat hy sê dat hierdie Waarheid ons Denke moet omgord. Ons moet ons verstand en denke met hierdie waarheid deurdrenk deurdat ons tyd maak om die Woord van die Here, die Bybel reg bestudeer soos bespreek onder die gedeelte "Kommunikasie met God."
Dis die ware, akkurate Evangelie van Jesus Christus wat ons met wysheid van die Koninkryk van die hemele sal vul en nie net ons denke verander nie, maar so ook ons handel en wandel, d.w.s. ons siel en liggaam in lyn met God se wil bring.
Petrus sê verder moenie voortgaan met jou ou gewoontes nie...
Wees eerder heilig, eenkant gesit vir Jesus.

BEPAAL WAT OF WIE JOU VERSTAND EN DENKE BEHEER
Efesiërs 4:23
"en dat julle vernuwe moet word in die GEES VAN JULLE GEMOED..."
Die "gees van die gemoed" dui op jou gesindheid en motief waarmee jy jou keuses maak.
Die woord "gemoed" is ook aanduidend op die intellek, wil en emosies wat ons begrip en insig beïnvloed.

Jakobus 4:3 wys daarop dat as jy verkeerde motiewe in jou hart koester wat self gesentreerd is, sal jy geen seën via jou gebedslewe ontvang nie. Dis **belangrik om gereeld selfondersoek te doen om te bepaal wat die bron van jou motiewe en gedagtes is, want dit bepaal op die uiteinde jou gedrag.**
Die Woord van die Here is die standaard waarteen ons, ons persepsies en gedrag moet meet, soos omskryf in Jakobus 1:22-24. Jakobus verduidelik hoedat ons onsself sien in die spieël van die Woord van die Here. Dis juis dan wat ons ook voor die keuse kom ons verkeerde persepsies met die Waarheid van die Evangelies van Jesus Christus te vervang of nie. In vers 25 sê Jakobus dat ons diep insig nodig het in die "volmaakte wet van vryheid" en dan daarby moet bly in woord en daad. Ons moet ook nie vergeetagtig rondom die Woord wees nie.
Dit verg selfdissipline deur doelgerigte besluite te neem en aksies om dit te doen.

Kolossense 3:1-2 herinner ons daaraan om die dinge van daarbo, waar Jesus Christus is, te bedink. In Romeine 8:5-6 stel Paulus dit as volg: "Want die wat vleeslik is, bedink vleeslike dinge, maar die wat geestelik is, geestelike dinge. **Want wat die vlees bedink, is die dood, maar wat die Gees bedink, is lewe en vrede,...**" As kinders van God behoort ons die dinge van die Gees te bedink.

Dit is in die proses van waar ons die Waarheid van die Evangelie van Jesus Christus bedink, dat die vernuwing van ons verstand//gemoed plaasvind. Die woord "bedink" sluit ook onder andere in om jou denke in te oefen in die Waarheid van die Evangelie van Jesus Christus en Sy Woord.

WAT GEBEUR WANNEER EK OP DIE WOORD VAN DIE HERE MEDITEER/DIT BEDINK?
Dawid skryf in Psalm 1 dat die man, wat sy behae in die wet (Goddelike Beginsels) van die Here vind en dit dag en nag oordink (daarop mediteer), baie gelukkig is. **"Hy sal wees soos 'n boom wat geplant is by waterstrome, wat sy vrugte gee op sy tyd en waarvan die blare nie verwelk nie; en alles wat hy doen, voer hy voorspoedig uit."**

Hierin is 'n groot geestelike sleutel tot die herskryf van jou verstand se DNA/genetiese materiaal in jou brein wat jou handel en wandel sal bepaal:
Wanneer ons die grondbeginsels van die Woord van die Here dag en nag oordink, het dit 'n positiewe impak op ons hele lewe, aangesien dit in ons breinselle se DNA in gegraveer word, deur die hele proses van proteïen sintese en transkripsie. Dit impakteer ons handel en wandel, bewerk voorspoed en maak ons lewens Godvrugtig.
Hoekom vergelyk Dawid dit juis met 'n boom? Is dit nie by implikasie verwysend na die positiewe senuwee netwerk wat soos 'n digte groen woud lyk, wat in ons verstand vorm nie?
Die boom is geplant by die waterstrome, wat die impak en invloed van die Heilige Gees geïnspireerde Woord van die Here impliseer.

Wanneer ons in NEGATIEWE denkpatrone verval, is ons eintlik besig om te sondig, aangesien daardie denkpatrone vestings ("strongholds") teen die kennis van God is, soos omskryf in 2 Korinthiërs 10:4,5 wat die volgende sê: "...want die wapens van ons stryd is nie vleeslik nie, maar **kragtig deur God om vestings neer te werp, terwyl ons planne verbreek en elke skans wat opgewerp word teen die kennis van God, en elke gedagte gevange neem tot die gehoorsaamheid aan Christus,...**" Daarom word ons aangeraai om ons denke tot gehoorsaamheid aan Jesus te bring. Dit vereis in werklikheid 'n bietjie "self-talk" en wassing met die Woord van God soos omskryf in Efesiërs 5:26 wat sê: "...nadat Hy dit gereinig het met die **waterbad deur die woord, ...**"

Wanneer ons op die Woord van God mediteer, soos byvoorbeeld op **Filippense 4:8** "*Verder, broeders, alles wat waar is, alles wat eerbaar is, alles wat regverdig is, alles wat rein is, alles wat lieflik is, alles wat loflik is—watter deug en watter lof daar ook mag wees, bedink dit.*" en ons dit deur vrye keuse aanvaar het, begin daar POSITIEWE senuwee-"bome"/-netwerke in ons brein vorm, wat dan positiewe chemiese stowwe, soos bv serotonien, endorfiene, enkefaline en dopamiene afskei, wat jou goed laat voel en gevoelens van kalmte, vrede, liefde en vreugde kan bring en dan genesing en verhoogde intellek tot gevolg het.
Verder is die wassing deur die Woord van God oor die negatiewe vestings ("strongholds") in ons verstand die tweesnydende swaard wat die "doringbos-senuwee netwerk" vernietig en nuwe positiewe "senuwee-woude/-netwerke" vorm ter genesing van die fisiese en psigiese toestand van die mens.
Daarom kon Dawid in Psalm 103: 3-5 "(Loof die Here....)Wat al jou ongeregtigheid vergewe, wat al jou krankhede genees, wat jou lewe verlos van die verderf, wat jou kroon met goedertierenheid en barmhartighede, wat jou siel versadig met die goeie, sodat jou jeug weer nuut word soos dié van 'n arend."
Dit is 'n detoksifiseringsproses van ons denkpatrone, maar terselfdertyd 'n afsny proses van verkeerde denkpatrone en persepsies!

Wanneer ons die positiwiteit van die Woord van God aanvaar en daarop in gehoorsaamheid reageer d.m.v. bekering van die verkeerde denkpatrone, sondebelydenis, vergifnis ontvang en onderwerping aan Sy Woord, begin hierdie positiewe prosesse in ons brein, wat lei tot die vernuwing van die gemoed.

Hierdie Positiewe Inligting word dus deur die proteïen sintese van RNA in die breinselle vasgelê, in ons onderbewuste geheue bank en daarom is dit nodig om herhaaldelik onsself aan die Woord van God bloot te stel en daarop te mediteer en sodoende kwaliteit tyd met God te spandeer. Lees gerus meer hieroor in Psalm 1:2; Sagaria 4:6 en Spreuke 23:7.

Daar moet onthou word, dat **die vernuwing van die DNA van jou gemoed 'n konstante proses is** wat hande vat met die **Heiligmakingsproses** wat onder leiding van die Heilige Gees plaasvind. Dis 'n lewenslange proses. Soos reeds verduidelik, is die vernuwing van die gemoed 'n proses wat slegs deur konstante meditasie op, en blootstelling aan die Woord van die Here, tydens kwaliteit tyd met die Here kan plaasvind. Hierdie meditasie is anders as die okkultistiese vorms van meditasie waar jy jou gedagtes "leeg" maak en in werklikheid ontvanklik maak vir die inspraak van die Bose. **Abba Vader se voorskrif vir meditasie is juis om jouself vol te maak met Sy Woord onder "rhema" openbaring van Sy Gees.**

Dis van uiterste belang, omdat **die Vrye Wil sentrum deur die Woord van God vernuwe moet word sodat ons wil sinoniem met God se wil kan word en ons sodoende meer sensitief vir die leiding van die Heilige Gees sal word wat ons in lyn met God se wil hou.** Dit het tot gevolg dat **Psalm 37:4** 'n realiteit in ons lewens word, naamlik dat die Here die begeertes van ons harte sal vervul.

> *"Maar soek eers die koninkryk van God en Sy geregtigheid,*
> *en al hierdie dinge sal vir julle bygevoeg word."*
> *Mattheus 6:33*

> *"En verlustig jou in die HERE; dan sal Hy jou gee die begeertes van jou hart".*
> *Psalm37:4*

MY HART EN MY GEES VERSUS DIE INWONING VAN GOD SE GEES

"Bewaak jou hart meer as alles wat bewaar moet word,
want daaruit is die oorspronge van die lewe."
Spreuke 4:23

ONS GEES EN ONS "HART-BREIN"

Almal is bekend met die brein wat in ons skedel sit, maar min is bekend met die tweede onafhanklike brein wat in ons hart gesetel is. Die mens het ongeveer 100 biljoen senuwees in die brein en slegs 40 000 senuwees in die "hart-brein."

Navorsing het bewys dat die hart ook 'n sensoriese orgaan is wat inligting ontvang en verwerk en dan weer inligting na die brein stuur wat sekere aktiwiteite in die liggaam stimuleer. **Die senuweestelsel in die hart het die vermoë om te leer, geheue te bou, emosionele prosessering te doen en selfs funksionele besluite te maak, onafhanklik van die brein. Die hart stuur ook gedurig inligting via die senuwees na die brein wat jou persepsie aangaande dinge beïnvloed.**

Die hart genereer 'n elektro-magnetiese veld wat ongeveer 5000x sterker as die elektro-magnetiese veld van die brein is. Hierdie elektro-magnetiese veld is ritmies volgens die hartklop en het 'n direkte invloed op die ritme van die brein. Die hart en brein ritmes is in sinkronisasie met mekaar.

Die hart werk ook hand aan hand met die
➢ voorste deel van die brein wat ook as die pre-frontale (voorste deel van die..) brein /cortex bekend staan en die
➢ vrye wil sentrum wat natuurlik die keuses moet maak.

Die "hart-brein" is letterlik die raadgewer en "gewete" wat die vrye wil sentrum aanbeveel, t.o.v. watter besluit die beste sou wees, om te neem. Die "hart-brein" funksioneer direk as die gewete en is die "klein stil stemmetjie" wat dikwels waarsku teen gevaarlike gedagtes en besluite; wat ons liefdevol aanspoor om sekere positiewe besluite te neem en uit te voer.

DIE HEILIGE GEES SPREEK TOT ONS GEES VIA ONS HARTE.

Die "hart-brein" gee aan die vrye wil sentrum die beste aanbeveling aangaande 'n saak d.m.v. 'n gedagte/gedagtes wat in die hart begin en tot jou siel - in jou verstand se vrye wil sentrum, spreek. Die finale keuse moet deur die vrye wil sentrum geneem word.
Bv:-
Die "hart-brein" gee die raad om 'n spesifieke positiewe gedagte te aanvaar en verder daarop te mediteer, omdat dit goed, reg, stigtend en vol vrede en orde is en kalmte tot gevolg sal hê;
Die vrye wil sentrum neem die finale besluit om dit te aanvaar en die positiewe impak word in die siel (emosioneel en psigies) en liggaam ervaar, aangesien dit lei tot die afskeiding van hormone en chemiese stowwe wat die liggaam in 'n gesonde balans hou en 'n gevoel van welstand meebring.

114

Indien dit chaotiese gedagtes van vrees, aggressie, woede, angs, haat, onvergifnis, bitterheid en negatiwiteit is, word daar nie net toksiese chemiese stowwe en hormone vrygestel, wat oor die senuwee netwerk van die breinselle spoel nie, maar "doringbos-geheue-senuwee netwerke" word gevorm, wat verder aanleiding gee tot konstante negatiewe emosies wat herhaaldelik geaktiveer word.
Hierdie toksiese proses is deur die <u>verkeerde keuse van die vrye wil sentrum geïnisieer</u>.

Gedagtes en emosies is basies sinoniem met mekaar. Emosie gee kwaliteit en sin aan 'n gedagte. Wanneer negatiewe gedagtes met gepaardgaande negatiewe emosies tot stand kom, kan dit so prominent wees, dat dit die stil stemmetjie van die "hart-brein" verdoof en oorheers en onhoorbaar maak, wat dit dan moeilik maak om tussen reg en verkeerd te onderskei.

Dis dikwels in hierdie tipe situasies dat ons ervaar dat ons gebede nie beantwoord word nie of dat ons nie die stem van die Here kan hoor nie. In werklikheid is dit ons eie negatiewe toksiese gedagtes en emosies wat in die pad van die antwoord van die Here kom.

Die geestelike "oorlogsveld" is dus reg by ons vrye wil sentrum waar die keuse gemaak moet word om gedagtes te aanvaar of te verwerp. Wanneer ons TEEN die "hart-brein" se stem en aanbevelings besluit, neem ons dus 'n vleeslike besluit.
Bv.:-
As aggressiewe, kwaai, bitter gedagtes met die gepaardgaande negatiewe emosies aangaande 'n spesifieke persoon in ons verstand sou opduik en ons sou na ons <u>"hart-brein" stem luister</u> en hierdie gedagtes VERWERP; kies om die persoon eerder te vergewe en vry te spreek, sal jou "hart-brein" 'n chemiese stof/hormoon, genaamd, **"Atrial Natriuretic Factor"** (**ANF**) afskei.
ANF is 'n hormoon wat RNA bevat, wat dit die vermoë gee om met ander RNA volgens sy ingeboude voorskrifte te verbind en word deur die hartspier selle afgeskei.
ANF is in staat om vrede, kalmte en selfs geluk oor jou hele liggaam mee te bring.
ANF het dus 'n genesende uitwerking op jou emosies en liggaam en help die brein om helder denke te hê. ANF oefen ook beheer uit oor die water en mineraal balans; beheer oor jou bloeddruk; beheer oor die afskeiding van ander hormone, insluitende geslagshormone en oefen selfs beheer oor die suiker balans in die liggaam uit.
Die HELE LIGGAAM is dus in 'n positiewe balans - in ekwilibrium, wanneer hierdie chemiese stof/ hormoon deur die "hart-brein" geaktiveer word.

MAAR....

As jy jou finale keuse TEEN die aanbeveling van jou "hart-brein" stem maak en eerder verkies om op hierdie negatiewe, toksiese gedagtes te mediteer en te tob, sodat bitterheid en onvergifnis in jou geheue bank vasgelê word, sal die "hart-brein" <u>NIE die ANF afskei nie</u>.
Dit veroorsaak dat <u>'n wanbalans in die HELE LIGGAAM en EMOSIES ervaar word</u>, wat 'n toksiese staat tot gevolg het en op die langtermyn siekte in die liggaam aktiveer, d.w.s. dat die ignorering van die "hart-brein" stem, die vorming van siektes tot gevolg het.

Jou hart is dus nie net 'n meganiese pomp nie, maar die sterkste oskilator - elektro-meganiese meganisme in jou liggaam wat 'n spesifieke unieke ritme in jou vrystel. Hierdie ritme bepaal ook die ritme van jou brein funksie. Wanneer die hartritme via die vrystelling van ANF vrede en kalmte meebring, beleef jy 'n psigiese en fisiese balans wat gesondheid bevorder.
'n Wanbalans in hierdie ritme, beteken liggaamlike wanbalans, psigiese ongemak en fisiese ongesteltheid/siekte.

Die kwaliteit lewe en gesondheid wat ons geniet, hang dus af van die kwaliteit denke wat ons koester!
Soos wat ons, ons gedagtes volgens **2 Korinthiers 10:4,5** aan Jesus onderwerp en in lyn met Sy Woord handel, sal die Heilige Gees ons help om die regte besluite te neem en die nodige selfdissipline te handhaaf.

Toksiese gedagtes is oorwegend vrees gedrewe en bring mee dat die hele liggaam in 'n oorlewings-veg-vlug reaksie oorgaan, dienooreenkomstig die afskeiding van die verskeie hormone. Dit bring die liggaam in 'n tydelike staat van wanbalans. Indien hierdie toksiese gedagtes langtermyn aanhou, begin dit "selfvernietigend" op die liggaam inwerk.

Die hoof hormoon wat in hierdie opsig afgeskei word, wat dan ook 'n kettingreaksie van oor afskeiding van ander hormone tot gevolg het, is <u>Kortisol</u> (afgeskei deur die byniere). Hierdie hele proses word aan die gang gesit deur die hipotalamus wat gestimuleer word deur die psigiese toestand van jou hart en brein.

<u>'n Voorbeeld van so 'n toksiese denkpatroon</u> en die gevolge daarvan:-
Langdurige spanning, angs, vrees, depressie

Langdurige blootstelling aan hormone bv. Kortisol

Onderdrukking & vernietiging van immuniteit selle, bv. T-selle

Immuniteit verwante siektes en metaboliese disfunksie,
bv. Kroniese moegheid sindroom,
    Chemiese Sensitiwiteit/Allergie Sindroom(MCS/EI),
    Lae bloedsuiker,
    Lui skildklier, ens.
Wanneer ons toelaat dat hierdie toksiese gedagtes wortel skiet in ons brein d.m.v. ons geheue banke, bou ons die "sonde muur"/skeidsmuur waarvan die Here in **Jesaja 59:1,2** praat:-
"Kyk, die hand van die HERE is nie te kort om te help nie, en sy oor is nie te swaar om te hoor nie; maar julle ongeregtighede het 'n skeidsmuur geword tussen julle en julle God, en julle sondes het sy aangesig vir julle verberg, sodat Hy nie hoor nie."

Die Here wil ons help, maar wag vir ons om ons lewens weer in lyn te kry met Sy wil.

Hierdie sondes en toksiese gedagtes, wat ons so dikwels koester, bring
  ➢ Skeiding tussen die mens en God;
  ➢ Skeiding tussen die mens en self;
  ➢ Skeiding tussen die mens en sy/haar naaste (ander mense)
En het 'n fisiese en psigiese impak op ons liggaam.

Dit word in die Bybel op verskeie plekke omskryf:
Jakobus wys onder andere op die genesende effek wat sondebelydenis (gesproke woord) op die liggaam het in **Jakobus 5;16** "**Bely mekaar julle misdade en bid vir mekaar, sodat julle gesond kan word. Die vurige gebed van 'n regverdige het groot krag.**"
Dawid skryf in **Psalm 103:3** hoedat die Here ons sondes vergewe en terselfdertyd ons krankhede genees: "**(Loof die Here....) Wat al jou ongeregtigheid vergewe, wat al jou krankhede genees,**"
Spreuke 17:20 wys ons op die volgende: "**Wie verkeerd van hart is, vind die goeie nie;...**"
In Deuteronomium 10:16 en Jeremia 4:4 beveel die Here Sy volk aan om hulle **harte te besny**, eerder as om die fisiese te besny. Hierdie hartsbesnydenis gaan gepaard met 'n verharde hart wat ontwikkel a.g.v. sonde en hier word ons aanbeveel om selfondersoek te doen en die sonde af te lê wat skeiding tussen ons en God bring. In Romeine 2:29 sien ons die volgende stelling wat Paulus maak: "... en **besnydenis is dié van die hart, in die gees, nie na die letter (wet) nie**. Sy lof is nie uit mense nie, maar uit God."
In Kolossense 2:11 vind ons dat daar 'n hartsbesnydenis is wat **nie deur hande gedoen word nie**, maar wel deur die werking van die *Gees van Jesus Christus* sodat die vleeslike, sondige praktyke afgelê kan word.

Wanneer ons in lyn kom met Abba Vader se wil in ons lewens en toelaat dat die Heilige Gees inspraak in ons gees en hart het, kom ons in die gesonde balans van die "hart-brein" en verstand soos wat Abba Vader ons geskape het om te wees, wat dan genesing tot gevolg kan hê.

"Laat julle hart nie ontsteld word nie; glo in God, glo ook in My."
Johannes 14:1
"Vertrou op die Here met jou hele hart en steun nie op jou eie insig nie."
Spreuke 3:5

VERSEËL MET DIE HEILIGE GEES

Maar Hy wat ons saam met julle bevestig in Christus en ons gesalf het, is God,
wat ons ook verseël het en die Gees as onderpand in ons harte gegee het.
2 Korinthiërs 1:21,22

2 Korintiërs 5:5 bevestig ook hierdie besonderse eienskap van die Heilige Gees, naamlik, dat ons verseël word met die Heilige Gees, maar Hom ook as 'n onderpand ontvang.

HOE KAN ONS VERSEËL WEES MET DIE HEILIGE GEES?

Hierdie woord bring nuwe betekenis aan die Heilige Gees:-

VERSEëL =   'n Uitkenteken van <u>Kwaliteit</u>

              'n Uiterlike <u>Waarborg en Identiteit</u>

              'n Uitkenteken <u>van waar</u> af dit kom

Jy kan seker al sien waarheen mik ek, ja, dis regtig wonderlik om te dink dat die inwonende Heilige Gees amper ons "Handelsmerk" is, wat die 3 bogenoemde eienskappe tot ons lewens toevoeg. Wanneer Abba Vader na ons kyk, is ons vir Hom ook uitkenbaar bo die res van die mensdom. Vir die wêreld, is daar ook 'n uiterlike teken dat ons "iets" het, wat hulle nie het nie en wat hulle wel nodig het... Ek dink dat dit die rede is hoekom mense dikwels ook Heilige Gees vervulde mense nader wanneer hulle hulp soek met hul persoonlike probleme, hul besef dat daar 'n Goddelike kwaliteit aan ons lewens is, wat vir hul sekuriteit en stabiliteit kan gee...

WAT BETEKEN DIT OM DIE HEILIGE GEES AS ONDERPAND TE HÊ?

ONDERPAND = Waarborg

                    Belofte/ooreenkoms

                    Kollaterale Sekuriteit

Dis meer van 'n persoonlike "waarborg" wat die Here vir ons, as Sy kinders gee. 'n Waarborg van **Sy inwonende teenwoordigheid in ons harte;** 'n waarborg dat ons onafskeidbaar aan Hom verbind is! Die Heilige Gees is die konkrete bewys van God se beloftes vir ons.

Jesus het belowe dat Hy 'n Trooster sou stuur en Hy het. In Johannes 14:16,17,26 word die belofte van die Heilige Gees deur Jesus self omskryf en dis 'n hele "pakket" wat ons ontvang. Dis so 'n kragtige gewaarwording, dat God se oorvloedige teenwoordigheid permanent in ons hart is!

Vandag voel die Heilige Gees vir my so naby soos elke asemteug wat ek gee, per slot van rekening, Hy verteenwoordig ook die lewe wat in ons ingeblaas is.

Jesus het ons beslis nie wees agter gelaat nie, maar aan ons 'n wonderlike "geskenk" van nabyheid gegee, sodat ons nooit Godverlate hoef te voel nie.

WAT VAN DIE HEILIGE GEES SE EIENSKAP VAN KOLLATERALE SEKURITEIT?

Dis so eie aan God se karakter om in oorvloed te gee! Die Heilige Gees is ons sekuriteit te midde van 'n bose wêreld en as mens gaan kyk wat kollateraal alles beteken, maak dit hierdie sekuriteit nog meer spesiaal!

KOLLATERAAL beteken sy aan sy; verwant in die sy linie; aanvullende sekerheid en bloedverwant in die sylinie. Nou ja, daar het jy dit! Abba Vader se Gees werk sy aan sy in en vanuit ons! Hy is ons standhoudende sekerheid en sekuriteit dat God getrou is aan Sy beloftes en dat Hy Homself in en vanuit ons sal manifesteer. Hy het Sy verbintenis aan ons met Jesus se bloed verseël sodat ons "bloedverwant" van Hom kan wees, mede-erfgename van Christus! Sien Romeine 8:15-17. Is dit nie "awesome" nie? Die Here seën ons so ongelooflik baie dat ons nie altyd die volle konsep daarvan begryp nie, totdat Hy Homself in sulke klein oomblikkies soos nou openbaar.

> *"Want julle het nie ontvang 'n gees van slawerny om weer te vrees nie,*
> *maar julle het ontvang die Gees van aanneming tot kinders,*
> *deur wie ons roep: Abba, Vader!*
> *Die Gees self getuig saam met ons gees dat ons kinders van God is;*
> *en as ons kinders is, dan ook erfgename,*
> *erfgename van God en mede-erfgename van Christus,*
> *as ons naamlik saam met Hom ly,*
> *sodat ons ook saam met Hom verheerlik kan word."*
> *Romeine 8:15-17*

> *Jesus, dankie dat U, U Gees gestuur het om ons Onderpand te wees*
> *Dankie dat U kies om so intiem met ons te verkeer,*
> *deur in ons harte, deur U Gees te kom woning maak.*
> *Maak my asseblief meer bewus van U nabyheid en sensitief vir U stem.*
> *Dankie dat ek Verseël is met U Gees en*
> *Dat ek my krag in U kan vind.*
> *In Jesus se Naam alleen*
> *Amen.*

MY HART EN DIE SAAD VAN DIE KONINKRYK

Mattheus 13:1-23

"En Hy het baie dinge deur gelykenisse tot hulle gespreek en gesê: 'n Saaier het uitgegaan om te saai;..."
Mattheus 13:3

Ons sien in Mattheus 13 hoedat Jesus deur gelykenisse aan die mense die Koninkryk van die hemele se beginsels bekend maak. Dis 'n nuwe en amper "vreemde" boodskap vir hierdie wet gebonde mense, nogtans volg hulle Jesus om meer te hoor.

Die probleem waarmee die hoorders wat hoofsaaklik Israeliete/Jode en Skrifgeleerdes en Fariseërs was, was dat hulle algemene persepsies deur die Torah gevorm was, aangesien hulle geen Nuwe Testament as riglyn gehad het nie. Die Nuwe Testament was nog nie geskryf nie. Die mense het die onderrigting van die Fariseërs, die Skrifgeleerdes en die wette van Moses se tyd gevolg en het God daarvolgens gedien. Hulle het nog die verwagting van die Messias gehad, maar geen besef dat Hy reeds gekom het nie! Dis in die lig hiervan dat Jesus vir Sy dissipels in Mattheus 13:13-16, sê: "Daarom spreek Ek tot hulle (die skare mense wat die wetsgeleerdes en Fariseërs insluit) deur gelykenisse, omdat hulle, **terwyl hulle sien, nie sien nie, en terwyl hulle hoor, nie hoor of verstaan nie. En aan hulle word die profesie van Jesaja vervul wat sê: Met die gehoor sal julle hoor en glad nie verstaan nie, en julle sal kyk en kyk, en glad nie sien nie. Want die hart van hierdie volk het stomp geword, en met die ore het hulle beswaarlik gehoor; en hul oë het hulle toegesluit, sodat hulle nie miskien met die oë sou sien en met die ore hoor en met die hart verstaan en hulle bekeer en Ek hulle genees nie. Maar julle (die dissipels) oë is gelukkig, omdat hulle sien; en julle ore, omdat hulle hoor."**

In hierdie konteks is **Jesus self die Saaier.** Hy gaan voort, ten spyte van die mense se insiglose persepsies, om hulle te onderrig in die nuwe boodskap van die Koninkryk van God en die gepaardgaande beginsels daarvan. Hulle is vasgevang in die wettiese praktyke van die Torha en die "prediking" van die kerkleiers wat hulle geestelik blind en doof maak. Tog is daar dalkies 'n paar wat die waaragtige boodskap van die koninkryk sal hoor, want Jesus sê in vers 12 dat hy wat het, aan hom sal gegee word... Jesus praat nie hier oor posisie nie, maar oor insig in die geheime of verborgenhede van die Koninkryk van die Hemele. Selfs die dissipels het nie hierdie insig in gehad nie en daarom onderrig Jesus hulle ook.

In hierdie hoofstuk vertel Jesus o.a. drie gelykenisse waarby Hy die Koninkryk van die hemele met saad vergelyk. Onthou, soos in vorige dele van die boek omskryf, dat saad spesifieke DNA/genetiese eienskappe dra wat uniek tot sy doel is. Hierdie koninkryk saad dra die unieke doktrine van die Evangelie van Jesus Christus wat die Ou Testamentiese boodskap oorheers aangesien dit tot 'n einde gekom het, toe Jesus op aarde gearriveer het om hierdie Nuwe Testament met Sy kruisdood en opstanding in werking te bring of as sodanig geldig te maak. Lees gerus hieroor in Hebreërs 8:6-8-12; Hebreërs 9:14-16-17 en Hebreërs 10:9-10.

Toe Jesus in Mattheus 13:14-15 verduidelik dat die mense se harte stomp geword het en hulle beswaarlik kan hoor of sien, het Hy eintlik die punt gemaak dat die doel van Sy onderrigting dienooreenkomstig Jesaja se profesie was dat die mense sal begin verstaan wat Hy vir hulle wou leer, maar hulle harte het koud geword vir die Woord van die Here. Hoe weet ons dit? Ons sien dit volgens die vergelyking wat Jesus tussen die vier toestande van die hart van die mense in die gelykenis van die Saaier tref. Hy wou hê dat hulle hulself meet teen die verskillende tipes harte sodat hulle kan bepaal waar hulle hart sou inpas. Ons het nodig om dieselfde te doen. Hoe ontvanklik is <u>ons</u> vir die saad van die Koninkryk van die Hemele?

Die hele Mattheus 13 is in werklikheid gemik op die kerkleiers van daardie tyd. Ons sien dit wanneer Jesus hulle in Mattheus 13:52 spesifiek aanspreek: "…elke Skrifgeleerde…" Hierdie hoofstuk handel dus ook oor die weerstand teen die onderrigting van Jesus wat die Skrifgeleerdes openbaar het. Daarom sien ons dat hierdie leraars en onderrigters van die volk blinde leiers sonder insig en begrip was, wat dan ook blinde volgelinge sonder insig sou meebring.

Ons het nodig om in hierdie opsig ook te besin na watter dogmas van kerkleiers ons luister en watter geestelike saad ons toelaat om in ons harte pos te vat en te ontkiem en watter nie. dis in die lig hiervan dat dit belangrik is om die Waarheid van die Woord van die Here self onder leiding van die Heilige Gees ook te ondersoek.

DIE VIER TOESTANDE VAN DIE HART IN DIE GELYKENIS VAN DIE SAAIER IN MATTHEUS 13:

Eerste Hart (vers 19)
Hier het die koninkryk saad langs die pad geval en is opgepik deur die voëls. Hierdie mense verstaan nie die boodskap van die Koninkryk nie en daarom het dit vir hom geen waarde nie. hy dink nie eers verder daaroor na nie, maar vergeet dit. So beroof satan hom van die ewige waarheid van die Koninkryk.

Tweede Hart (vers 20)
Die koninkryk saad val op rotsagtige plekke, plantjies kan nie hier diep wortel skiet nie en verwelk en gaan dood in die son. Dis die rotsagtige harte wat 'n metafoor van die wet is wat op klip tafels geskryf is. Die wortels van die Koninkryk kan nie daar wortel skiet nie aangesien die klip hart nie gepenetreer kan word nie. wanneer hierdie persoon deur ander wettiese persone vervolg word, verloor hulle vinnig die bietjie geloof wat hulle gehad het.

Derde Hart (vers 22)
Die doringagtige hart is vol misleidende dogmas en fokus glad nie op die Koninkryk van die Hemele se sentrale boodskap nie. Hulle fokus is op selfverryking en self-verering. Jesus is nie in die "prentjie" nie.

Vierde Hart (vers 23)
Hierdie hart se grond is vrugbaar en voorberei om Koninkryk saad te ontvang. Dis hierdie goed voorbereide hart wat die woord van die Koninkryk van die Hemele verstaan en daarop reageer en doen. Hierdie persone se lewe lewer geestelike vrug op, 30-, 60- en 100-voudig. Dit is ook onselfsugtige vrug waar dit nie gaan om eie eer nie, maar om Jesus te vereer.

Dis dus belangrik om te luister en te verstaan waaroor die Koninkryk van die Hemele en die Evangelie van Jesus Christus gaan en nie vasgevang te bly in die algemene sirkulêre onakkurate dogmatiek van die moderne gelowe nie. Ondersoek die Waarheid van die Woord van die Here en lewe daarvolgens.

In Hosea vind ons hoedat die Here deur Hosea se lewe demonstreer watter geestelike struikelblokke Israel mee saam lewe.
In Hosea 14:2 sê die Here vir die volk: "Bekeer jou, ... tot die Here jou God, want jy het **gestruikel deur jou ongeregtigheid."**
In Hosea 12:7 gee die Here hierdie raad: "En jy, tot jou God moet jy **terugkeer, beoefen liefde en reg, en hoop gedurigdeur op jou God."**
In Jeremia **4:3 "Want so sê die Here....: "Braak vir julle 'n braakland en saai nie onder die dorings nie."**

Dis opvallend hoe hierdie verse eintlik aansluit by wat Jesus in Mattheus 13 gesê het. Dis net in 'n ander konteks gesit.
In Bybelse tye was dit die gewoonte van die saaier om eers sy saad met die hand te saai en <u>daarna</u> dit in te ploeg. Dit het tot gevolg gehad dat party saad verlore gegaan het, omdat dit nie op die goeie grond geval het, waar die saaier sou ploeg nie.

In die lig van hierdie praktyk, sê die Here vir die mense om EERS die braakland skoon te maak voordat daar gesaai word. Dis 'n begrip waarmee hulle sou kon vereenselwig.

'n Braakland is grond wat lank onbewerk en onversorg gelaat is. Die grond is hard en daar was meer as genoeg geleentheid vir saad van onkruid om te ontkiem en te groei. Dit sou dom wees om sulke grond volgens die gebruike van daardie tyd, te wou benut, sonder om dit eers skoon te maak.

Tog sien ons dat die Here eintlik 'n geestelike boodskap, wat vandag nog van toepassing is, wou oordra.

Die braakland lê reg binne-in ons harte. Die Israeliete was nie onbekend met God nie en ons is ook nie. Hierdie boodskap is dus nie vir die persoon bedoel wat nog nooit met die Here kennis gemaak het nie.

Hoe dikwels gebeur dit dat die besige lewe of ons eie laksheid ons weg trek van ons Eerste Liefde, naamlik God nie. Ons kan 10 000 ander dinge vind om te doen, eerder as om tyd met God te spandeer. In die proses, word ons harte 'n braakland. Ons hart se grond is hard en droog, nie geskik vir goeie saad nie. Die onkruid van verskeie "sondetjies" en slegte gewoontes kruip stadig maar seker in ons harte in en begin groei totdat daar nie meer vrugbare grond oor is, waarin die saad van God, naamlik die Woord van God kan groei nie. Dikwels kruip hierdie saad van sonde ongesiens in ons harte in en eers wanneer dit volwassenheid bereik het, besef ons ons is in die moeilikheid. Ons begin stoei met rebellie en opstandigheid teen God en dit word moeilik om weer hierdie slegte dinge in ons lewens af te sterf. Ons kan ook nie God halfhartig dien, terwyl die dorings van ons ongeregtigheid die liefde, die Woord en geregtigheid van God "verstik" nie. Jakobus 4:4 herinner ons daaraan dat ons nie vriende met die wêreld en met God gelyktydig kan wees nie, want hul staan as vyande teenoor mekaar. God wil met ons 'n groeiende liefdesverhouding hê. In so 'n verhouding is daar nie plek vir ander dinge wat bo Hom prioriteit geniet nie. Ons het nodig om van tyd tot tyd stil te word voor die Here en te kyk na die toestand van ons harte. Is dit 'n braakland of is dit vrugbare grond waarin die goeie saad van die Here kan groei??

Net soos die Here Israel hierdie aanbeveling gegee het, gee Hy dit vandag ook aan ons:

> *"Saai vir julle volgens die eis van geregtigheid, maai in ooreenstemming met die liefde;*
> *braak vir julle 'n braakland*
> *(m.a.w. berei jou hart voor sodat dit vrugbare grond het,*
> *gereed om Koninkryk saad te ontvang),*
> *want dit is tyd om die Here te soek,*
> *totdat Hy kom en geregtigheid oor julle laat reën."*
> *(Jesus is ons geregtigheid)*
> *Hosea 10:12*

DIE HERE IS MY HERDER
Psalm 23
"'n Psalm van Dawid.
Die HERE is my herder; niks sal my ontbreek nie.
Hy laat my neerlê in groen weivelde;
na waters waar rus is, lei Hy my heen.
Hy verkwik my siel; Hy lei my in die spore van geregtigheid,
om Sy Naam ontwil.
Al gaan ek ook in 'n dal van doodskaduwee,
ek sal geen onheil vrees nie; want U is met my:
U stok en u staf dié vertroos my.
U berei die tafel voor my aangesig teenoor my teëstanders;
U maak my hoof vet met olie; my beker loop oor.
Net goedheid en guns sal my volg al die dae van my lewe;
en ek sal in die huis van die HERE bly in lengte van dae."

Soos Dawid met sy Hemelse Vader praat en Hom as sy Herder identifiseer, openbaar hy van God se karaktertrekke aan ons soos wat sy ervaring met die Here is.

Hy koppel die eienskappe en karaktertrekke van 'n goeie herder aan die wyse waarop hy God se sorgsaamheid beleef. Hierdie openbaring is vandag nog vir ons van toepassing aangesien God onveranderlik is. Hierdie Psalm kan ook as 'n vorm van gebed en aanbidding gebruik word terwyl ons God verheerlik as ons sorgsame Herder.

Die Here is my Herder
Dankie Vader dat U my Herder is, dat U op my lewenspad vooruit stap, my paaie gelyk maak, elke struikelblok 'n trappie maak na geestelike groei....

Niks sal my ontbreek nie
Kyk en dink vir 'n oomblik, hoe sorgsaam die Here teenoor ons is, ons groot Voorsiener wat elke behoefte aanspreek sodat ons Sy oorvloed mag geniet.

Hy laat my neerlê in groen weivelde
Ons sal nooit honger lei nie en met hierdie versekering in gedagte, kan ons werklik in vrede ons kop neerlê en rustig wees – ons Herder sorg vir ons! Selfs ons geestelike honger word by die voete van Jesus bevredig.

Na waters waar rus is, lei Hy my heen
Die waters van Sy Gees geïnspireerde Woord les ons geestelike dors en bring ons gees en siel tot kalmte en rus. Jesus is waarlik ons Vredevors!

Hy verkwik my siel
Die helende krag van Sy Gees is tot ons beskikking- ons moet die Here net 'n kans gee om ons gebroke gees en siel te genees, sodat Sy verkwikkende krag deur ons hele wese kan vloei en 'n volmaakte werk doen.

Hy lei my in die spore van geregtigheid om Sy Naam ontwil.
Die Here neem ons op die pad van vergifnis en genade. Wanneer ons Sy vergifnis en genade aanneem en ook ander vergewe, plaas Hy Sy kleed van geregtigheid om ons skouers, dié kleed wat die verlossingskrag van Jesus dra. In die proses kom ons dan in die regte verhouding met Hom

wat op die troon sit en kan ons met vrymoedigheid die troon van God nader met ons versoeke en hartsbegeertes...

Al gaan ek deur dal van doodskaduwee, ek sal geen onheil vrees nie; want U is met my...
Selfs te midde van lewensbedreigende omstandighede, moeilike omstandighede en probleme waarvoor ons nie antwoorde het nie en te midde van neerslagtigheid en depressie, staan ons Herder gereed om ons daar uit te lei en ons na die bergtoppe van geestelike oorwinning te neem. Waar ek te swak is, dra Hy my. Waar ons kragte ophou, neem Sy ewige, wonderwerkende krag oor, daarom sal ek nie bang wees nie.

U stok en U staf, die vertroos my...
Die Here se beskerming is altyddeur tot ons beskikking. Sou ons blindelings die verkeerde pad kies, sal dit die Herder se staf wees wat ons terug trek na Hom toe. Sou ons êrens op 'n rots vasgekeer wees, .a.g.v. ons eie verkeerde keuses of in 'n bos van sonde verstrik wees, is dit Sy staf wat ons uit tel en na veiligheid aan Sy sy bring. Sy staf, Sy Woord sal ons lei, as ons gewillig is om te luister.

U berei 'n tafel voor my aangesig teenoor my teenstanders
En wanneer mense ons skade wil aandoen, ons tot 'n val wil bring, wanneer satan poog om ons aan te val, bied die Here Sy ewige beskerming aan en openbaar Sy kragtige werkinge aan die vyand. Hy verklaar onomwonde dat Hy Sy kudde beskerm en omring met voorspoed. Hoekom? Omdat ons Sy wettige eiendom is en Hy nie sal toelaat dat die vyand ons vernietig nie.

U maak my hoof vet met olie, my beker loop oor
Olie verwys hier ook na die salwing van die Heilige Gees. Dis so waar dat wanneer die Heilige Gees ons lewens deurdrenk en in beheer van ons denke en hele mens wees is, dan sal ons hart se beker oorloop met lof vir ons Abba Vader, ons Herder. Tereg het Jesus in Johannes gesê dat strome van lewende waters uit ons binneste sal vloei en dis presies wat gebeur as ons die Heilige Gees vrye beheer in ons lewens gee en toelaat dat Hy self Sy Woord aan ons openbaar en uitlê.

Net goedheid en guns sal my volg al die dae van my lewe....
'n Aktiewe, groeiende verhouding met ons God en Herder, waar ons altyddeur in Sy teenwoordigheid wandel, bring oorvloedige goedheid en guns in ons lewens mee, want Sy seëninge is deel van Sy beloftes aan ons.

En ek sal in die huis van die Here bly, tot in lengte van dae...
Die ewige lewe ...

Jesus sê: "Ek is die goeie herder, en
Ek ken my eie en word deur my eie geken.
Net soos die Vader My ken, ken Ek ook die Vader; en
Ek lê my lewe af vir die skape.
My skape luister na my stem, en
Ek ken hulle, en hulle volg My.
En Ek gee hulle die ewige lewe, en
hulle sal nooit verlore gaan tot in ewigheid nie, en
niemand sal hulle uit my hand ruk nie.
My vader wat hulle aan My gegee het, is groter as almal;
en niemand kan hulle uit die hand van my Vader ruk nie.
Ek en die Vader is een.
Johannes 10:15,16,27-30

WANNEER JESUS MY HOOGSTE VREUGDE WORD...

"Laat die Here self jou hoogste vreugde wees en dan sal Hy jou gee wat jou hart begeer.
Laat jou hele lewe aan die Here oor, want as jy op Hom vertrou, sal Hy vir jou sorg."
Psalm 37:4,5 (nuwe vertaling)

"O hoe kosbaar is U liefde! Daarom skuil mense onder U vleuels vir beskerming. Hulle geniet van **die oorvloed wat daar in U teenwoordigheid is** en U laat hul drink uit die stroom van U goedheid. Want **U is die fontein wat lewe gee en in U nabyheid ondervind ons eers wat lewe werklik is.**" Psalm 36:9+10

"En die Here sal jou **gedurigdeur lei** en jou **siel versadig** in die dor plekke en <u>jou</u> **gebeente sterk maak**; en <u>jy</u> sal wees soos 'n **tuin wat goed besproei** is en soos '**n fontein van waters** waarvan die water **nooit teleurstel nie**" Jesaja 58:11

Die Woord van die Here is verkwikkend en nuut elke dag, net soos wat dit is om gedurig in Sy teenwoordigheid te mag wees! Die vraag is, leef jy in Sy teenwoordigheid, is Hy jou hoogste vreugde??

Dawid het die geheim van hoe om in God se standhoudende teenwoordigheid te lewe, duidelik geken en vir ons die sleutels nagelaat om hierdie geheim in ons lewens oop te sluit:-
Lees weer Psalm 37:4,5, ook in die ou vertaling, sodat jy die volle waarde van hierdie verse kan waardeer.

Dawid se aanbevelings kan as volg omskryf word:-

- Fokus op die Here. Laat Hy altyddeur die Middelpunt van jou bestaan wees.
- Maak **Hom jou hoogste vreugde** in jou lewe. Dis 'n daadwerklike keuse wat jy moet maak.
- Vertrou met hart en siel op die Here.
- Laat toe dat die Here prioriteit inspraak in jou lewe het. Sodoende sal Hy vir jou sorg.
- 'n Halfhartige oorgawe kan jou nie binne God se oorvloedige seën plaas nie, want satan het nog geleentheid om jou van jou seëninge te beroof. God wil in totaliteit vir jou sorg en daarom eis Hy 'n 100% oorgawe! Deel van God se sorg, is Sy beskerming vir jou, maar dis net moontlik as al die geestelik deure in jou lewe toe is.
- Hoe meer tyd ek in God se teenwoordigheid deurbring, deur middel van Gebed, tweerigting kommunikasie met Hom, Sy Woord lees en die gemeenskap van ander opregte kinders van die Here opsoek, hoe groter word God as 'n realiteit in my lewe, hoe meer leer ek Sy karakter ken, wat juis hierdie vreugde in die Here tot gevolg sal hê. Psalm 36:10,11.

Wat is die gevolge van hierdie leefwyse in die Here?

- <u>**God gee ons die begeertes van ons hart**</u>! Die Here verstaan dikwels ons hartsbegeertes beter as wat ons dit self verstaan en vervul dit op so 'n wonderlike wyse dat 'n mens verstom staan.
- Juis omdat die Here ons in diepte ken en verstaan, kan ons begeertes en behoeftes volmaak deur Hom vervul word.
- Ons word toegevou in God se sorgsame liefde. Dis Sy ewige liefde wat die mooi terug bring in 'n stukkende wêreld en wat genesing in harte bring.
- Psalm 36:8-10 maak ons bewus van die oorvloed wat ons in die Here ondervind wanneer ons met oorgawe in Sy teenwoordigheid lewe. Ons geniet die "vettigheid van Sy huis en drink van die stroom van Sy genietinge..."

Om in God se teenwoordigheid te lewe, beteken om in oorvloed te lewe....
Wat behels hierdie oorvloed?
Geestelike oorvloed en selfs materiële en emosionele oorvloed, want God sorg vir ons in totaliteit en wil hê dat ons oorvloed en vervulling in ELKE faset van ons menswees belewe.
Saam met hierdie oorvloed kom die hemelse brood waarmee Hy ons voed en die borrelende lewende fontein-waters van Sy Heilige Gees waarmee Hy ons siel verkwik en ons geestelike honger en dors kom versadig. Dis 'n feesmaal! Sy oorvloed! Johannes 10:10.

Wat hierdie oorvloed so uitstaande maak, is dat dit ons bring by die sin in die lewe – dit wat die lewe die moeite werd maak. In Hom ondervind ons wat die lewe werklik is; In God lê dit wat die mens so intens na smag. Wat dikwels nie besef word nie is dat hierdie smagting juis bevredig kan word **in God se teenwoordigheid!**

Kyk na die beloftes in Jesaja 58:11:-
Wanneer ons gedurigdeur in die Here se teenwoordigheid bly – toelaat dat Hy ons soos 'n Herder lei, volg die Here se oorvloed:
> *Ons siel word versadig.
> *Ons word liggaamlik ook sterk en selfs genees wanneer dit nodig is.
> *Ons word soos 'n immergroen tuin, gelaai met blommeprag en vrugte.

Dit gebeur alles a.g.v. die Here se versorging en Sy heilige heerlikheid wat in en deur ons lewens weerspieël word, sowel as die standhoudende drag van Heilige Gees-vrug wat in ons lewens teenwoordig is. Dis die Here self wat ons hart se tuin versorg en dit besproei met standhoudende Heilige Gees waters wat aanhoudend in ons lewens soos genade druppels op ons kom reën.

Psalm 37:4 sê: "**Verlustig jou in die Here, dan sal Hy jou gee die begeertes van jou hart.**"
Om jou in die Here te verlustig, beteken om Sy konstante teenwoordigheid in jou lewe te erken en te geniet, kwaliteit tyd met Hom te spandeer en insig in Sy wil deur Sy Woord in die Bybel te verkry. Sodoende groei jou liefdesverhouding met Hom en word dit 'n natuurlike leefwyse om volgens Sy Koninkryk beginsels te lewe. Jou wil word sinoniem met Sy wil en jou begeertes is dan ook volgens Sy wil, daarom, wanneer jy bid en jou begeertes aan Hom bekend maak, sal jy dit ontvang, want jy bid volgens Sy wil

Waarom maak jy nie vandag 'n vasbeslote keuse om die Here jou hoogste vreugde te maak, ongeag die omstandighede, nie? God se Woord staan vas en wat Hy belowe, voer Hy uit, daarom sal Hy ook vir jou, die begeertes van jou hart gee.

Abba Vader, ek maak vandag opnuut 'n nuwe besluit om met oorgawe,
U eerste in my lewe te stel, om U my hoogste vreugde te maak.
Ek weet dat ek uit my eie uit, nie sterk genoeg is om dit altyddeur te doen nie,
Daarom vra ek dat U asseblief my sal bekragtig deur U Heilige Gees.
Ek wil U nie dien net vir wat ek uit U hand ontvang nie,
maar wil gedurigdeur in U teenwoordigheid wees,
want by U alleen is ek gelukkig en vervuld.
Dankie vir al die oorvloedige seën wat ek vanuit U hand ontvang.
Here, laat my lewe ook vir U 'n vreugde wees.
In Jesus se Naam alleen
Amen

IV. HOE GROOT IS U!

So sê die Here:
"Die hemel is my troon en
die aarde die voetbank van My voete..."

"Wie het die waters met die holte van Sy hand afgemeet en
van die hemele met 'n span die maat geneem
en in 'n drieling die stof van die aarde opgevang
en die berge geweeg met 'n weegtoestel
en die heuwels met 'n weegskaal?"
"Wie het die Gees van die Here bestuur en as Sy raadsman Hom onderrig?
By wie wil julle God dan vergelyk? Of watter gelykenis naas Hom stel?"

"Hy sit bo die kring van die aarde en
die bewoners daarvan is soos sprinkane;
Hy span die hemele uit soos 'n dun doek en
sprei dit uit soos 'n tent om in te woon.
'n Ewige God is die Here, Skepper van die eindes van die aarde..."
Jesaja 66:1a & Jesaja 40:12,13,18,22,28a

"JEHOVAH SHAMMAH"

"Ek sal vir Israel wees soos die dou,..." sê die Here.
Hosea 14:6

God se alom teenwoordigheid was vir my vanoggend amper sinoniem aan die vroeë oggend mistigheid en die kristalhelder doudruppels wat in die vroeë oggend sonstrale van tyd tot tyd skitter sodra hul tussen die miswolkies deur breek.

Wanneer ek aan Sy Gees dink, wat ook binne-in my woning maak, sien ek in my geestesoog Sy dinamiese werking in mense se lewens en so ook in my eie, maar dan is daar tye soos nou, wanneer mens bewus word van Sy sagte, liefdevolle, vredevolle, verkwikkende teenwoordigheid, soos die alomteenwoordige mistigheid; wanneer Hy mens se rustelose gees kom rustig maak, deurdat Hy die alewige bekommernisse in Goddelike vrede verander; en wanneer Hy Sy Liefde soos 'n warm kombers om mens se hart kom toevou...

Sy teenwoordigheid is verkwikkend, kraakvars en nuut soos die doudruppels op die blare. Dit herinner my opnuut aan Dawid se woorde, "Hy verkwik my siel..." Ja, dis waar, Abba Vader se alomteenwoordigheid verkwik die onrustige siel en laat dit opnuut in Sy krag herleef. Net soos die plante van hierdie aarde van die dou en reën vir oorlewing afhanklik is, is ons afhanklik van God se verkwikkende invloed in ons gees- en sielsdimensie. Daarsonder sal ons verdroog en wegkwyn soos 'n bossie in die woestyn.

Vir die Israeliete was die dou ook deel van God se seën, oorvloed en voorspoed. Wanneer dit sou opdroog en nie meer daar was, na die nag verby is nie, sou dit 'n teken wees vir selfondersoek. Het hulle hul rug op die Here gedraai dat die Here Sy seëninge ook weerhou?

In Deuteronomium 32 sing Moses 'n lied op bevel van die Here. Hier sien ons in vers 2 hoe dou simbolies tot gesproke woord gebruik word. Vers 2 sê: " Laat my leer (H3948 - doktrine) drup soos die reën, my **woord vloei soos die dou**, soos reëndruppels op die grasspruitjies en soos reënbuie op die plante." Sekerlik sou hierdie lering van die Here af kom en met genade en liefde bedien word.

Jesus nooi ons ook in Johannes 7:37 met hierdie woorde: "... As iemand dors het, laat hom na My toe kom en drink! Hy wat in My glo, soos die Skrif sê: strome van lewende water sal uit sy binneste vloei..." Sy Gees belaaide Woord sal ons opnuut verkwik, opbou en laat "oorvloei" tot Sy eer.

Maak tyd om in die verkwikkende teenwoordigheid van God stil te staan, sodat Hy jou gees en siel opnuut kan laat herleef deur die varsheid van Sy Gees in jou binneste uit te stort. Laat Hom toe om "JEHOVA SHAMMAH" - "God is teenwoordig", "God is hier", vir jou te wees.

In Sy standhoudende teenwoordigheid in jou lewe, ook in jou binneste waar Hy kom woning maak het, sal jy krag vind vir elke dag en sal jy Sy stem hoor wanneer Hy tot jou spreek deur Sy Woord.

"En laat ons ken – laat ons dit najaag om die Here te ken;
Sy opgang is so seker soos die dagbreek en
sal tot ons kom soos die reën,
soos die laat reëns wat die aarde besproei."
Hosea 6:3

DIE SOEKTOG NA GOD SE HEERLIKHEID

Daarop vra hy: "Laat my tog U heerlikheid sien.
Maar Hy antwoord: Ek sal al My majesteit by jou laat verbygaan en
Voor jou die Naam van die Here uitroep;
Maar Ek sal genadig wees vir wie Ek genadig wil wees en
My ontferm oor wie Ek My wil ontferm."
Exodus 33:18,19

Ons lees van verskeie mense in die Bybel wat die heerlikheid van God op verskeie maniere beleef het. Nie al die mense het die voorreg gehad om God op spesiale maniere te sien, ervaar of beleef nie.

Een so 'n persoon, waarvan ons baie min in die Bybel lees, is Henog. In Genesis 5:24 en Hebreërs 11:5 lees ons dat Henog met God gewandel het en dat hy God so behaag het, dat God hom in die hemel opgeneem, sonder dat hy gesterf het. Wat was so uniek aan sy lewenswandel met God? Hy het verseker die heerlikheid van God kon beleef wat voortspruit vanuit 'n baie intieme verhouding met God.

Noag het ook 'n unieke verhouding met God gehad. God kies hom bo al die ander mense uit om vir Hom 'n taak te verrig wat nog nooit op hierdie aardbodem, tot op daardie tyd, verrig is nie. Hy vra Noag om 'n ark te bou sodat God sy familie kan red, terwyl God se oordeel in die vorm van 'n vloedwater oor die hele aarde uitgegiet word! Noag se geloof moes van uitstaande gehalte gewees het, om te kon deurdruk met so 'n amper onmoontlike taak! Wat sy geloof verder so uitstaande gemaak het, was ook die feit dat daar tot op daardie tydstip nog nooit iets soos reën vanuit die hemel geval het nie en vir honderd en twintig jaar bou Noag en sy seuns aan hierdie Godgegewe boot onder die vloed van spotterny van die goddelose mense wat om hulle gewoon het. Ek kan nie help om te wonder hoe ek of jy op so 'n opdrag sou reageer het nie! Sou ons vir 120 jaar kon uithou en standvastig in ons geloof kon bly? Ons lees in Genesis 6:8,9 watter aantreklike eienskappe hy gehad het in die oë van die Here: "Maar Noag het genade in die oë van die Here gevind. ... Noag was **'n regverdige, opregte man onder sy tydgenote. Noag het met God gewandel."**

Vanaf Genesis 11 tot hoofstuk 22 lees ons van nog 'n besonderse man wat God se aandag getrek het. Hierdie man is Abraham. God openbaar Sy heerlikheid deur middel van gesprekke, drome, visies en besoeke van hemelse gaste (engele). God gaan nog verder en sluit 'n verbond met Abraham wat Hy tot op die letter deurgevoer het. Wat het gemaak dat God bereid was om 'n "ekstra myl" met Abraham te stap? Abraham het 'n onwankelbare geloof in God gehad en het die menslik onmoontlike van God verwag en dit na ongeveer 25 jaar ontvang. Hy het blindelings gehoorsaam deur in opdrag van God weg te trek na 'n bestemming wat hy nie aanvanklik geken het nie. Hy het geglo dat God sy seun weer sal opwek en sy nageslag verseker, al sou hy hom as 'n offer laat sterwe. Sien Hebreërs 11:8,17,18. Laastens, maar nie die minste nie, het God aan Abraham die hemelse stad getoon! Sien Hebreërs 11:10. Wat 'n onbeskryflike voorreg! God ken die einde reeds van die begin af, daarom kon Hy honderde en duisende jare se gebeure vooruit aan Abraham bekend maak. Hy vertel presies vir Abraham wat met sy nageslag sou gebeur, nog lank voordat Isak eers gebore is. Lees hiervan in Genesis 15:13-15.

Na Abraham, sien ons hoe God Sy heerlikheid op soortgelyke maniere aan Isak en sy vrou Rebekka, asook aan Jakob en sy vrou Rachel en hul seun, Josef, openbaar.

Honderde jare later, is daar 'n man met die naam van Moses wat deur God uitgekies word om Sy volk uit Egipte te lei. Hierdie man het ook God se aandag getrek. Hy ontmoet hom by die brandende bos en openbaar Homself as die groot "EK IS WAT EK IS," in Exodus 3:14. Moses se verhouding met God is so standvastig en intiem dat die Bybel dit beskryf as 'n unieke Goddelike vriendskap tussen God en die mens in Exodus 33:11. God openbaar Homself aan Moses deur middel van direkte gesprekke tussen Hom en Moses, deur middel van besoeke op die berg, Sinai, deur hemelse visies en deur gesprekke in die Tabernakel wat God deur Moses laat oprig het, nadat Hy aan Moses 'n hemelse visie gegee het en die presiese afmetings en voorskrifte aan Moses oorgedra het. Lees daarvan in Exodus 25:9.

Moses was 'n intersessor vir die volk, Israel. Hy was onwankelbaar in sy geloof en gehoorsaamheid teenoor God. Hy toon sy 100% oorgawe en afhanklikheid aan God deur die volk telkemale deur lewensbedreigende omstandighede, met God se krag, te lei.

Moses skroom nie om selfs te midde van God se ontevredenheid met die volk, Israel te vra, **"Here, wys my tog U heerlikheid"** nie. God begenadig Sy vriend deur Sy heerlikheid aan hom te toon, terwyl Hy hom in die skeur van 'n rots versteek. Wat 'n onbeskryflik wonderlike ondervinding moes dit gewees het! Lees daarvan in Exodus 33:17-23.

Tog is daar tye wanneer die mens wegskram van God en Sy geopenbaarde heerlikheid. Wat maak dat ons dit doen? Ons sien dat Israel nie kans gesien het om in God se geopenbaarde heerlikheid in te beweeg nie. Hulle was gevul met vrees en het verkies dat Moses eerder die boodskappe van God af aan hulle moet meedeel. Lees gerus daarvan in Exodus 24:16-18 & Exodus 34:29-35. Hulle het ook weggeskram van God se heerlike teenwoordigheid omdat sonde nog so prominent in hul lewens was.

Romeine 3:23 sê vir ons dat **"Almal het gesondig en dit ontbreek hul aan die heerlikheid van God."** <u>Voor die sondeval, was Adam en Eva geklee in God se heerlikheid, aangesien hulle sonder sonde was.</u> Hulle het God se heerlike teenwoordigheid kon geniet tot op die dag dat hulle vir die versoeking van satan toegegee het. God se heerlikheid en teenwoordigheid is nie verenigbaar met sonde nie en daarom is Adam en Eva naak na die sondeval gebeure. Hulle ervaar nou ook vrees en kruip vir die Here weg in die tuin. Hierdie vrees was die gevolg van die sonde. Die Here klee hulle in diervelle, nadat Hy die eerste sondoffer vir hul sonde gebring het. Lees daarvan in Genesis 3:7-11,21-23 & Genesis 4:4. Sonder bloed sou daar nooit weer versoening tussen God en die mens kon wees nie, sou die mens nooit weer die heerlikheid van God in intensiteit kon sien en ervaar nie.

Sonde bring skeiding tussen God en die mens, maar God se liefdevolle uitreik na die mens word nie hierdeur gestuit nie. Hy bring uit liefde en genade uit, die finale offer wat die mens weer in die vermoë plaas om in Sy teenwoordigheid en geopenbaarde heerlikheid te mag in beweeg, naamlik Sy Seun, Jesus Christus. Lees gerus Hebreërs 9:11,12-15a,22-28.
Wat 'n wonderlike voorreg het ons om so 'n volmaakte, liefdevolle God te mag dien!

Het jy al die geopenbaarde heerlikheid van God in jou lewe ervaar?

In hierdie moderne eeu wil die mense 'n 3de tempel bou sodat God se heerlikheid weereens daarin kan neerdaal soos in die Ou Testament, toe Sy heerlikheid te vinde was in die Allerheiligste van die Tabernakel en Tempel. Hulle perspektief het deur al die jare heen net nie verander rondom die ervarings van die Ou Testament na die Nuwe Testamentiese leefstyl wat Jesus gepredik en aan die mensdom waarvan ons deel is, geopenbaar het nie.

In die Ou Testament het die mense 'n "uiterlike" vertoon/ manifestasie van God se heerlikheid en Sy teenwoordigheid gesien. Hierdie "uiterlike" vertoon van God se teenwoordigheid en heerlikheid het die mense na daardie plek van aanbidding laat kom waar hulle die heerlikheid van die Here en Sy teenwoordigheid gesien en ervaar het. Die rede hiervoor, was dat God nie deur Sy Gees in die mens in gewoon het nie, maar slegs met tye op hulle neergedaal het. Een so 'n voorbeeld sien ons in Numeri 11:24-26 waar die sewentig manne van Israel geprofeteer het toe die Gees van die Here "**op** hulle gerus het"

In die Nuwe Testament sien ons hoedat hierdie situasie verander het. In Mattheus 6:5-6 beveel Jesus ons aan om in afsondering, in ons binnekamer te gaan om ons aanbidding te beoefen. Hy het ook self dikwels in afsondering op 'n berg geklim om te bid en tyd met God die Vader te spandeer. Sulke voorvalle vind ons onder andere in Markus 1:35 en Mattheus 14:23.

Jesus belowe aan Sy dissipels wat later as Apostels begin optree het, dat wanneer Hy weggaan, terug na Sy Vader toe, Hy Sy Gees na hulle sal stuur. In Handelinge 2: 1-7 sien ons hoedat hulle met die Heilige Gees **vervul** word. Na hierdie insident, sien ons hoedat die Apostels die mense wat tot bekering kom, doop en vir hulle hande oplê om die Heilige Gees se inwoning in hul lewe te ontvang.

Paulus verduidelik later hoedat die heerlikheid van die Here weer in ons lewens herstel kan word. Dié herstelproses begin by die proses van bekering en wedergeboorte opgevolg met heiligmaking waardeur ons progressief in gees en siel vernuwe word. Ons liggaam sal volg soos wat gees en siel "dikteer."
Soos al vantevore in die boek uiteen gesit is, verduidelik Paulus dat Abba Vader deur Sy Gees kom woning maak in ons, aangesien ons die tempels van die Here geword het. Ons lees weer ter herinnering 2 Korinthiërs 6:16-18 wat sê: "Of watter ooreenkoms het die tempel van God met die afgode? **Want julle is die tempel van die lewende God, soos God gespreek het: Ek sal in hulle woon en onder hulle wandel, en Ek sal hulle God wees, en hulle sal vir My 'n volk wees.** Daarom, gaan onder hulle uit en sonder julle af, spreek die Here; en raak nie aan wat onrein is nie, en Ek sal julle aanneem; en Ek sal vir julle 'n Vader wees, en julle sal vir My seuns en

dogters wees, spreek die Here, die Almagtige." M.a.w. as die Gees van Abba Vader in ons kom woning maak het, Het Hy ook met Sy heerlikheid intrek geneem soos in die Ou Testamentiese tabernakel en tempel.

Ons sien dat volgens Genesis 3:1-7-10 en Romeine 3:23 dat die mensdom naak geword het na die sondeval, m.a.w. die heerlikheid van die Here en Sy Gees het van hulle onttrek. So deel van die vraag vir vandag is, hoe kry ons dan hierdie geestelike kleed van heerlikheid weer terug? Romeine 13:14 wat sê: "Maar **beklee julle met die Here Jesus Christus,** en maak geen voorsorg vir die vlees om sy begeerlikhede te bevredig nie. " Hier vind ons die geestelike sleutel, nl. om onsself met Jesus te beklee. Dit beteken om die karakter van Jesus Christus aan te neem en uit te leef. Paulus omskryf hierdie geestelike bekleding verder in Kolossense 3:9-10,12-17 wat sê: "Lieg nie vir mekaar nie, omdat julle die oue mens met sy werke afgelê het en **julle jul met die nuwe mens beklee het wat vernuwe word tot kennis na die beeld van sy Skepper, Beklee julle dan, as uitverkorenes van God, heiliges en geliefdes, met innerlike ontferming, goedertierenheid, nederigheid, sagmoedigheid, lankmoedigheid. (Karakter eienskappe van Jesus). Verdra mekaar en vergewe mekaar as die een teen die ander 'n klag het; soos Christus julle vergeef het, so moet julle ook doen. En beklee julle bo dit alles met die liefde wat die band van die volmaaktheid is. En laat die vrede van God, waartoe julle ook in een liggaam geroep is, in julle harte heers, en wees dankbaar. Laat die woord van Christus ryklik in julle woon in alle wysheid. Leer en vermaan mekaar met psalms en lofsange en geestelike liedere, en sing in julle hart met dankbaarheid tot eer van die Here. En wat julle ook al doen in woord of in daad, doen alles in die Naam van die Here Jesus en dank God die Vader deur Hom."** In hierdie gedeelte beskryf Paulus die karakter eienskappe van Jesus wat ook in ons lewens aanwesig moet wees deurdat ons dit beoefen tot eer van die Here. In vers 10 verwys Paulus na die "nuwe mens" wat volgens die Beeld van die Skepper is. Dit hou verband met ons voorkoms soos voor die sondeval.

Dis die bloed van Jesus wat ons reinig van alle sondes en wat ons in die posisie plaas om sonder sondes voor Abba Vader te kan wees. In Openbaring 7:14 praat dit juis van die mense wat hul klere gewas het in die bloed van die Lam: "...En hy sê vir my: Dit is hulle wat uit die groot verdrukking kom, en **hulle het hul klere gewas en hul klere wit gemaak in die bloed van die Lam."** Hierdie gelowiges was bekleed in wit klere juis omdat hulle dit gedoen het. In Openbaring 19:8 sien ons dat hierdie geestelike wit klere regverdige dade verteenwoordig: "En aan haar (die bruid – die Ekklesia kerk) is gegee om bekleed te wees met rein en blink fyn linne, want **die fyn linne is die regverdige dade van die heiliges."**

In Openbaring 16:15 word ons gewaarsku met hierdie woorde: "Kyk, Ek kom soos 'n dief. Salig is hy wat **waak en sy klere bewaar, sodat hy nie miskien naak rondloop en hulle sy skaamte sien nie."** Hierdie geestelike wit fyn linne kleed is dus sinoniem met die heerlikheid van die Here waarmee ons beklee moet wees aangesien dit ook ons regverdige dade verteenwoordig. Jesus vertel in Mattheus 22:1-14 'n gelykenis van 'n bruilof wat beplan is deur 'n koning vir sy seun. Alles was gereed en toe die diensknegte uitgestuur word om die gaste te nooi, is daar net moeilikheid. Geen genooide gas wil kom nie! Inteendeel, hulle maak selfs op een geleentheid die diensknegte dood! Die koning stuur weer diensknegte uit om mense op die strate te nooi om die bruilof by te woon. In vers 11 sien ons hoedat daar vir hierdie mense een vereiste was, hulle moes 'n bruilofskleed aan hê! Toe die koning iemand vind wat **nie** 'n bruilofskleed aan het nie, is hy verwyder vanuit hierdie bruilofsfees. Daar is duidelike ooreenkoms tussen hierdie gelykenis en gebeure wat beskryf word in Openbaring 19:7-9,10b wat handel oor die bruilof van die Lam in die hemele. Daar is baie simboliek en detail wat hierdie Skrifgedeelte inhou, maar terwille van die onderwerp waarmee ons besig is, wil ek noem dat die bruilofskleed juis die wit kleed van regverdige dade is wat die heerlikheid van die Here weerspieël. Ons sien dat hierdie koning van Mattheus 22 die egte en onegte kon onderskei op grond van die geestelike kleed wat gedra word. Daarom is dié wat **nie** 'n bruilofskleed gedra het nie, uit die bruilofsfees verwyder.

In Openbaring 2:1-7 spreek Jesus die gemeente van Efese aan oor hul verkeerde praktyke en vermaan hulle om hul te bekeer terug na Hom en Sy wil toe. Indien hulle dit nie sou doen nie, sal Jesus hulle kandelaar verwyder. Hier word 'n baie ernstige saak uitgebeeld. Die kandelaar verwys deels na die Ou Testamentiese sewe punt kandelaar wat in die Heilige van die Tabernakel en Tempel was en wat altyd gebrand het. Die simboliek van die lig van hierdie kandelaar, was die teenwoordigheid van die Heilige Gees. Hier gebruik Jesus juis hierdie simboliek om die teenwoordigheid van die Heilige Gees in elke Ekklesia-gelowige se lewe uit te beeld. Indien hierdie gemeente nie sou wegdraai van hul sondige praktyke nie, sou die Heilige Gees van hulle onttrek. Wat 'n skrikwekkende gedagte en toestand om in te wees, indien dit sou gebeur! Net soos wat Jesus die gemeente gewaarsku het, word ons ook vandag gewaarsku. Die teenwoordigheid van die Heilige Gees in ons, is ook verteenwoordigend van die heerlikheid van die Here in ons. Hier sien ons soortgelyke gebeure as wat met Adam en Eva met die sondeval gebeur het toe God se heerlikheid van hul onttrek het.

Laat hierdie waarskuwing nie by jou verby gaan nie, maar wees sensitief vir die inspraak van God se Gees. Moenie aan die slaap gevind word, soos die 5 maagde in Mattheus 25:1-13 wanneer die hemelse bruilof begin nie, maar wees waaksaam en gereed. Laat die lig en heerlikheid van God se Gees in jou lewe gedurigdeur brandend wees.

Jesus sê: "Wie My gebooie het en dié bewaar, dit is Hy wat My liefhet; en Ek sal hom liefhê en My aan hom openbaar. ... as iemand My liefhet, sal hy My woord bewaar en My Vader sal hom liefhê en Ons sal by hom woning maak."
Johannes 14:21

Liefdevolle Vader
Ek kan nie anders as om my hande op te hef en my hart as 'n offer voor U te bring nie! U is my God, daar is geen ander soos U nie. U verkwik my siel en laat my drink van die lewende waters van U Gees.

U is my Koning, my alles, die vervulling van my drome, die vervulling van dit waarna ek smag, ja, U is die Ewige Liefde wat harte heel maak, wat my geestelike dors les en my honger siel voed... Wat hartsbegeertes realiteit maak en wat alles so in diepte verstaan!

Heilig is U, o Heer, lofwaardig tot in alle ewigheid! Wonderbaar, Groot en Almagtig. Jesus, U is my Prins van Vrede, my Raadgewer in moeilike tye, 'n Magtige God, my 'EK IS' wanneer die storm woed en dreig om my te oorweldig; my Skuilplek teen die bose, U is my Voorsiener, U is my Trooster en U is die Middelpunt van my hele bestaan. Sonder U verkwikkende teenwoordigheid is ek niks nie, net 'n leë dop.
My Ewige Koning en Verlosser! Halleluja!

Abba Vader, Jesus, ek't U lief en wil net dankie sê dat U so wonderbaar en goed is vir my. Dankie vir die rykdom van U teenwoordigheid. U is God en daar's geen een soos U!

In Jesus se Heilige Naam.
Amen

HOOP MET EWIGHEIDSWAARDE

"En nie alleen dit nie, maar ons roem ook in die verdrukkinge (swaarkry),
omdat ons weet dat die verdrukking lydsaamheid (volharding) werk,
en die lydsaamheid beproefdheid en die beproefdheid hoop;
en die hoop beskaam nie,
omdat die liefde van God in ons harte uitgestort is
deur die Heilige Gees wat aan ons gegee is."
Romeine 5:3-5

Wanneer ons na hierdie sukkelende wêreld om ons kyk, terwyl ons self ook onder spanningsdruk verkeer a.g.v. al die neerdrukkende omstandighede en uitdagings, is dit baie maklik om ons geloof en hoop in ons Almagtige Hemelse Vader te verloor en in 'n put van hopeloosheid en depressie te verval. Ons kan dan nie verby al die hartseer, pyn, duisternis, siekte en eindelose fisiese en psigiese stryd beweeg nie. Ons raak in 'n onvermoë om onsself en selfs ander te help.

In hierdie toestand van wanhoop vergeet ons die feit dat ons hoop en krag direk in die Here self geanker is en dat dié Hoop en Vertroue in Hom ons Bron van lewe, krag en sterkte is. Die Here maak elke dag nuut en skenk aan ons 'n dag se porsie van Sy genade, soos manna uit die hemel om ons deur die dag te dra. Daarom kan ons vashou aan wat die Here vir Paulus gesê het in 2 Korinthiërs 12:9: "En Hy het vir my gesê: **My genade is vir jou genoeg, want my krag word in swakheid volbring.** Baie liewer sal ek dus in my swakhede roem, sodat die krag van Christus in my kan woon."

Die oomblik wat ons vanuit ons posisie van wanhoop weer terug draai na Jesus as ons Redder en Verlosser toe en ons afhanklikheid aan Hom verklaar, begin 'n klein saadjie van nuwe hoop weer ontkiem. Wanneer ons weer Sy aangesig soek en ons verhouding met Hom herstel, sal ons 'n vernuwing in ons gees, siel en hart ervaar.

In Jesaja 30:15 & 18 sien ons hoedat die Here die volgende aan Israel verklaar terwyl Hy hulle terug roep om terug te draai na Hom toe.: "In terugkeer en rus lê julle heil (verlossing), in stil wees en vertroue bestaan julle krag; maar julle wou nie." Hier sien ons dat die Here hulle die keuse gegee het om terug te keer of nie.
In Jesaja 30:18 sien ons die volgende: "En daarom sal **die HERE met ongeduld daarop wag om julle genadig te wees, en daarom sal Hy Hom verhef om Hom oor julle te ontferm**; want die HERE is 'n God van die gerig. **Welgeluksalig almal wat op Hom wag!**"
Dieselfde uitnodiging word vandag nog aan ons gerig, naamlik om terug te keer sodat Hy Sy genade aan ons kan bewys. Die Here wag met ongeduld vir geleentheid om ons weer te seën wanneer ons weer in verhouding met Hom kom.

Terwyl ons die beproewings, swaarkry en uitdagings van die lewe in die gesig staar, roep die wêreld desperaat uit na enige vorm van oplossing en hoop waaraan hulle kan vasgryp soos aan grashalms wat oor 'n berg krans hang waar hulle dreig om af te val. Weens meeste mense se laksheid om die waarheid van God se Woord, die Bybel te ondersoek, is hulle onkundig oor waar om dié hoop met ewigheidswaarde te kry. Hulle gryp na enige tydelike iets of iemand wat hoop

137

aanbied – dié hoop wat hulle 'n voorspoedige, "pandemie-vrye", toekoms kan gee sodat hulle net tog kan aangaan met hulle normale goddelose bestaan. Dis hartseer maar ongelukkig waar.

DIE VRAAG IS: WAAR EN HOE KRY ONS 'N STANDHOUDENDE HOOP WAT ONS DEUR HIERDIE MOEILIKE TYE EN WêRELDSE CHAOS SAL DRA?
Ons vind die begin van standhoudende hoop in die oomblik wat ons 'n definitiewe besluit neem om ons geestelike visie te verander! Wanneer ons, ons visie vasberade op Jesus rig en NIE op die wêreld se omstandighede om ons, of op ons eie persoonlike uitdagings nie, sal ons weer hoop vind.

Dawid skryf in Psalm 141:8 die volgende: **"Op U, Here my God, aan wie ek behoort, is my oë gerig, by U skuil ek**, moenie dat my lewe wegkwyn nie." (1983 vertaling).
Om gedurigdeur ons oë op Jesus gerig te hou, het 'n bykomende betekenis van, dat ons aandagtig op Hom gefokus is. Wanneer ons aandagtig op iets of iemand spesifiek fokus, ontvang ons terselfdertyd inligting en insig via ons oë, ons verstand en soms ons ore ook.
Ter illustrasie hiervan:-
Indien jy na 'n beeld op jou selfoon kyk, ontvang jy ook inligting via jou oë en ore wat jou in staat stel om met insig en kennis 'n assosiasie te vorm tussen wat jy sien en hoor. Hierdie inligting word in jou verstand verwerk en gestoor en het die potensiaal om jou en andere se lewens op een of ander manier te beïnvloed.

Indien ek konstant my geestelike visie op Jesus sou fokus, sal ek vind dat ek 'n groter bewustheid van Jesus se konstante teenwoordigheid in my, sal ontwikkel wat my in staat stel om Sy stem duideliker te hoor, veral d.m.v. Sy Woord in die Bybel. Sy Beeld word stelselmatig in jou vasgelê/gegraveer. Jy sal sodoende 'n groter bewustheid van jou posisie in Jesus Christus hê, wat jou in staat sal stel om vanuit daardie posisie te lewe. Dit waarop jy fokus word ook deel van jou eie persoonlike gedragskode.

Die hoop waarmee ons die lewe en omstandighede dan sal hanteer, sal vanuit die lewende lig van Jesus Christus in ons, gegenereer word, wat sal meebring dat ons nie in die geestelike en psigiese duisternis van depressie sal lewe nie. Lees gerus wat Jesus hieroor sê in Lukas 11:34 en Johannes 8:12. **In Johannes 8:12 verklaar Jesus self dat Hy die Lig van die wêreld is en wie Hom volg, sal NIE in die duisternis wandel nie, maar sal die lig van die lewe hê.**
Baie mense het nie die ware lewe en lig van Jesus Christus in hul lewens nie, omdat hulle hul fokus en hoop op iets of iemand anders rig, wat NIE lewegewend is nie.

Wanneer jy gedissiplineerd tyd eenkant sit om jou volle aandag aan Jesus se teenwoordigheid en Sy Woord in jou lewe te gee, sal jy groei in Hoop wat ewigheidswaarde het. Dié hoop wat geloof en vertroue in Sy vermoënde karakter opwek en seëninge tot gevolg sal hê. Jy groei dan ook in jou bewustheid van Sy teenwoordigheid in jou wat meebring dat jy ook konstant met Hom in jou hart en gedagtes kan kommunikeer.

Ons gedurige fokus en visie op Jesus, verander progressief ons lewenswandel en genereer lewe in ons wat ons in staat stel om in hoop en geloof te lewe.

Hoe weet ons wanneer ons fokus en visie verskuif het, weg van Jesus af?

- Wanneer ons vind dat ons nie meer lewe in die vrug van die Heilige Gees soos omskryf in Galasiërs 5:22 nie;
- Wanneer ons vind dat ons gemoedstoestand weer in depressie en terneergedruktheid en wanhoop verval het.

Ons kan dan daadwerklik kies om weer ons fokus op Jesus te herstel en in Sy krag sal ons weer progressief geestelik, psigies en emosioneel herstel.

Hebreërs 12:2 herinner ons om ons "oog gevestig op Jesus" te hou, ons "Leidsman en Voleinder van ons geloof".

"Goed is die HERE vir die wat op Hom hoop,
vir die siel wat Hom soek.
Dit is goed om in stilheid te hoop
op die hulp van die HERE."
Klaagliedere 3:25-26

DIE ROOI TOU VAN WARE HOOP VIR DIE NASIES

"En Jesaja sê ook: Die wortel van Isai sal daar wees, en
Hy wat opstaan om oor die nasies te heers, op Hom sal die nasies hoop.
En mag die <u>God van die hoop julle vervul</u>
<u>met alle blydskap en vrede deur die geloof,</u>
<u>dat julle oorvloedig kan wees in die hoop</u>
<u>deur die krag van die Heilige Gees</u>!"
Romeine 15:12-13

Baie nasies hardloop agter allerhande tydelike vorms van hoop aan wat geen blywende waarde het nie. In hulle weiering om God as die enigste Hoop te erken, word die wanhoop in die wêreld al groter. Mense is vervalle in onkunde aangaande die waarheid m.b.t. die Here en verval in hopeloosheid en misleiding wat hulle toestand vererger.

Ons lees selfs in Openbaring van hierdie misleiding en hoe die nasies agter dit aanloop en verval. Die misleiding is so erg dat dit as towery beskryf word. Die woordjie "towery" word interessant genoeg in die Grieks as "pharmakeia" (G5331) omskryf. Hierdie profetiese woord in Openbaring 18 en veral vers 23b, laat mens diep dink t.o.v. die tyd waarin ons nou leef. Die nasies is mislei t.o.v. dit waarop hulle hul hoop gestel het omdat hulle nie hulle na die Here as hul hoop gewend het nie.

Hoop word meer as vyftig keer in die Nuwe Testament alleen genoem. Dit maak dit 'n belangrike saak om kennis van te neem.

DIE OORSPRONKLIKE BYBELSE BETEKENIS VAN HOOP...
In Romeine 15:12-13 sien ons hoe die profesie aangaande Jesus se koms reeds in Jesaja aangekondig is en in Romeine deur Paulus herhaal word nadat die profesie reeds in vervulling gekom het met Jesus se koms na die aarde. Die wonder van hierdie akkurate profesie van Jesaja is dat dit tussen die jare 700 tot 690 voor Christus se koms na die aarde geprofeteer was. Jesaja staan ook bekend as die Messiaanse profeet.

Ons sien ook in Romeine 15:12-13 hoe dié profesie van hoop in die Ou Testament ook die hoop van die Nuwe Testament word. Hier "ontmoet" die oorspronklike Hebreeuse taal van die Ou Testament en die oorspronklike Griekse taal van die Nuwe Testament mekaar op 'n unieke wyse.

Romeine 15:12-13 lees as volg: "En Jesaja sê ook: Die wortel van Isai sal daar wees, en
Hy wat opstaan om oor die nasies te heers, **op Hom sal die nasies hoop.**
En mag die **God van die hoop julle vervul met alle blydskap en vrede deur die geloof, dat julle oorvloedig kan wees in die hoop deur die krag van die Heilige Gees!**

In vers 12 wat oorspronklik in die konteks van die Hebreeuse taal gespreek is, vin dons dat die woordjie "hoop""Tikvah" (H8615)is, terwyl "hoop" in vers 13 in die Griekse taal en konteks gespreek is as "elpis"/"el-pice" (G1680).

Paulus verbind hoop aan God as deel van Sy karakter wanneer hy sê in vers 13: " ...die God van hoop..." die woordjie "elpece" wat van die wortelwoord "elpo" kom, se betekenis is as volg "to anticipate, usually with pleasure; expectation or confidence including faith and waiting with absolute certainty." D.w.s. Paulus verklaar dat ons Bron van Hoop Jesus Christus is, God Homself wat ons hoop gee deur die krag van Sy Gees.

In die <u>Ou Testament</u> word hoop met verskeie woorde uitgespreek met effense wysiging in betekenis. Bv. *In Psalm 39:7 is hoop "tocheleth" (H8431) wat dui op verwagting;
    * In Psalm 42:5 is hoop "yachal" (H3176) wat beteken om geduldig te wag, te hoop
     en te vertrou; en
    *In Psalm 71:5 en Jeremia 29:11 is hoop "tikvah" (H8615) aanduidend op
    verwagting, 'n tou/koord om te red van die vyand wat sy oorsprong van 'n
    wortelwoord het wat beteken om verbind te wees aan..., te wag op...

In Romeine 15:12 sien ons hoedat Jesus as die Hoop van alle nasies omskryf word. Hierdie hoop is "tikvah" hoop. M.a.w. Jesus is ons enigste waaragtige hoop in hierdie chaotiese wêreld, vir elke persoon en elke nasie.

HOOP GEE SIN AAN DIE LEWE
Hoop in Jesus Christus het die oortuiging dat my lewe NIE waardeloos is nie, tot gevolg. 'n Besef ontwikkel dat God my vir 'n toekoms met 'n Goddelike doel beplan het. Dis vir ons elkeen, om hierdie Goddelike doel te ontdek en uit te leef.

"Tikvah" hoop is 'n koord/tou waaraan ons vasklou wanneer dit voel of ons omstandighede en hierdie wêreld buite beheer is; wanneer ons nie weet hoe om deur omstandighede te kom nie. Ons sien in dié moeilike tye hoe ons drome onvervuld bly, ons lewensdoelwitte nie bereik word nie en ons lewensvisie wegkwyn in die verlede in. Dis hier waar ons 'n besef van God se plan vir ons lewe moet ontwikkel sodat ons juis dit kan vasgryp, toe eien en uitleef. Ware geluk lê juis in die vervulling van hierdie Goddelike plan vir ons lewens.

In Jeremia 29:11 sê die Here: "Want Ék weet watter gedagtes Ek aangaande julle koester, spreek die HERE, gedagtes van vrede en nie van onheil nie, om julle **'n hoopvolle toekoms te gee.**"

"TIKVAH" HOOP, DIE KOORD OF TOU OM AAN VAS TE HOU
Ek kan soos Dawid uitroep in Psalm 71:5: "Want U is my verwagting (hoop); Here, Here my vertroue van my jeug af." Hier sien ons hoe hoop en vertroue met mekaar hande vat. God is ons hoop waaraan ons vasgryp en vashou met 'n totale verwagting en versekering dat Hy ons sal uitred in tye van nood.

In die gebeure van Joshua 2:1-34. Sien ons hoe die situasie vir Ragab en die bespieders van Israel totaal en al hopeloos gelyk het. Hulle sluit 'n ooreenkoms met mekaar om mekaar uit te help. Ragab laat die bespieders met 'n rooi tou/koord afsak sodat hulle kan ontsnap van 'n gewisse marteldood. Volgens die ooreenkoms sou die Israeliete nie Ragab en haar familie uitwis in die oorlog nie. Die teken van waar hulle is, was die rooi koord/tou wat by die venster sou uithang. Die rooi tou/koord word 'n simbool van redding en verlossing vir albei partye.

'TIKVAH" HOOP IS GEWORTEL IN AKTIEWE VERWAGTING

Die beginsels van hoop word uitgespel in Romeine 12:12:

- Wees bly in die hoop wat jy het, die verwagting wat ons glo vervul sal word en realiteit word. In dié konteks, was Ragab se blydskap gesetel in die hoop dat haar familie gered sou word;
- Wees geduldig in die verdrukking (swaarkry) terwyl jou vertroue en geloof gesetel is in 'n onwankelbare, getroue God van Hoop;
- Volhard in die gebed terwyl jy bly vertrou en glo in God. Ragab het nie eens die God van Israel geken of aanbid nie, maar sy het haar hoop vir redding in Hom gestel.

Ragab se hoop is vervul en het realiteit geword. Haar hoop en geloof in God het ook meegebring dat sy in die stamboom van Jesus Christus opgeneem is.

HOE VERHOED EK DAT TWYFEL MY HOOP VERNIETIG?

Ons moet gewortel bly in 'n lewende verhouding met Jesus Christus;
En terselfdertyd vertrou dat die Here in die betrokkenes van 'n moeilike situasie sal inwerk om ons verwagting in lyn met Sy wil te vervul.
Ter illustrasie – Joshua 2:

- Ragab het 'n wete gehad dat Israel die land sou inneem en in die oorlog oorwin – sien Joshua 2:9;
- Sy moes haar hoop en verwagting in God stel terwyl sy nie geweet het of die Here haar en haar familie sou red nie – sien Joshua 2:11-12;
- Die bespieders moes hul hoop en vertroue in God stel en terselfdertyd vertrou dat Ragab haar kant van die ooreenkoms en belofte sou hou deur hulle veilig te laat afsak sodat hulle hul vryheid kon terug kry en hul lewens behou. Sien Joshua 2:15-16.

Die aktiewe verhouding tussen God en die Israeliete in dié spesifieke insident was die sleutel tot vervulling van almal betrokke se hoop en vertroue.

HEBREëRS 11:1-2 – HOOP EN GELOOF...

"Die **geloof** dan is 'n **vaste vertroue op die dinge wat ons hoop**, 'n **bewys van die dinge wat ons nie sien nie**. Want daardeur het die mense van die ou tyd getuienis ontvang."
"Tikvah" hoop in Hebreus en "Elpis" hoop in Grieks word in Hebreërs 11 met mekaar geïntegreer soos wat 'n opsomming van die Ou Testamentiese gebeure ter illustrasie van hoe hoop en geloof met mekaar saamwerk, gegee word.

Hoop is 'n verwagting van die onsienlike wat realiteit sal word.
Die onsienlike kan slegs "gesien word d.m.v. geloof en vertroue in God se alvermoë. Dis hoekom geloof die "bewys van ons hoop is. "Bewys" in die Engelse vertaling van Hebreërs 11:1 is "substance" wat in die oorspronklike Griekse taal "hypostasis" is. Dié Griekse betekenis

hiervoor, is "title deed"/ titel akte, standing under the claim to the property to support it's validity."   Met hierdie sterk Griekse betekenis kan vers 1 die volgende betekenis weergee:

- Geloof is die titel akte van dit wat jy hoop, d.w.s. 'n bewys dat jy dit reeds in die gees dimensie besit;
- Die onsienlike bestaan ook reeds al is dit nog nie sigbaar nie;
- Ons geloof bevestig dat, volgens wet, dit reeds ons s'n is.

Geloof definieer dus hoop en maak die onsienlike reeds 'n realiteit in ons verstand wat daartoe lei dat ons aksies sal pas by ons verwagting.
Wanneer ons hoop en geloof in lyn met God se wil is, sal ons vervulling verkry.
Sodra ons hoop vervul is, hoef ons nie verder vir daardie spesifieke saak te hoop nie, soos omskryf in Romeine 8:24-25.

Laat ons hoop, vertrou en glo in die gesproke Woord van God en sodoende krag in God se genade, barmhartigheid en liefde verkry wat ons toerus om deur die moeilike tye te beweeg.

ONTHOU:-

In ons eie krag en vermoë sal ons misluk
in ons poging om moeilike tye suksesvol te oorwin;
Fokus op die negatiewe omstandighede/storm
verswak en vernietig ons hoop en geloof;
Ons verlossing, krag en geloof
moet in Jesus Christus gewortel wees;
Wees sensitief vir die leiding van die Heilige Gees
d.m.v.'n lewende verhouding met Jesus
Dis die pad van hoop en oorwinning
In die krag en alvermoë van Jesus
En nie ons eie nie.

DIE GEBROKE LEWENSKRUIK

"God turns broken vessels into vessels of honour" aldus Reinhardt Bonke

Vir Katryn het die dag sommer vroeg-vroeg al verkeerd begin. Die spanning loop hoog in die huis. Die kinders is traag om saam te werk en die donderwolke is dik saamgepak tussen haar en haar man. Dis nou al 'n paar jaar dat die klein jakkalsies stelselmatig hul huwelik en gesinslewe aftakel en dis asof Katryn net niks meer kan reg doen om sake te verbeter nie.

Met nog 'n uitroep na haar Hemelse Vader in haar hart, om tog net te help dat dinge regkom, stap Katryn haastig met die kinders na die motor om nog 'n werksdag te begin. Gelukkig het haar man reeds werk toe gery en is dié spanning tydelik van haar skouers af. Tog is haar hart gelaai met ongeluk en die trane is opgedam agter haar hart se damwal, gereed om enige oomblik onder die druk te breek. Sy klim haastig agter die stuurwiel in en ontdek 'n handgeskrewe brief in die middel van die stuurwiel ingedruk.

"Dis klaar, ek het jou nie meer lief nie. Jy het my liefde vir jou laat doodgaan. Ek wil skei. Jy sal binnekort die skei briewe kry. Moet my nooit weer soen of poog om my te omhels nie, moet nie weer eens aan my raak nie...." Dit tref Katryn soos die doodstyding van 'n geliefde. Haar hele lewe verkrummel finaal voor haar geestesoog en alles word in een oomblik tot niet gemaak. Al die herinneringe, goed en sleg speel soos 'n vinnige rolprent voor haar af. Geen hoop, geen toekoms, net 'n swaard wat oor haar kop hang, wat dreig om haar en haar kinders se lewens te verwoes. "Here, help my...." prewel sy, terwyl sy soos enige ander dag voortgaan, sonder om toe te laat dat die ontsteltenis die oorhand kry, werk en skool toe ry. Sy kan nie nou die kinders van hierdie ingrypende saak vertel nie. Sy moet eers besin en al die stukkies van haar lewe bymekaar probeer sit sodat sy darem nog "iets" vir haar kinders kan beteken. Een ding is seker, sonder 'n genadige en liefdevolle God in haar lewe, sou sy nie een tree verder kon beweeg nie....

Soveel onregverdigheid, soveel wroeging en teleurstelling. Dis 'n krisis waarvan jy nie kan vlug nie, want selfs in die eensaamheid van jou kamer, weg van al die omstandighede af, deurboor die emosionele pyn jou hart, soos wanneer iemand jou met 'n dolk deurboor. 'n Oorvloed van "hoekoms en waaroms" kom lê vlak in jou deurmekaar gedagtes en niks wat jy doen kan dit orden of bevredigende antwoorde oplewer nie. Tussen die snikke en pyn deur, is daar net een uitroep na hulp wat jy weet, jou lewenstryd kan verander en dis die uitroep na jou Hemelse Vader en Skepper wat die toekoms, jou en jou gesin se lewens in die holte van Sy hand hou.

Hierdie is maar net nog 'n greep uit die ware realiteit van menige vrou en selfs man se lewens. Die pyn en trauma van die lewe wat dikwels deur die verwoestende hand van satan aan die gang gesit word, is feitlik by elke mens duidelik sigbaar. Wanneer die ingrypende lewenskrisisse aan ons deur kom klop, het ons 'n keuse om dit positief saam met God te hanteer, of om sonder God in die negatiewe traumatiese, verwoestende omstandighede te verval.

Wanneer jou lewe in skerwe aan jou voete lê, word jy met 'n skok tot stilstand gedwing om weer te besin oor alles wat JY is, alles wat JY tot nou toe was en alles wat JY moontlik in die toekoms sal word.

In tye soos hierdie, is die wyse waarop ek en jy reageer, die bepalende faktor wat ons hele lewe permanent sal beïnvloed. Dis nie wat met jou gebeur nie, maar hoe jy daarop reageer, wat tel.

Sommige van ons gaan staan stil by dié krisis wat alles aan skerwe laat spat het. Ons skarrel rond om al die stukkies van ons lewe bymekaar te kry en poog tevergeefs, om dit self weer aan mekaar te plak, net om met blywende emosionele, geestelike en soms fisiese trauma te moet saam leef. 'n Ander sal net daar tussen die skerwe bly sit en met 'n verslaentheid van gees toekyk hoe die res van die stukke van hul lewe verder deur die onverskillige mensdom vertrap en vergruis word. Dan is daar ook dié wat in hul gebrokenheid aan die voete van Jesus gaan sit, sodat Hy die skerwe van hul lewe kan optel en hul lewens deur Sy genade en liefde kan herstel en nuut maak.

In watter kategorie sal jy jouself plaas? Waar staan jy in die lewe teenoor jou krisisse en teenoor God?

Reeds van die begin af het die Here 'n belofte van genesing in Sy plan vir die mensdom ingebou. Hy, meer as enige ander wese of skepsel, het 'n diep begrip vir die ingrypende trauma van gees, siel en liggaam wat deur ons verkeerde besluite, deur sonde en deur die sameloop van omstandighede veroorsaak word. Satan verlustig hom daarin om die mens se lewens te slag, te verwoes, te vermoor en te roof van enige vorm van ware geluk en liefde. Hy wil ons so ver van God af wegtrek as wat dit binne sy siek vermoë is en ons daarvan oortuig dat God nie die antwoord op ons probleme is nie.

Dank die Here vir Sy almag, dat Hy altyd in beheer is, al voel dit of alles menslik gesproke, buite beheer is!

Wanneer die lewenskrisisse elke greintjie van ons geestelike, emosionele en fisiese energie getap het, lees ons in Jesaja 42:3, dat Hy die geknakte riet nie verbreek nie, ook die dowwe lamppit nie uitblus nie. Hoe genadig en barmhartig is ons God teenoor ons! Hy vertrap en vermorsel ons nie, wanneer dit lyk of ons nie enigsins meer van waarde vir die lewe kan wees nie. Nee, Hy herstel en vernuwe ons deurdat Hy ons hart se wonde verbind en ons gebrokenheid genees. Psalm 147:2.

In Psalm 145:14 lees ons dat die Here ons ondersteun wanneer ons neergeboë is. Wanneer ons gebukkend onder die laste van bekommernis en pyn gaan, is dit Jesus self wat ons nooi om ons laste by Hom te kom neersit, wanneer Hy vir ons sê: "Kom na My toe, almal wat vermoeid en belas is en Ek sal julle rus gee. Neem My juk op julle en leer van My, want Ek is sagmoedig en nederig van hart en julle sal rus vind vir julle siele; want My juk is sag en My las is lig." Mattheus 11:28-30.

Die emosionele en geestelike trauma van hierdie lewe laat dikwels diep, blywende letsels en kan selfs veroorsaak dat ons permanente gebreke het, indien ons nie onsself verootmoedig voor die Here en begin om elkeen wat ons pyn en leed aangedoen het, te vergewe nie. Net soos wat die Here jou elke sonde en onreg wat jy gedoen het, ten volle vergewe, vra God nou van jou om ook elke persoon te vergewe wat jou kwaad en leed aangedoen het. Jesus sê dit vir ons in Mattheus 6: 14-15. Vergifnis kan nie verdien word nie, maar word gegee vanuit 'n gewonde, maar opreg gehoorsame hart. 'n Hart wat bereid is om God in elke opsig te vertrou en te gehoorsaam, ongeag hoe haglik die omstandighede is, sal jy die verlossing vanuit die gebondenheid van bitterheid en haat ervaar. Vergifnis en vryspraak word die sleutels tot die genesing van jou gebroke lewe.

Terwyl Jesus in die grootste pyn en verlatenheid aan die kruis vir ons sondes gehang het en onregverdiglik gemartel is, het Hy uitgeroep: "Vader, vergeef hulle, want hulle weet nie wat hulle doen nie!" Lukas 23:34.

Jesus het gekom om ons hierdie pad van vergifnis en vryspraak in die ware sin van die woord te leer, maar Hy het ook gekom om ons te bevry van die gebondenheid van bitterheid, verwerping, minderwaardigheid, haat en depressie wat dikwels lei tot selfmoord. In Jesaja 61:1-3,10 vind ons dat Hy deur Sy Gees ons bevry en ons uit ons geestelike gevangenisskap vry maak, Hy gee vreugde-olie, verander treurigheid in lof en klee ons in 'n kleed van geregtigheid. Hy vertroos dié wat in gebrokenheid sit en laat die verbryselde van hart weer herlewe. Dis God self wat ons weer genees, soos omskryf in Jesaja 57:15,18.

Hy belowe om jou nie te verlaat nie, maar jou deur te dra en die vermoë te gee om weer aan te gaan, terwyl Hy elke oomblik aan jou dink, omdat jou naam in Sy handpalm gegraveer is. Jesaja 46:3,4 & Jesaja 49:15b,16.

Wanneer 'n lewenskrisis ons tot stilstand dwing, het dit ook tyd geword om God toe te laat om met ons deur Sy Gees te praat. Dikwels is dit nodig om toe te laat dat Sy Gees ook vir ons die swakhede en versteekte sondes in ons eie lewens uitwys. Dis nie 'n aangename oomblik nie, maar wel 'n geleentheid om deur die bloed van Jesus, deur middel van belydenis, gereinig en gesuiwer te word. Abba Vader belowe in Jesaja 43:25 dat Hy al ons oortredinge uitdelg en nooit weer daaraan sal dink nie. Dis tydens hierdie geleentheid dat ons lewens sag word soos klei in die hande van die Pottebakker en Hy ons lewe kan vorm na Sy wil, bruikbaar tot Sy eer. In 2 Timotheüs 2:20,21 word ons aangemoedig om onsself te reinig sodat ons 'n voorwerp tot eer van God kan wees, bruikbaar in Sy hande.

Jeremia herinner ons in Jeremia 29:11 daaraan dat God vir ons voorspoed beplan en nie onheil nie. Ons het nodig om ons lewens opnuut ten volle aan Hom oor te gee, sodat Sy planne vir ons, in vervulling kan kom.

God vermaan ons in Jesaja 43:18 dat ons nie aan die vorige dinge moet dink nie, maar die verlede agter ons moet sit. Jesus herhaal hierdie vermaning in Lukas 9:62 wanneer Hy vir ons sê dat niemand geskik is vir die koninkryk van God, indien hy aanhou om agtertoe te kyk, terwyl hy vorentoe ploeg nie. Wanneer ons onsself daarop toespits om die verlede af te sluit en ons uit te strek na wat Jesus vir ons vorentoe in stoor het, sal ons die ware lewe en voorspoed smaak, wat Hy vir ons in stoor het. In Jesaja 43:19 belowe Hy aan ons 'n nuwe lewe, want Hy maak 'n pad in ons geestelike woestyn en stort Sy lewende waters van Sy Gees belaaide Woord oor ons uit sodat ons weer nuwe Goddelike vrug sal kan dra. Jesaja 44:2a,3.

Innerlike genesing gebeur nie in 'n oomblik nie, maar wanneer God ons aanraak, kan ons verseker wees dat Hy 'n volmaakte werk in ons binneste bewerk. Hy is nie net naby die gebrokenes van hart nie, soos gesê in Psalm 34:19 nie, maar verander hul weeklaag in koordans en trek jou roukleed uit sodat Hy jou met vreugde kan omgord soos omskryf in Psalm 30:12.

Wanneer 'n roos gekneus, vertrap en verniel word, kom die geur daarvan, sterk na vore. Die grootste offer wat ons in ons mees gebroke oomblikke aan God kan bring, is juis ons gebroke lewens. Psalm 51:19 sê; 'Die offers van God is 'n gebroke gees; 'n gebroke en verslae hart sal U, o God, nie verag nie.". Dit sal soos 'n reukoffer voor Sy aangesig opgaan.

Daar was verskeie pogings om hierdie ongelukkige huwelik van Katryn te herstel, maar helaas is hulle geskei. 'n Nuwe lewe het vir al die partye van hierdie gesin begin. Vanuit 'n menslike oogpunt was daar niks om na uit te sien nie, behalwe swaarkry en stoei om kop bo water te hou. Katryn het geleer hoe absoluut getrou God aan Sy Woord is, waar Hy in Johannes 10:28-30 belowe, dat Hy ons styf vashou en dat niks en niemand ons uit Sy hande kan ruk nie. In die moeilikste tye was God se voorsiening en leiding duidelik sigbaar in haar en dié van haar gesin se lewe.

Katryn het voortgegaan om God te dien en Hom te vertrou om die emosionele pyn en geestelike trauma in haar en dié van haar kinders se lewens te herstel. Die Here bewerk dit op 'n wonderbaarlike wyse dat sy by 'n pastorale berader hulp ontvang. 'n Godgegewe genesingsproses van gees, siel en liggaam begin in haar lewe en vind selfs so ver terug as haar kinderjare, plaas. Sy ervaar hoe die Here haar gebroke lewenskruik weer heel en nuut maak; hoe haar lewe van alles wat Hom oneer aandoen, gesuiwer word en hoe Sy Gees op 'n wonderlike wyse haar lewe opnuut met God se teenwoordigheid deurdrenk. Haar kinders het ook deur Sy genesingsproses 'n lewensveranderende ervaring gehad.

Abba Vader was getrou aan Sy woord. Hy het haar smeekgebede verhoor, haar trane, verlatenheid en stukkend wees gesien. Hy was getrou aan Sy belofte in Jesaja 62:3-5. Hy het in Sy barmhartigheid, genade en liefde haar opgetel, in Sy arms gedra en elke stukkie trauma in 'n geestelike oorwinning verander. Hy het haar vermoeide en kwynende siel weer verkwik. Jeremia 31:25.

In Sy liefde het die Here Katryn nader getrek na Hom toe, haar opgebou tot 'n nuwe mens en haar versier met vreugde. Hy het haar lewenspaaie weer gelyk gemaak en die waterstrome van Sy Gees belaaide Woord in haar binneste gegee.

147

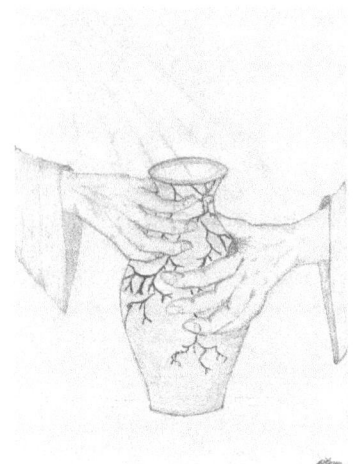

Katryn het 'n nuwe hoop in Hom gevind en 'n nuwe visie vir haar en haar gesin se lewe ontdek. Haar fokus was nou meer as ooit op Jesus, die Begin en Voleinder van haar geloof, gerig soos omskryf in Hebreërs 12:2. Haar hart kon nie anders as om uit te roep: "Here, U is waarlik Groot en Wonderbaar! U aanraking het my lewe vir altyd verander!"

"As bevestiging van die innerlike genesing van gees en siel, wys die Here vir my 'n kruik, leeg en vol krake, nie bruikbaar vir enige iets nie. Hy plaas Sy hande weerskante van die lewenskruik en soos die kruik in die ronde
draai en Sy hande sag daaroor beweeg, begin elke kraak verdwyn en word die
kruik weer heel. "... deur My wonde het daar vir jou genesing gekom! Jy is in My hande en soos die pottebakker iets nuuts uit die klei vorm, so sal Ek jou nuut maak." Sê die Here. Jesaja 53:5 & Jeremia 18:4,6"

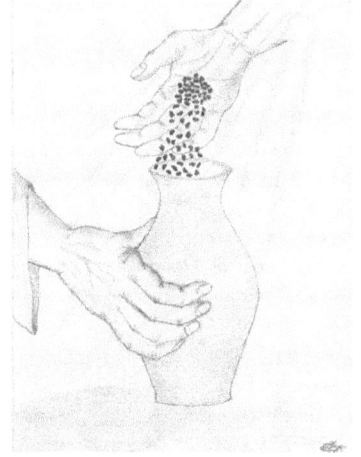

"Sy ervaar hoe Abba Vader die genesingsproses in haar hart en lewe voortsit en hoe Jesus haar toevou in 'n kombers van Sy ewige liefde en vertroosting. 'n Nuwe prentjie begin ontvou... Haar lewenskruik is heel – geen krake meer nie. Sy hand rus liefdevol op haar, terwyl Hy sade binne-in die kruik gooi. "Kyk, Ek het jou lief met 'n volmaakte liefde, want jy is Myne. Jy is My dogter en My koninkryk saad is in jou hart en in jou lewe ingeplant om vrugte te dra tot My eer. Ek het verseker iets nuuts in jou begin, kyk, dit spruit reeds uit. Dit sal 'n pad van lewe in die woestyn van die lewe nalaat en vele sal daarop loop en versadig word." Jesaja 43:19,20 & 2 Korinthiërs 4:6,7."

Abba Vader het hierdie gebroke lewenskruik herstel en dit in 'n lewenskruik tot Sy eer verander. Een wat bruikbaar in Sy hande is.

Wat is jou krisis vandag? Wat gaan jy daarmee maak?

Ons Hemelse Vader wil jou help, maar wag dat jy die belangrike keuse, waarin jy Hom deel maak van jou lewenstryd, maak. Dis 'n keuse waarin jy jouself onderwerp aan die werking van Sy kragtige en liefdevolle hand in jou lewe. 'n Keuse tot gehoorsaamheid aan jou almagtige Hemelse Vader. Net soos Katryn, kan jy ook genesing ontvang. In God se hande is jy veilig.

Onthou:- "...Vir hulle wat God liefhet, alles ten goede meewerk, vir hulle wat na Sy voorneme geroep is." Romeine 8:28.

ELKE WOLK HET VERSEKER 'N GOUE RANDJIE

"Kyk, Hy kom met die wolke en elke oog sal Hom sien, ook hulle wat Hom deursteek het;
en al die geslagte van die aarde sal oor Hom rou bedryf; ja, amen!"
Openbaring 1:7

Eendag sal die wolke wegrol soos 'n mens 'n boekrol sal oopvou en sal Christus in Sy volle heerlikheid voor ons staan. WOW! Wat 'n asemrowende oomblik!! Is jy gereed om Hom op hierdie wyse te ontmoet? Hy het tog belowe dat Hy weer terugkom om Sy kinders te kom haal. Lees gerus daarvan in Johannes 14:1-3.

Intussen het Hy baie om aan ons te openbaar en moet ons nie die wolke as tekens van Sy afwesigheid sien nie. Dit is juis in die wolke wat ons herinner dat Jesus weer terugkom.

In die Bybel word God altyd met wolke geassosieer. Wolke is dikwels vir ons die hartseer, lyding of omstandighede wat die Here in of om ons lewe toelaat; daardie dinge wat eintlik lyk of dit die almagtigheid van God weerspreek. Tog is dit m.b.v. hierdie einste wolke dat die Heilige Gees van God ons leer hoe om in geloof te wandel. Wanneer die wolke van omstandighede soms dik om ons saampak, word dit moeilik om die hand van God daarin te sien en word ons verplig om God blindelings te vertrou. As daar nooit wolke in ons lewe is nie, sal ons geen geloof hê en kan ontwikkel nie.

Die Bybel assosieer simbolies die wolke met God op verskeie plekke.
Wolke is die stof onder ons Hemelse Vader se voete... volgens Nahum 1:3 en soms maak Hy die wolke Sy wa waarmee Hy ons tegemoet kom..... volgens Psalm 104:3. Soms is dit juis binne-in die wolk, waar ons, soos Moses, met God ontmoet.... Lees hiervan in Exodus 24:16,18. Die wolke is 'n teken dat God daar is...
Vir Israel het die vurige wolk God se teenwoordigheid en beskerming aangekondig en sonder hierdie wolk, wou Moses nie verder trek nie.... soos omskryf in Exodus 33:15-17.

Deur elke wolk wat Hy oor ons pad bring, wil Hy hê dat ons iets moet leer. Sy oogmerk met die wolke is om dit wat ons glo, te vereenvoudig, totdat ons verhouding met Hom soos dié van 'n kind is. 'n Verhouding bloot tussen God en ons eie gees waar ander mense niks meer as skaduwees is nie... Totdat ons van die diepste, donkerste lewenswaarhede in die gesig kan staar, sonder om ons siening van God se karakter te verander. Dis in hierdie oomblikke dat ons die ware realiteit van God se belofte aan ons, ten volle besef, wanneer Hy vir ons sê: **"Ek sal jou nooit begewe en jou nooit verlaat nie."** Hebreërs 13:5.

Soms is die wolke nie donker nie, maar verhinder jou om duidelik te sien en lei daartoe dat jou omstandighede jou verwar. Al kan ons nie die einde van ons lewenspad sien nie, al lyk die toekoms duister, kan ons God net blindelings vertrou en tree vir tree in Sy voetspore volg. Weldra sal ons ook kan verklaar: **"Die Here is vir my 'n Helper en ek sal nie vrees nie... "** Hebreërs 13:6. Dis dan dat jy biddend en in die geloof in God se genade rus, want weldra sal Sy Lig tussen die wolke deurbreek en jy sal weet dat God nog altyd jou hand baie styf vashou.... soos Jesus dit vir ons in Johannes 10:28,29 sê.

Dikwels hou die donker wolke 'n belofte van lewegewende reën. Onthou, wanneer God se lewegewende Gees vervulde gesproke Woord soos reën op jou toesak, sal jy waarlik geseënd wees.

Kyk uit vir jou Here en jou God wat kom in die wolke en lewe met 'n verwagting om Hom te sien! Hy is waarlik ons God van Hoop!

"Want soos die weerlig uit die ooste uitslaan en tot in die weste skyn,
so sal ook die koms van die Seun van die mens (Jesus) wees.
En dan sal die teken van die Seun van die mens in die hemel verskyn en
dan sal al die stamme van die aarde rou bedryf en
die Seun van die mens (Jesus) sien kom op die wolke van die hemel
met groot krag en heerlikheid."
Mattheus 24:27,30

v.   U IS WAARLIK DIE ALFA EN OMEGA!

Openbaring 1:8
"Ek is die Alfa en die Omega,
die Begin en die Einde, sê die Here,
wat is en wat was en wat kom,
die Almagtige."

WIE OF WAT IS JOU ALFA EN OMEGA?

"Ek is die Alfa en die Omega, die Begin en die Einde, sê die Here,
wat is en wat was en wat kom, die Almagtige."
Openbaring 1:8

Reeds van geboorte af is daar 'n onbewustelike behoefte om die geestelike leegheid in ons binneste te vul. God vul ons reeds by geboorte met "n mate van Sy lewegewende Gees die oomblik wat ons daardie eerste asemteug gee. Daarna is dit deel van ons Goddelike missie om Hom as ons Skepper, Abba Vader en Redder te vind.

Aangesien baie mense in hierdie moderne tyd nie 'n lewende verhouding met God beoefen en het nie, word ons nageslagte sonder 'n verhouding met die Waaragtige Lewende God, groot. Dit het tot gevolg dat baie mense hierdie geestelike leemte met allerhande dwaal leringe en dogmas vul om vervulling te probeer kry. Dit sluit allerhande heidense praktyke en gelowe in sowel as verdowingsmiddel misbruik en alkohol misbruik.

Wanneer ons die Here in gees en waarheid ontdek en toelaat dat Hy in ons kom woning maak, Hom aanbid en in Sy wil wandel, begin ons geestelike vervulling smaak. Dit word die beginpunt om die plan wat God vir ons lewens het, te begin uitleef. Dit is die ware vertrekpunt na ware blywende vervulling en geluk.

Die Here sê in Jesaja 44:6: "... **EK IS DIE EERSTE EN EK IS DIE LAASTE...**"
In Genesis 1 sien ons hoedat die Gees van God, d.w.s. God self, oor die waters van die aarde en die wêreldvloed sweef/"broei". Met die spreek van Sy kragdadige woord skep Hy binne ses dae 'n hele nuwe aarde tot stand. Alles perfek, volmaak en in ordelike sinkronisasie met mekaar.

Die Hebreeuse woord vir "God" in hierdie Skrifgedeelte is "Elohiym/ Eloheem" (H430) wat in werklikheid 'n meervoudige konnotasie het. Die rede hiervoor, is om die almag, grootheid en Sy soewereiniteit te beklemtoon. Hy is en bly 'n "Supreme God" soos wat een van die verduidelikings in H430 dit beklemtoon.

God is inherent Gees (sien Johannes 4:24) en wanneer Hy spreek, bring Hy lewe tot stand. In Sy almag, keer Sy Woord nooit onvervuld en leeg na Hom toe terug nie. Sy woord dra outoriteit en krag! Lees gerus hiervan in Jesaja 55:8-11.

Jesus beskryf en identifiseer Homself herhaaldelik as die **ALFA EN OMEGA, DIE EERSTE EN DIE LAASTE** in Openbaring 1:11; Openbaring 2:8; Openbaring 22:13. Hieruit kan ons vasstel dat God en Jesus in werklikheid EEN en dieselfde is; dat God se Naam ook o.a. Jesus is, want Genesis 1 dui op die begin vir ons op aarde, volgens God se woord, hoewel Hy reeds voor dit al bestaan het.

In die Ou Testament, in Jesaja 43:10-11 bevestig God dat Hy ook Alfa en Omega is met hierdie woorde: "Júlle is my getuies, spreek die HERE, en my kneg wat Ek uitverkies het, sodat julle kan weet en My kan glo en insien dat dit Ek is—**voor My is geen God geformeer nie, en ná My sal daar geeneen wees nie. Ek, Ek is die HERE, en daar is geen Heiland buiten My nie.**" Die Here sê verder in Jesaja 44:6: "... **EK IS DIE EERSTE EN EK IS DIE LAASTE, en buiten My is daar geen God nie.**" In Sy hoedanigheid as Skepper, Vader, Verlosser en Koning sê die Here in vers 24 die volgende: " So sê die Here, jou Verlosser, en Hy wat jou geformeer het van die moederskoot af: Ek is die HERE wat alles volbring, wat die hemel uitspan, Ek alleen, en wat die aarde uitsprei—wie was met My? — " In Jesaja 45:21-23 verklaar God aangaande Homself hierdie wonderlike woorde: "... **En buiten My is daar geen ander God nie: 'n regverdige en reddende God is daar buiten My nie.** Wend julle tot My en laat julle red, alle eindes van die aarde! Want **Ek is God, en daar is geen ander nie.** Ek sweer by Myself; **geregtigheid gaan uit my mond, 'n woord wat nie herroep word nie: dat voor My elke knie sal neerbuig**, by My elke tong sal sweer.

Daar is ook geen plek vir ander gode in jou verhouding en verstaansvermoë rondom die Here nie. In Jesaja 48:11b sê God duidelik "- en **Ek sal my eer aan geen ander gee nie.**" Die Here sê duidelik in Jesaja 46:9 weereens dat daar geen ander God in ons lewens behoort te wees nie omdat Hy alleen God is: "Dink aan die dinge wat tevore was, van ouds af, **dat Ek God is, en daar is geen ander nie; Ek is God, en daar is niemand soos Ek nie; wat van die begin af verkondig die einde, en van die voortyd af wat nog nie gebeur het nie; wat sê: My raad sal bestaan, en al wat my behaag, sal Ek doen;**"

Uit hierdie Skrifgedeeltes sien ons dat God 'n enige God is, nie net numeries een nie, maar ook een in wese is. Ons sien hoe Hy in die Ou Testament die Eerste/Alfa en Laaste/Omega is en Hy dra dieselfde eienskappe in die Nuwe Testament. Hy is en was en sal wees...

... EN OMEGA - DIE LAASTE, DIE EINDE?

Ons ken die einde binne konteks van ons aardse bestaan. God se "einde" bestaan nie want Hy is ewig. Hy voeg wel 'n einde aan dinge in die heelal en aan die mensdom volgens Sy goddelike plan. Openbaring herinner ons aan die ewige lewe na die aardse dood indien ons kind van God is en binne Sy wil en liefde lewe.

'n Ware ontmoeting met God, lei daartoe dat jy nie net vir altyd verander word nie, maar dat God self die Alfa en Omega van jou hele bestaan word. Dit word die begin van 'n intense liefdesverhouding met die Koning van alle konings, jou Skepper, jou Abba Vader. **Dis hierdie intense liefde vir God wat die dryfkrag van jou bestaan word en vervulling van daardie geestelike leemte bring.** Romeine 5:5 sê dat die Heilige Gees God se liefde in ons harte uitstort, sodat ons Hom en ons medemens kan liefhê.
Johannes 14:15 sê: "As julle My liefhet, bewaar my gebooie." (Gebooie hier word omskryf in G1785 – "etole" – outoritêre voorskrifte van Jesus). Jesus sê verder in Johannes 14:21,23: "**Wie my gebooie het en dié bewaar, dit is hy wat My liefhet**; en wie My liefhet, hóm sal my Vader liefhê, en Ek sal hom liefhê en My aan hom openbaar.

Jesus antwoord en sê vir hom: **As iemand My liefhet, sal hy my woord bewaar**, en my Vader sal hom liefhê, en Ons sal na hom toe kom en by hom woning maak." Die woord "bewaar" in bogenoemde verse word in Grieks omskryf in G5083 met die betekenis van doen, "fulfill". M.a.w. Ons gehoorsaamheid aan Jesus se outoritêre voorskrifte is 'n voorvereiste vir ons liefde vir Hom. Hier sien ons hoe Liefde vir God en gehoorsaamheid hande vat as 'n demonstrasie van ons liefde vir Jesus. Dit het 'n wonderlike gevolg, naamlik dat Jesus by ons kom inwoon en Hy Homself aan ons openbaar deur Sy Gees.

Het jy al so 'n dag waar Hy jou Alfa en Omega geword het, met Hom beleef?
Het jy die Koning van alle konings jou Begin en Einde van jou bestaan gemaak?

"Hy het jou bekend gemaak, o mens, wat goed is;
en wat vra die HERE van jou anders
as om reg te doen en liefde te betrag en
ootmoedig te wandel met jou God?
Miga 6:8

"Maar as iemand God liefhet, dié word deur Hom geken."
1 Korinthiërs 8:3

"Want uit Hom en deur Hom en tot Hom is alle dinge.
Syne is die heerlikheid tot in alle ewigheid. Amen."
Romeine 11:36

154

WIE IS DIE GOD WAT EK IN GLO EN AANBID?

"Hoor, Israel, die HERE onse God is 'n enige HERE.
Daarom moet jy die HERE jou God liefhê
met jou hele hart en met jou hele siel en met al jou krag.
En hierdie woorde wat ek jou vandag beveel, moet in jou hart wees;
en jy moet dit jou kinders inskerp en
daaroor spreek as jy in jou huis sit en as jy op pad is en as jy gaan lê en as jy opstaan."
Deuteronomium 6:4-7

Ons het reeds in die vorige skrywe duidelik gesien hoedat daar slegs EEN God is wat ons moet aanbid, dien en liefhê, meer nog, dat hierdie God EEN is en nie 3 afsonderlike persoonlikhede het nie. Soos wat Hy die Eerste en die Laaste in Jesaja is, so is Hy ook die Eerste en die Laaste in Openbaring.

Om hierdie stellings verder te bevestig, kyk ons na die teksvers waarmee ons hierdie skrywe begin het: "Hoor, Israel, **die HERE onse God is 'n enige HERE**. **Daarom** moet jy die HERE jou **God liefhê met jou hele hart en met jou hele siel en met al jou krag. En hierdie woorde wat ek jou vandag beveel, moet in jou hart wees; en jy moet dit jou kinders inskerp en daaroor spreek as jy in jou huis sit en as jy op pad is en as jy gaan lê en as jy opstaan. "** Deuteronomium 6:4-7.

Wanneer 'n mens na die oorspronklike betekenis van die woord "enige" by H259 kyk, sien ons die Hebreeuse woord wat hier gebruik is, "echad" is, wat 'n betekenis van numeries een of "properly (united) altogether one/first" het. Dit akkommodeer die moontlikheid dat 'n "saamgestelde" een soos omskryf in die Drie-eenheid teologie wat oorspronklik sy ontstaan vanuit die "Necene Creed" wat ongeveer 300nC geformuleer is deur die Katolieke kerkvaders, het, wel die waarheid kan wees. MAAR God is getrou om Homself nie te weerspreek nie, maar eerder te herbevestig in Sy Woord – die Bybel – wat ver meer krag dra as enige menslike formule of verklaring. Kom ons kyk wat sê Jesus in Markus 12:29-31. Jesus word deur die Skrifgeleerdes gevra wat die eerste gebod is. "En Jesus antwoord hom: Die eerste van al die gebooie is: **Hoor, Israel, die Here, onse God, is 'n enige Here; en jy moet die Here jou God liefhê** uit jou hele hart en uit jou hele siel en uit jou hele verstand en uit jou hele krag. Dit is die eerste gebod.** En die tweede, hieraan gelyk, is dit: Jy moet jou naaste liefhê soos jouself. Daar is geen ander gebod groter as dié nie."

Wanneer ons na die oorspronklike Griekse betekenis van die woord "enige" by G1520 kyk, sien ons die woord wat hier deur Jesus gespreek is, "heis" is, met die primêre betekenis van EEN. M.a.w. God is in wese EEN.

HOEKOM LEES ONS DAN VAN GOD AS VADER; VAN JESUS AS SEUN EN DIE HEILIGE GEES AFSONDERLIK?

Onthou dat Jesus as 'n Hebreër aarde toe gekom het en Israel het God binne Hebreeuse konteks gesien en leer ken. Israel was God se uitverkore volk en het Homself op verskeie maniere aan hulle openbaar. So wat sou dit beteken?

Hebreërs se denke het oorwegend binne konteks van funksionaliteit plaasgevind en dit is nog steeds so in praktyk. Die Griekse denke is binne konteks van die konkrete en vorm gerig en nie funksioneel nie. M.a.w., dit was en is "funksioneel" vir God om op verskillende toepaslike tye volgens Sy Goddelike plan, as Vader, as Seun en Heilige Gees op te tree en Homself so te openbaar, maar dit het Hom nie 'n "meervoudige God met drie afsonderlike persoonlikhede" gemaak nie.

Byvoorbeeld: 'n Man kan **'n man wees vir sy vrou** binne die konteks van die huwelik, **'n Pa wees** vir sy kinders en 'n **ingenieur wees** by sy werk. Nogtans bly hy EEN mens met verskillende funksionaliteite.

Terwyl ek self in my hart en gedagtes rondom hierdie feit dat God EEN is, moes herformuleer op grond van die waarheid in Sy woord – die Bybel, en daaroor bid, hoor ek in my gees hoe God duidelik sê: "Ek is NIE 'n god met 'n gesplete meervoudige persoonlikheid soos met die abnormaliteit van "multiple personality disorder" nie!! Ek is 'n ENIGE GOD en buiten My is daar geen ander nie."

God openbaar Homself d.m.v. verskeie sigbare manifestasies **in die Ou Testament**, maar bly Gees, soos Jesus in Johannes 4:24 verklaar het. In die Ou Testament sien ons hoedat:-
- Hy Adam en Eva in die tuin van Eden in die aandwindjie besoek – Genesis 3:8;
- Ons sien hoedat Hy Israel in die wolk- en vuurkolom lei soos omskryf in Exodus;
- Hy vertoon Homself op die berg Sinai in vuur, weerlig en donderweer met basuin geklank soos omskryf in Exodus 19:18-21; met 'n "besoek op die berg van Moses, die oudstes en Aaron en sy twee seuns, openbaar God Homself in Sy grootheid, lees daarvan in Exodus 24:10-11;
- God openbaar Sy majesteit in Gees en as mens-gestalte op 'n troon aan Esegiël in Esegiël 1; en
- vir Daniël openbaar God Homself as die "Oue van dae" in Daniël 7:9,22 en nog baie meer....

Nogtans bly God EEN en dieselfde in Sy wese en persoonlikheid. God is Gees en daarom kan Hy Homself op hierdie maniere openbaar.

In die Nuwe Testament sien ons nog meer hoedat God Homself op funksionele wyse openbaar en manifesteer:-
- Dit was nodig dat God mens word in die vorm van Jesus sodat Hy ewige volmaakte verlossing vir die mensdom kon bewerkstellig vir dié wat Hom aanneem;
- Terselfdertyd is Jesus deur God se Gees in Maria verwek wat Hom die Seun van God maak, maar ook die Seun van die mens;
- Nadat Jesus gekruisig was en opgestaan het, is Hy terug na Sy hemelse plek en het Hy ook in die vorm van Sy Gees binne-in Sy volgelinge/kinders kom woning maak. D.m.v. Sy Gees kan Hy vanuit meer as een persoon Homself openbaar en sodoende Sy Koninkryk op aarde vestig.

KLINK DIT ONGELOOFLIK? KOM ONS KYK DIEPER NA HIERDIE FEITE DEUR DIE "BRIL" VAN DIE PROFETIESE WOORD VAN JESAJA 9:5:-

Jesaja 9:5 voorspel die koms van Jesus as God, maar ook as Seun, na hierdie aarde met die volgende woorde: **"Want 'n Kind is vir ons gebore, 'n Seun is aan ons gegee; en die heerskappy is op sy skouer, en Hy word genoem: <u>Wonderbaar, Raadsman, Sterke God, Ewige Vader, Vredevors</u>— "** Let aandagtig op na hierdie vyf name. Dit openbaar nie net God se karakter nie, maar dui ook daarop dat Jesus self ons God is. Meer nog, in Jesaja 7:14 word die volgende gesê: "Daarom sal die HERE self aan julle 'n teken gee: Kyk die maagd sal swanger word en 'n seun baar en hom **Emmanuel** noem." Hierdie profetiese woord word in Mattheus 1:23 met die betekenis van die naam "Emmanuel" daarby wat **"GOD MET ONS,"** is.

Emmanuel beteken dus dat hierdie Seun en Kind wat ook Sterke God en Ewige Vader genoem word, die God is waarna verwys word in Mattheus 1:23, as "God met ons." Hy het onder ons kom woon en wandel met 'n spesifieke doel. Die doel was redding, verlossing, genade sowel as die aankondiging van 'n "nuwe" leefwyse volgens Goddelike Koninkryk beginsels deurdrenk met liefde vir God en ons naaste. 'n Nuwe Weg, 'n nuwe Waarheid en nuwe Lewe in en deur Jesus Christus onse Here volgens Johannes 14:6.

Wanneer ons bely dat Jesus (Yeshua) Christus (die Gesalfde Een) in die vlees gekom het, verwys ons in werklikheid na die feit dat die Sterke God en Ewige Vader beklee was met vlees.

Die gees van die Antichris verloën die bogenoemde feite in die Bybel deur te verklaar dat daar 'n ekstra vader buiten die een van Jesaja 9:5 is, wat nie in die vlees gekom het nie, wat ook deel van die Godheid is.

Wat ons moet verstaan en besef, is dat **Jesus twee nature gehad het**, naamlik:-
1. Hy was mens – (Kind en Seun) en
2. Hy was God die Vader – (Sterke God en Ewige Vader).

D.w.s. 'n Geeswese binne 'n vleeslike liggaam – terselfdertyd Vader en Seun.
- Jesus was dus 100% mens (kind en seun) en
- 100% God (Sterke God en Ewige Vader).

Dis in die lig hiervan dat Jesus in Johannes 14:10 gesê het dat **die Vader wat binne Hom is**, die werke doen en dat Hy uit Homself niks kan doen nie. Hierdie waarheid word verder deur Paulus bevestig wanneer hy aan die gemeente van Kolossense skryf in Kolossense 2:9: **"Want in Hom (Jesus) woon al die volheid van die Godheid liggaamlik;"** Johannes bevestig ook hierdie feit wanneer hy in 1 Johannes 5:20 sê: **"En ons weet dat die <u>Seun van God gekom het en ons verstand gegee het om die Waaragtige te ken</u>; en <u>ons is in die Waaragtige</u>, in Sy Seun, <u>Jesus Christus. HY IS DIE WAARAGTIGE GOD</u> en die ewige lewe."**

Laat ons dan die Waaragtige God en Here in gees en waarheid aanbid
met die vaste wete dat ons die waarheid ken,
soos Hy dit aan ons openbaar het....

DIE "LOGOS" WOORD VAN GOD

In die begin was die Woord,
en die Woord was by God, en
die Woord was God.
Hy was in die begin by God.
Alle dinge het deur Hom ontstaan, en
sonder Hom het nie een ding ontstaan wat ontstaan het nie.

En die Woord het vlees geword en het onder ons gewoon—
en ons het Sy heerlikheid aanskou,
'n heerlikheid soos van die Eniggeborene wat van die Vader kom—
vol van genade en waarheid.
Johannes 1:1-3,14

Ons bou vervolgens voort op die laaste twee skrywes om ons insig en verstaansvermoë aangaande die Godheid nog dieper te verstaan.

Lees weer die teksvers aandagtig soos hier bo aangedui...
"... In die begin was die **Woord**..." Die oorspronklike Griekse taal wat hier gebruik is, is **"Logos"** – G3056 wat die volgende betekenis inhou – denke, gedagtes van die verstand; motief en beredeneringsvermoë, sowel as beplanning.
D.w.s. dit was deel van God se logiese denke en beplanning van die begin af om in vleeslike vorm aarde toe te kom. Word dit enigsins op 'n ander plek in die Bybel gesê? Ja, verseker! So ver terug as Genesis 3:15 waar die koms van Jesus – God in die vlees, deur God self uitgespreek en voorspel is.

Johannes bevestig hier dat God se beplande denke reeds vanaf die begin af by God was en dat dit deur Sy gesproke Woord realiteit sou word. Net so min as wat mens se woorde en gedagtes 'n ander persoon verteenwoordig, net so is die woorde en gedagtes van God nie 'n ander persoon nie, maar inherent Sy eie persoonlike Goddelike gedagtes. God se gesproke Woord dra onbeskryflike groot skeppingskrag en daarom sien ons in Johannes 1:14 dat God se Woord/ beplande gedagtes vlees geword het in die vorm van Jesus. Vers 14 sê: "En die **Woord het vlees geword** en het onder ons gewoon—en **ons het Sy heerlikheid aanskou**, 'n heerlikheid soos van die Eniggeborene wat van die Vader kom—vol van genade en waarheid."
Die verdere oorspronklike betekenis G3056 – "Logos" sluit die volgende in: "The Divine Expression (that is Jesus Christ), the reality of the Godly thoughts – account, cause through communication." D.w.s. dit wat God in Sy gedagtes beplan het, was reeds van die begin af, met Hom en het 'n sigbare realiteit geword, vanuit Sy gesproke Woord in die vorm van Jesus Christus.

Wanneer 'n mens met aandag na Filippus se vraag aan Jesus kyk, tesame met wat Jesus geantwoord het, word 'n mens se insig in die Godheid skielik dramaties verander. Ons lees hiervan in Johannes 14:8-10: "Filippus sê vir Hom: Here, **toon ons die Vader**, en dit is vir ons genoeg.

158

Jesus sê vir hom: **Ek is so lankal by julle, en het jy My nie geken nie**, Filippus? **Hy wat My gesien het, het die Vader gesien.** En hoe sê jy: Toon ons die Vader? **Glo jy nie dat Ek in die Vader is en die Vader in My nie?** Die woorde wat Ek tot julle spreek, spreek Ek nie uit Myself nie; maar die Vader wat in My bly, Hy doen die werke."
Jesus verduidelik self hoedat die Vader in die Seun is. As die Vader in die Seun was op daardie tydstip, dan net die Vader vlees geword, wat in lyn met Jesaja 9:5 is.

Ons kyk weer na 1 Johannes 5:20: ""**En ons weet dat die <u>Seun van God gekom het en ons verstand gegee het om die Waaragtige te ken</u>; en <u>ons is in die Waaragtige</u>, in Sy Seun, <u>Jesus Christus. HY IS DIE WAARAGTIGE GOD</u> en die ewige lewe."**
Drie belangrike punte m.b.t. hierdie vers is die volgende:-
1. Die rede waarom die Seun van God gekom het, was om ons verstaansvermoë aangaande God te gee sodat ons Hom kan ken;
2. Ons kan dus met ons verstand verstaan wie God werklik is;
3. Jesus is die waaragtige God en die ewige lewe.

Die gees van die Antichris wil nie erken dat die "volheid van die Godheid" vlees geword het nie. Dis presies die teenoorgestelde van wat Kolossense2:9 vir ons sê. Hy sal jou probeer oortuig dat God te groot is om te verstaan met ons beperkte verstand. Die Antichris gees sê ook dat God se Seun vlees geword het wat impliseer dat net 'n derde van God betrokke was by die redding van die mens wat 'n valse weergawe van die ware Evangelie van Jesus Christus is. Moenie vergeet dat die Naam "Jesus"/"Yeshua", "Jehovah ons Redder," beteken, nie.

Daar is twee dimensies in Jesaja 9:5 geopenbaar, naamlik:-
1. Die natuurlike menslike kind en seun; en
2. Die geestelike God en Vader.

Kolossense 2:9 bevestig dat **God in al Sy volheid in Jesus kom woon** het. Paulus skryf verder ook aan Timotheüs in 1 Timotheüs 2:9 die volgende: "Want **daar is EEN GOD** en EEN Middelaar tussen God en die mense, die mens Christus Jesus."

God is Gees en Sy Gees is die Vader soos omskryf in Mattheus 1:18: "Die geboorte van Jesus Christus was dan só: Toe sy moeder Maria verloof was aan Josef, voordat hulle saamgekom het, is sy **swanger bevind uit die Heilige Gees.**"

Let op na die volgende Skrifgedeeltes betreffende Jesus se "posisie":
1 Korinthiërs 12:3 – Jesus is Here
2 Korinthiërs 3:17 – Die Here is die Gees
Efesiërs 4:5 – Daar is net EEN Here
Daar is net EEN Here in die Ou Testament en EEN Here in die Nuwe Testament wat Homself met vlees beklee het om die mensdom kans te gee tot ware redding.

Ons sien dat dit "funksioneel" was vir God om as 'n vleeslike entiteit op aarde te wandel en ons verlossing en redding te bewerkstellig. Dit was en is ook "funksioneel" dat Sy volheid deur Sy

159

Gees in ons woon wat Hom aangeneem het en d.m.v. wedergeboorte word Hy opnuut ons Ewige Vader. Lees gerus hiervan in Jakobus 1:18,21 en 1 Johannes 3:8-9.

Wanneer Jesus terugkom met die wederkoms, sien ons in Sagaria 14:5b,9 die volgende: "...Dan sal die HERE my God kom, al die heiliges met U! En die HERE sal Koning wees oor die hele aarde; in dié dag **SAL DIE HERE EEN WEES, EN SY NAAM EEN."**
Hier sien ons hoe die "funksionaliteit" van verskillende "entiteite" nie meer nodig sal wees nie, aangesien die geredde skare altyddeur in Sy direkte teenwoordigheid in die hemel sal wees, omdat hulle die ewige lewe beërwe het.

Laat ons nooit vergeet **dat God Gees is en dat dié wat Hom aanbid, Hom in gees en waarheid moet aanbid, nie**, volgens Johannes 4:24.

Die Here self sê die volgende op daardie groot en wonderlike dag wat Hy weer kom, in Openbaring 3,7: "En ek het 'n groot stem uit die hemel hoor sê: **Kyk, die tabernakel van God is by die mense, en Hy sal by hulle woon, en hulle sal sy volk wees; en God self sal by hulle wees as hulle God. Hy wat oorwin, sal alles beërwe; en Ek sal vir hom 'n God wees, en hy sal vir My 'n seun wees."**

Ek sluit af met Jesus se woorde in Openbaring 22:12-14: -

"En kyk, Ek kom gou, en my loon is by My,
om elkeen te vergeld soos sy werk sal wees.
Ek is die Alfa en die Oméga,
die begin en die einde, die eerste en die laaste.
Salig is die wat Sy gebooie (G1785 – outoritêre voorskrifte) doen,
sodat hulle reg kan hê op die boom van die lewe en
ingaan deur die poorte in die stad."

ONTDEK DIE KARAKTER VAN GOD
TUSSEN DIE BLAAIE VAN DIE BYBEL EN ERVAAR SY GROOTHEID....

Ons sien hoedat die mense van die Ou en Nuwe Testament hul persoonlike ervaring koppel aan 'n paslike karakter eienskap wat hul ervaring met die Here uitbeeld. Sodoende sien ons dat baie name aan Hom gekoppel word. Daardeur is die wese van wie God is, geopenbaar. Al sou daar baie name aan Hom gekoppel wees, is ons nog steeds verseker van 'n Enige, Lewende God se bestaan wat onveranderlik in Sy weë is. Dus bied Hy vir ons 'n anker en standvastigheid in 'n veranderlike, onseker wêreld.

God is perkeloos Groot en Sy bestaan is gewis!
Hy is verseker die Alfa en Omega van alles wat bestaan...
Heerser en Koning van die heelal...

God het Homself progressief aan die mense van die Ou Testament deur Sy name openbaar. Ons sien dit reeds in Exodus 3:14 waar God Homself identifiseer as volg: "En God sê vir Moses: **EK IS WAT EK IS.** Ook sê Hy: "So moet jy die kinders van Israel antwoord: **EK IS, het my na julle gestuur."**
En in Exodus 6:1-2: "Verder het God met Moses gespreek en vir hom gesê: Ek is die HERE (H3068 – YHWH). En Ek het aan Abraham, aan Isak en aan Jakob **verskyn as GOD, DIE ALMAGTIGE,** maar met **My Naam HERE** (YHWH, uitgespreek as JEHOVAH) het Ek My nie aan hulle bekend gemaak nie". Sy Naam openbaar Sy outoriteit, Sy karakter en dat Hy waarlik 'n Werklikheid is. "YHWH" is gekoppel aan 'n Hebreeuse betekenis van **"to be"** en word uitgespreek soos 'n asemteug wat mens gee. D.w.s. dat Hy so naby is soos elke asemteug wat ons as mens gee. Per slot van rekening het God Sy asem in die mens in geblaas sodat die mens 'n lewende siel kon word soos wat ons daarvan lees in Genesis 2:7. Hierdie asem is deel van God se lewegewende Gees soos wat Job dit omskryf in Job 33:4 en Job 34:14-15.

Op hierdie fondasie, dat **"God is - YHWH"** kon Israel en Moses hulle lewens bou. Hulle leer God ken as dié God op wie hulle kan vertrou en steun; dié God wat genadig en barmhartig is; wat voorsien, genees en beskerm. Binne die grense van Sy wil sal hulle Sy seën en voorspoed geniet. Nogtans moet hulle en ons vandag, onthou dat Hy heilig is en gevrees moet word, nie 'n "bangbroek" vrees nie, maar die tipe vrees wat absolute hoogstaande respek, eer en respekvolle verwondering vir Hom meebring, wat maak dat mens Hom wil aanbid in gees en waarheid. Die Engelse woord vir hierdie "verwondering/bewondering" vir God is "Reverence" en word as volg beskryf: **"Reverence is a feeling of deep respect or awe, including the realization that God is present at every moment: seeing your every thought and deed. In fact, your whole being is "transparent" to Him"**

God openbaar Homself in al Sy fasette progressief en bevestig so Sy waaragtige aktiewe bestaan. Kom ons kyk na 'n paar van hierdie unieke karakter eienskappe:-

Adam leer God ken as Sy Skepper en Vader en na die sondeval as 'n genadige en barmhartige God. Hoekom? Omdat God die keuse en mag gehad het om hulle in Sy toorn uit te wis toe hulle nie aan Hom gehoorsaam was nie, maar die Here baan 'n weg tot redding vanaf Genesis 3:14,21...

Na hierdie gebeure sien ons dat 'n man met die naam van Henog so 'n intense verhouding met God gehad het dat die Bybel ons vertel dat Henog met God gewandel het en God het hom opgeneem en weggeneem om by Hom te wees. Hiervan kan ons lees in Genesis 5:24.

Ons ontdek hoedat Noag God se aandag getrek het deurdat hy getrou aan God gebly het te midde van 'n uiters goddelose wêreld. Die Bybel beskryf Noag as 'n regverdige, opregte man wat met God gewandel het. Ons lees hiervan in Genesis 6:9,22. God red hierdie gesin uit van 'n gewisse dood in die vloed, omdat hulle Hom gedien en geëer het.

Vir Abraham is Hy meer as die **Almagtige God ("El Shaddai"),** soos omskryf in Genesis 17:1, Hy is ook **"Jehovah -Jireh" Die HERE sal Voorsien.** Ons lees van hierdie ondervinding van Abraham in
Genesis 22:14.

Ons lees in Genesis 16:13 hoe die Here Homself openbaar aan die slavin, Hagar, as **"die God wat sien"** wat in Hebreeus uitgespreek word as **"El Roiy:"**

Die Here openbaar Homself aan Israel as **"Jehovah Rapha"** wat beteken **"Die HERE wat jou gesond maak."** Hiervan lees ons in Exodus 15:26.

Na die oorwinning in die oorlog tussen die Israeliete en die Amalakiete is die openbaring vir Moses en Israel die volgende. Ons sien hoedat Moses 'n altaar oprig vir God en daarmee verklaar **"Jehovah Nissi"** wat beteken **"die HERE my Banier/... my Oorwinning"** Lees hiervan in Exodus 17:15.

Gideon ervaar verskeie openbarings van die Here tydens sy goddelike ontmoeting en opdrag waarin hy aangesê word om teen die Midianiete te veg. Op een so 'n geleentheid rig hy 'n altaar vir die Here op, waarop hy vir die Here offer en verklaar dat die Here **"Jehovah Shalom"** is wat beteken **"die HERE is Vrede."** Shalom beteken meer as wat ons aan vrede normaalweg koppel. Vrede in Hebreeuse perspektief sluit ook voorspoed, gesondheid, sukses en nog baie meer seëninge in. Gideon het ook hier geleer dat God meer van hom dink en potensiaal in hom in gedeponeer het, as wat hy enigsins van homself gedink het. Sy krag is in die Here gevestig en deur sy vertroue in God te stel, sou hy oorwin en vrede geniet.

In 1 Samuel 1:3 word die Here omskryf as **"Jehovah Sabaoth"** wat beteken **"die HERE van die leërskare - die Almagtige."**

Dawid se ervaring van liefde en geloof in die Here lei hom op die pad van verskeie openbarings aangaande die Here wat hy dien. In Psalm 7:18 beskryf hy die Here as **"Jehovah Elyon"** wat die

"**Allerhoogste God**" beteken. In Psalm 23 omskryf Dawid die Here as "**Jehovah Raah**" – "**die Here is my Herder.**"

In Jeremia 23:6 profeteer Jeremia aangaande die koms van Jesus en sê in vers 6 "...en dit is Sy Naam waarmee Hy genoem sal word: "**Jehovah Tsidkenu**" wat beteken "**die HERE my geregtigheid**".

Esegiël verklaar profeties in Esegiël 48:34 die volgende: "**Jehovah Shammah**" wat beteken "**die HERE is daar/... is hier.**"

Daar is soveel wat aangaande die openbaring van God in die Ou Testament verklaar word, onder andere ook...
"**Jehovah M'kadesh**" wat beteken "**HERE my Heiligmaker**" in Exodus 31:13; en
"**El Olam**" – "**Ewige God**" soos omskryf in Genesis 21:33.

Een van die wonders van die Ou Testament is dat dit 'n skaduwee van die Nuwe Testament is, m.a.w. dit is gedurig vingerwysend na Jesus se koms as mens, maar tog God, in die Nuwe Testament. Lees gerus Hebreërs 8:5-7,10-13 en Hebreërs 10:1.

Een van die mees uitstaande profetiese woorde is dié van Jesaja in Jesaja 9:5: "**Want 'n Kind is vir ons gebore, 'n Seun is aan ons gegee; en die heerskappy is op sy skouer, en Hy word genoem: Wonderbaar, Raadsman, Sterke God, Ewige Vader, Vredevors—**
Jesaja staan bekend as die Messiaanse profeet aangesien die Here hom gebruik het om Jesus se koms so baie te voorspel. Hierdie voorspelling van Jesus se koms is 'n kragtige openbaring van Jesus se karaktereienskappe en outoriteit.

Daar is nog baie meer wat God se karakter in die Ou Testament openbaar, maar kom ons kyk wat ons vind wanneer ons die Nuwe Testament binne stap... Dis hier waar ons die grootheid van ons Hemelse Vader ontdek soos wat ons Jesus se verklarings hoor wat akkuraat in lyn met God self is.

In Mattheus 1:18,20 sien ons hoedat **Jesus – God wat mens geword het, deur die Heilige Gees in Maria verwek is.** In 'n droom word Josef hieroor ingelig deur 'n engel van die Here. Josef word gesê om hierdie seun **"Jesus" te noem wat beteken "dit is Hy wat Sy volk van hulle sondes sal verlos."** In vers 22-23 sien ons verder hoe die profesie van Jesaja 7:14 vervul word terwyl hier nog 'n naam van Jesus wat Sy karakter openbaar, genoem word. Hierdie laasgenoemde Skrifgedeelte sê: "...en hulle sal **Hom Immanuel noem, dit is as dit vertaal word: God met ons."**

God die Vader bevestig self wie Jesus is deur om Hom as die Seun van God te verklaar in Mattheus 3:17.

In Mattheus 4:17 identifiseer Jesus Homself as 'n **"Draer en Verteenwoordiger "** van die **Koninkryk van die Hemele** wanneer Hy sê: "**Bekeer julle, want die koninkryk van die hemele**

het naby gekom." In werklikheid is Jesus die verpersoonliking van die Koninkryk van God terwyl Hy alles is wat die Koninkryk van die hemele/Koninkryk van God behels.

Jesus begin Homself verklaar en openbaar as God deur wat Hy aan die mense sê. Hy verduidelik Sy werklike herkoms in Johannes 7:29 deurdat Hy sê dat **Hy van God self af kom en deur God gestuur is.**

In Johannes 8:12 en Johannes 9:5 verklaar Jesus : " **Ek is die Lig van die Wêreld; wie My volg sal sekerlik nie in die duisternis wandel nie, maar sal die lig van die lewe hê."**

Let op hoe **Jesus begin met "EK IS...."** wat **in lyn** kom **met God se identiteit** in wese toe Hy vir Moses gesê het: **"EK IS, WAT EK IS"** in Hebreeus **"YHWH,"** soos omskryf in Exodus 3:14.

In Johannes 6:48 verklaar Jesus: **"Ek is die Brood van die Lewe."** Terwyl God Israel met manna uit die hemel gevoed het, kom die alles oortreffende vergelyking dat Jesus self die geestelike brood van ewigheidswaarde is wat ons gees voed.

Jesus bied ons ook die lewende water van Sy Woord en Gees aan. **Dis lewende waters wat Hy alleen kan gee** soos omskryf in Johannes 7:37-39.

In Johannes 10:10 sê Jesus: " **Ek is die Deur"** en in vers 11 sê Hy: **"Ek is die goeie Herder..."** Hierdie laasgenoemde verklaring kom in lyn met Dawid se ervaring van God self in Psalm 23.

Ons sien verder in Johannes 11:25 hoedat Jesus verklaar: **"Ek is die opstanding en die lewe, wie in My glo, sal lewe al het hy ook gesterwe."** Wat 'n wonderlike hoop het ons in Jesus Christus!

Jesus verklaar verder in Johannes 14:6 die volgende uiters belangrike woorde: **"Ek is die Weg, die Waarheid en die Lewe; niemand kom na die Vader behalwe deur My nie." Jesus is die ENIGSTE WEG na ware lewe. Geen ander god kan ons daar uitbring nie.**

Jesus belowe openbaring van Homself en Sy Vader indien ons Hom waarlik liefhet en Sy wil en gebooie (voorskrifte) bewaar en daarin bly. Dit word omskryf in Johannes 14:20,21,23. Jesus versterk hierdie feit verder in Johannes 15:5 wanneer Hy sê: " **Ek is die wynstok, julle die lote. Wie in My bly, en Ek in hom, hy dra veel vrug; want sonder My kan julle niks doen nie."** Die bewys van WIE in ons woning maak is te vinde in die vrug wat ons dra.

In Kolossense 2:9 verklaar Paulus die volgende aangaande Jesus: **"Want in Hom woon die volheid van die Godheid liggaamlik..."** Jesus het dus die Goddelike natuur in Hom en het daarvolgens op aarde opgetree.

Daar is nog baie meer verklarings in die Bybel wat Jesus as God openbaar. Een van die belangrike verse in hierdie verband is te vinde in **1 Johannes 5:20 "En ons weet dat die Seun van God gekom het en ons verstand gegee het om die Waaragtige te <u>ken</u>; en ons is <u>in</u> die**

164

Waaragtige, in Sy Seun, Jesus Christus. HY IS DIE WAARAGTIGE GOD en die ewige lewe."

Vir Johannes is **Jesus ook sinoniem met Volmaakte, Opregte, Ware, Ewige LIEFDE**... soos omskryf in 1 Johannes 4:7-9,16-18.

Laastens maar nie die minste nie, aangaande die Bybelse verklarings van wie Jesus is, kyk ons na Openbaring waar Jesus die volgende sê: **"Ek is die Alfa en die Omega, die eerste en die laaste..."** Verder in verse 17-18 verklaar **Jesus dat Hy lewend is; dat Hy dood was, maar nou leef tot in alle ewigheid. Hy het die sleutels van die doderyk en van die dood.** Ons sien **Jesus as die Lam van God** in Openbaring 5, asook die **"Leeu van Juda"** in vers 5; **as die Bruidegom** in Openbaring 19 en in vers 11 sien ons Hom op 'n wit perd: "Toe het ek die hemel geopend gesien; en daar was 'n wit perd **en Hy wat daarop sit, word genoem Getrou en Waaragtig en Hy oordeel en voer oorlog in geregtigheid."** In vers 13 sien ons dat **Sy Naam ook "Die Woord van God is."**

In Openbaring 19:10b en vers 16 word Jesus geïdentifiseer as die **"Gees van die profesie"** en as die **"Koning van alle konings en die Here van die here."** Daar is verseker geen groter een as Hy nie!

> *"Aan die Koning van die eeue, die Onverderflike, Onsienlike, Alleenwyse God,*
> *kom toe die eer en die heerlikheid tot in alle ewigheid.*
> *Amen."*
> *1 Timotheus 1:17*

HOE SIEN EN ERVAAR EK GOD PERSOONLIK??

Die antwoord op hierdie vraag, lê opgesluit in jou persoonlike ervaring en verhouding met die Here.

Ek het God leer ken as: -
- Die Middelpunt van my bestaan;
- Die God wat die onmoontlike, moontlik maak;
- Wat Sy Liefde in oorvloed, onvoorwaardelik op my uitstort;
- Die God wat Sy goedheid, barmhartigheid en genade altyddeur aan my bewys;
- En net soos Hy die heelal in die holte van Sy hand hou, net so, hou Hy my ook in Sy magtige liefdevolle hand;
- My groot Geneesheer van gees, siel en liggaam;
- My Leidsman, Verlosser, Voorsiener en Ware Vriend;
- 'n Intieme, Persoonlike God wat intens in my en jou belangstel, so intens dat my en jou name in Sy handpalms gegraveer is, sodat Hy altyddeur aan ons dink...

    MAAR...

Wanneer ek aan my Eerste Ware Liefde in my lewe dink, loop my hart oor van 'n diepe bewondering wat ek as volg ervaar.....

God is in die vars oggend briesie wat met dagbreek my gesig aanraak en speels om my kom waai, om so Sy teenwoordigheid aan te kondig...

God is in elke doudruppel wat soos diamante in die oggendson se strale skitter,

Hy is in elke bloeisel wat stadig oopvou om sy prag aan die wêreld te toon en in elke blom se geur, vind ek nog 'n faset van Sy heerlike teenwoordigheid,

God is ook in die reëndruppels wat die dorre aarde tot nuwe lewe opwek, want Hy is die Bron van alle lewe;

En in elke kabbelende waterstroom, ja, selfs in die gerammel van die donderweer, hoor ek Sy stem...

Die wolke is die stof van Sy voete en die son se strale, 'n weerkaatsing van Sy ewige heerlikheid...

Wanneer ek opkyk na die berge, staan ek verstom te midde van die almag en gesag wat Hy daarin openbaar,

Wanneer ek deur 'n reënwoud stap, staan ek in verwondering by die aanskouing van Sy kunswerk wat in elke plant, blom, boom, mos bedekte rots en struik ontvou...

Wanneer ek die see in al sy grootheid en prag voor my uitgestrek sien en die gedruis daarvan in my ore weerklink, kan ek nie anders as om oorweldig te word deur Sy majesteit en heerlikheid nie!

Soggens, as die opgewekte voëlgesang hul lof aan hul Skepper bring, vervul dit ook my hart met 'n dankbare loflied teenoor Hom wat elke dag nuut maak...

Wanneer ek die arend in sy vlug aanskou, of 'n bokkie tussen die struike by 'n waterstroom gewaar, of selfs die cheetah teen volle vaart oor die veld sien hardloop, vervul dit my hart met diepe verwondering vir die ongelooflike kreatiwiteit wat my Skepper hierin openbaar.

Ja, so is Hy ook in die Lewende Waters wat Hy self in my binneste kom uitstort om so my gees en siel te verkwik, maar ook my toe te rus vir diens teenoor ander, tot eer van Sy Naam...

By die aanskoue van 'n pasgebore baba, kan ek nie anders as om die suiwerheid van ware lewe, soos God dit bedoel het, te ervaar nie...

In elke opgewekte kinderstem, in elke kinderlag, hoor ek Jesus se woorde opnuut vir my sê: "As jy nie soos hierdie kindjie word nie, sal jy die koninkryk van God nie sien nie..."
Wanneer ek van die absolute vertroue en volmaakte, opregte geloof van 'n kind bewus word, besef ek opnuut die wonder van ware geloof in 'n ewige Abba Vader...

Wanneer 'n ware, opregte, godgegewe vriend /-in my lewenspad kruis en ek die volheid van ware vriendskap smaak, raak ek weereens bewus van Jesus as my Volmaakte Vriend. Die Vriend by wie ek selfs my diepste verlangens en hartsbegeertes kan kom uitstort en ek weet dat Hy verstaan...

En as die lewe my kom platslaan, voel ek my God se kragtige hand hier onder my, gereed om my gebrokenheid weer heel te maak, my gees weer op te rig en my voete op oorwinningsgrond te plaas,

Hy is my Trooster wat my onstuimige hart weer tot kalmte, vrede en orde bring. My Abba Vader wat Sy arms om my kom vou, wanneer ek smag na Sy troostend nabyheid of net aan Sy voete wil sit om by Hom te leer...

Hy is die God wat genade en vergifnis op my kom uitstort wanneer ek in swakheid vaal om Sy wil te doen. Ja, dis Hy wat my so liefhet, dat Hy Sy Seun aan die kruis laat sterf, toe ek dit eintlik verdien het!

Dit is die God wat selfs my en jou geboorte beplan het en vir ons 'n hoopvolle toekoms in Sy lewensboek opgeskryf het...

God is die Een wat die koper kettings van die bose verbreek, wat deure oop en toe sluit wat geen een weer kan verander nie. Wanneer Hy ons vry maak, is ons waarlik vry!

Hy is so naby soos my skaduwee aan my regterhand en terselfdertyd onlosmaaklik aan my verbind...

Met elke onbewustelike, outomatiese asemteug en elke hartklop wat so sag in my binneste klop, ervaar ek Sy lewegewende krag wat my in stand hou...

Nogtans is Hy hoog en verhewe, heilig en wonderbaar...

Wanneer ek in my gees Sy genadetroon nader, is daar geen groter eer as om voor Sy voete neer te val en saam met die ouderlinge en engele uit te roep: "Heilig, heilig, heilig is die Here God Almagtig! Hy wat was en is en altyd sal wees! Heilig is Sy wonder Naam!...."

Ek wil afsluit deur om saam met Johannes te getuig, dat indien 'n mens ALLES aangaande die Here sou moes beskryf, die wêreld nie groot genoeg sou wees om al die geskrewe boeke te bevat nie...

".... en hulle het sonder ophou dag en nag gesê:
Heilig, heilig, heilig is die Here God, die Almagtige,
wat was en wat is en wat kom!
U is waardig, o Here, om te ontvang die heerlikheid en die eer en die krag,
want U het alles geskape en
deur U wil bestaan hulle en is hulle geskape."
Openbaring 4:8b en 11

Alle eer aan ons Abba Vader en Here deur al die eeue heen!

AMEN.

BRONNELYS

- Die Bybel – verskillende Vertalings
- The Word en E-Sword sagteware programme
- Baie Stemme Een Boodskap – Pastoor Bert Murray
- Die Hoogste Roeping – Pastoor Bert Murray
- Science of the heart; Exploring the role of the heart in human performance; chapter 1, Heart-Brain communication – Heart Math Institute
- Becoming a Vessel of Honor - Rebecca Brown
- Think Learn Succeed - Dr Caroline Leaf
- Die Perfekte Jy – Dr Caroline Leaf
- Die kind van die krip is my God – Pastoor Bert Murray
- The Oneness of God – David K Bernard
- Apostolic Formation: www.apostolicformation.com & info@apostolicformation.com
    Besoek die webwerf en geniet verdere in diepte lewensveranderende studies.

OUTOBIOGRAFIE

Sharon E De Jager is die jongste van drie kinders. Haar ouers was van kindsbeen af, 'n groot inspirasie tot die standhoudende geestelike belangstelling in haar lewe. Haar ouers was nie net aktief in kerk aktiwiteite nie, maar het gereeld huisgodsdiens gehou wat 'n sterk fondasie in haar lewe gelê het.

Op die ouderdom van 12 jaar, het sy 'n oorgawe aan die Here gemaak, wat die begin van haar groeiende, intieme, lewenslange verhouding met Abba Vader meegebring het. Haar konstante honger na die Woord van God, het haar gedryf om al meer te wete te kom van haar Hemelse Koning, Vader en Verlosser. Haar in diepte ondersoek van die Skrif het haar gelei tot geestelike openbarings en die ontdekking van diepere betekenisse en boodskappe agter die opsigtelike swart letters van die Bybel.

Sy verwerf 'n Diploma in Algemene Verpleegkunde en Verloskunde by SG Lourens Kollege in Pretoria, Suid-Afrika, opgevolg deur 'n Sertifikaat in Genetika, by Departement van Nasionale Gesondheid en studeer later deur Keerpunt Beradingsnetwerk in berading, waar sy internasionaal erkende sertifikate in Diepvlak Emosionele Terapie en Kinderberading verwerf het.

Sy is in 2014 tot pastoor verordineer in Salem Familie kerk.

Sy was 42 jaar voltyds in die verpleegkundige beroep betrokke en het Februarie 2021 afgetree. Tydens haar interaksie met pasiënte het sy nie net hul fisiese siekte raak gesien nie, maar ook hul geestelike en emosionele behoeftes bedien wanneer die geleentheid daar was.

Haar belangstelling in berading het begin by die bewuswording van die behoefte in 'n gemeente se kinderkerk waar die gebrokenheid van die kinders, d.m.v. anonieme kinder-gebedsversoeke bloot gelê is. Daar was geen fasiliteerder in dié spesifieke gemeente wat hierdie kinderprobleme effektief sou kon hanteer nie. Tydens haar berading studies, het sy besef dat sy self ook innerlike genesing benodig, a.g.v. 'n traumatiese egskeiding en gebrokenheid van die verlede. Sy het, m.b.v. 'n berader, die pad van genesing saam met die Here gestap en die kosbare, hemelse gawe van genesing ontvang. Dis uit dankbaarheid vir wat God in haar lewe gedoen het, dat sy ander op die pad van innerlike heelwording, m.b.v. God se Woord, die Bybel, help.

Haar liefde vir skryf, het ontwikkel vanaf tienerjare, vanuit 'n gevoel dat sy haarself beter op papier kan uitdruk, met haar Hemelse Vader ook op hierdie wyse kan kommunikeer en ander bewus kan maak van God as 'n liefdevolle Vader wat intens in die mens belangstel en wat vandag nog relevant is en terselfdertyd die ware Antwoord op die wêreld se probleme en ware geluk, is. Haar skrywes is ook die produk van haar eie geestelike groei en ervarings met die Here. Die skrywes beeld ook haar geestelike ontdekkingsreis uit. Sy het, onder andere ontdek dat daar wel hoop en lewe na 'n traumatiese egskeiding is, veral as jy jou toevlug na Abba Vader neem en Hom toelaat om jou Trooster, Raadsman, Vredevors en Verlosser te wees.

170

Sy is tans gelukkig getroud met 'n man wat, sy oortuig is, deur haar hemelse Vader vir haar uitgekies is en is ook die moeder van twee aangenome kinders en een biologiese kind. Hulle is woonagtig in Pretoria, Suid Afrika.

Hierdie boek is die gevolg van 'n Gees gedrewe dringendheid in haar hart om ander mense bewus te maak van God, as 'n wonderlike Realiteit, wat 'n mens sal ontdek in die wonderlike geestelike pêrels wat sy langs haar lewenspad versamel het. Hierdie pêrels bied terselfdertyd verskeie antwoorde vir 'n intieme geestelike lewe saam met die Here wat bydra tot die skatte wat jy in die hemele kan versamel.

Haar visie is ver verby die horison van hierdie wêreld, gerig op die hemelse, waar sy eendag haar Heer en Meester sal ontmoet – in pas met die Skrifgedeelte:-
"... en met volharding die wedloop loop wat voor ons lê, die oog gevestig op Jesus, die Leidsman en Voleinder van die geloof,..." Hebreërs 12:1b,2.

****